Knaus

K

Stephanie Quitterer

Hausbesuche

Wie ich mit 200 Kuchen
meine Nachbarschaft eroberte

Knaus

Für Marie, meine Co-Kaffeetrinkerin.
Für Tom.
Für meine Eltern.
Für alle, die mich hineingelassen haben.
Und für alle, die Türen öffnen.

Der hagere Mann braucht ein Sekündchen. Ein Sekündchen des ungläubigen Glotzens. Er linst ins dustere Treppenhaus, in dem ich stehe, linst treppauf, linst treppab, ob da nicht vielleicht eine versteckte Kamera auf der Lauer liegt? Dann schaut er wieder mich an mit diesem Ich-hab-mich-wohl-verhört-Blick und fragt: »Ist das dein Ernst?«

Ich schaue demonstrativ an mir herab: Mein Baby in der Trage vorm Bauch, in der einen Hand eine Korbtasche voller Schraubdeckelgläser mit Kaffeepulver, Kakao, Teebeuteln, Malzkaffee, Milch, Zucker; in der anderen Hand ein Kuchenteller mit »Süßen Schneebällchen« darauf, in Kokos gerollten Sahnebiskuitkugeln – selbst gemacht.

Ja, es ist eindeutig mein Ernst. Ich habe gerade im Ernst den hageren Mann aus seiner Wohnung geklingelt, um ihm ein Kaffeekränzchen anzutragen. In seiner Wohnung. Jetzt. Sofort. Obwohl wir einander noch nie begegnet sind.

Weil wir einander noch nie begegnet sind.

»So was is mir ja noch nie passiert«, murmelt der hagere Mann, und wie er es murmelt, in seiner engen schwarzen Lederhose und mit den goldenen Klunkerringen an den Fingern, ist klar, dass ihm sonst eigentlich schon recht viel passiert ist.

»Ach«, winke ich großzügig ab, »das war jetzt siebenundachtzig anderen auch noch nie passiert.«

»Siebenundachtzig?! Dann brauchste ja noch ... hundertdreizehn!«, folgert er tonlos, weil ich ihm natürlich auch von meiner Wette erzählt habe. Ich habe gewettet, mich in 200 Tagen bei 200 mir fremden Menschen in ihre Wohnungen einzuladen. Spontan und unangemeldet. Er schielt auf meine süßen Schneebällchen.

»Na, komm schon rein«, sagt er und hält mir die Tür auf, »ich bin der Matthias.«

Drinnen sind die Wände bonbonpink, bonbongrün und bonbongelb, behangen mit Pop-Art. Fellbarhocker stehen an einer Theke, über der Durchreiche zur Küche rekeln sich die Beine einer Schaufensterpuppe in Ringelstrümpfen und High Heels. Überhaupt, die High Heels: 300 Paar sind es, wird Matthias später erzählen. Die ganze Wohnung bis hin zum kleinsten Requisit, jedes Möbel, jeder Aschenbecher, jedes Glas, selbst das Telefon sind eine lückenlose Liebeserklärung an die Sixties.

»Deine ist definitiv die abgefahrenste Wohnung«, sage ich anerkennend, »obwohl ... Kennst du Dirk?«

Dirk hat seine Wohnung komplett in Schwarz-Weiß eingerichtet. Komplett. Selbst im Bücherregal stehen nur Bücher mit schwarz-weißem Rücken, und sogar die Pflaster im Erste-Hilfe-Schränkchen sind schwarz-weiß. Aber bei Dirk haben die Designersessel auch Markierungen am Fußboden.

»Dirk, welcher Dirk?«, fragt Matthias.

»Dein Nachbar. Er wohnt über dir.«

Seine Nachbarn kenne er nicht, knurrt Matthias und trägt mir von meinen Schneebällchen auf – mit einem Bratenwender.

»Stilvoll«, sage ich.

»Na ja«, brummelt er, »was soll ich machen, ich bin nicht so der Tortenheini.«

Ich bin eigentlich auch nicht so der Tortenheini. Im Gegenteil: eher talentfrei, was das Backen betrifft. Hin und wieder passiert mir zwar ein Kuchen, aber das liegt nur daran, dass ich Regieassistentin am Theater bin und nicht stricken kann. Und so ein Kuchen gibt mir – im Vergleich zu etwas Selbstgestricktem – relativ schnell und relativ unkompliziert das Gefühl, etwas geschafft zu haben, etwas, das zur Abwechslung mal sichtbar vor mir steht, sogar eine

Form hat – wenn auch eine vergängliche. Nein, ich habe nicht davon geträumt, einmal im Leben zweihundert Kuchen hintereinander backen zu dürfen. Aber ich *musste* es tun.

Es war nämlich so, dass ich gerade Mutter geworden war und plötzlich, von einer fröhlichen 60-Stunden-Woche im Theater auf Null gebremst, elternzeitlich bedingt, meine Tage auf der Straße verbrachte: Kinderwagen schiebend, mit einer Decke auf dem Kopf und einer ausgewachsenen Existenzangst im Nacken. Haut und Haar hatte bisher das Theater von mir verlangt. Jetzt tat es das Baby. Wie sollte ich die beiden jemals miteinander bekannt machen, ohne dass sie wie die Katzen aufeinander losgehen würden?

Ich schob durch die Straßen und fühlte mich einsam. Der Familienclan acht Autostunden entfernt – und im Berliner Freundeskreis war ich die Erste und Einzige mit Baby. Das allein würde für eine mittlere Stimmungsschwankung schon reichen, aber ich war kurz vor der Geburt auch noch zu Tom gezogen – in einen Kiez, der, wie ich meinte, überhaupt nicht zu mir passte. Aber jede alternative Wohnortverhandlung mit Tom blieb aussichtslos: Tom ist Musiker und hat nach etlichen Wohnungswechseln vor Jahren diese Wohnung gefunden, in der sich kein Nachbar über sein andauerndes Musizieren beschwert. Außerdem ist die Wohnung, da noch unsaniert, auch für einen Jazz-Musiker wie ihn in jeder Lebenslage erschwinglich. Hach, was tut man nicht alles aus Liebe? Vor allem in Kombination mit latentem Geldmangel. Ich zog also frohen Herzens aus meinem vor Jahren schon sehr sorgfältig gewählten Lieblingsviertel freiwillig in einen Kiez, in dem Mütter einen vergleichbar guten Ruf haben wie Pest und Cholera. Es ist ein Kiez, der in den Medien als deutscher Gentrifizierungshotspot zweifelhafte Berühmtheit erlangt hat und in dem es an Feindbildern nicht gerade mangelt: die Schwaben, die Yuppies, die Wessis, die Ossis, die Touris – die Mütter, die angeblich keine anderen Sorgen haben, als möglichst schnell an ihren nächsten Latte Macchiato zu kommen.

Man kann sich mit Feindbildern arrangieren, solange man selbst auf der »richtigen« Seite steht. Aber zwei Monate nach meinem Zuzug war ich selbst Mutter – und kam auch sofort in den Genuss der schönsten feindseligen Blicke. Dass mein Zu-verschenken-Kinderwagen an zwei Stellen schon mit Kabelbindern geflickt werden musste, wurde mir nicht angerechnet: Ich schob einen, das allein und meine Meldeadresse im Personalausweis reichten für den Tatbestand.

Juchhu, ich war ein Feindbild!

Vielleicht war ich seit der Schwangerschaft besonders sensibel geworden – ich konnte mir ja nicht mal mehr meinen geliebten sonntäglichen *Tatort* in aller Kaltblütigkeit reinziehen –, jedenfalls kroch mir die feindselige Stimmung auf der Straße mit ungeahnter Heftigkeit in die Knochen. Ich litt also schon an einer gewissen emotionalen Gicht, als Tom und ich eines Tages bei unserem Inder in der Frühlingssonne saßen und sich ein Pärchen näherte, das sich nach kurzer Beratung zu uns an den Tisch setzte. Plötzlich erkannte die Frau in meinem Mann Tom und Tom in der Frau eine Marianne, man freute und erkundigte sich, ob der jeweils andere denn noch in der alten, unsanierten Wohnung von damals wohne. (Ja.) Dann erzählte Marianne, dass sie gerne wegziehen wollten von hier, weil der Kiez sich so verändert habe, dass ihnen vor lauter Yuppiegewimmel jedes Berlingefühl abhandengekommen sei. Aber weil sich in einem Umkreis von sechshundert Kilometern einfach keine bezahlbare Wohnung mehr finden lasse, sähen sie sich gezwungen, in ihrer unsanierten Billigwohnung weiterhin und unfreiwillig die Fahnen gegen den Kapitalismus hochzuhalten.

Es war kein besonderes Gespräch, so oder so ähnlich haben allein in der letzten Woche fünf weitere von Toms Straßenbekanntschaften ihren Unmut über die gesellschaftlichen Umwälzungen in diesem Viertel zum Ausdruck gebracht – und auch wir haben schon zusammen mit hundert anderen Bewerbern überteuerte Wohnungen in anderen Vierteln besichtigt und sind geschlagen und reumütig wieder nach Hause geschlichen. Im Weiteren unterhielt man sich angeregt und aß sein Chicken Korma, aber als es an den Aufbruch ging und ich meinen im ruhigeren Abseits geparkten Kinderwagen mit der darin schlafenden Marie holte, entfuhr Marianne ein angewidertes: »Oh Gott, du bist auch eine von *denen*!«

Und da reichte es mir. Ich hatte keine Lust mehr, ständig von Feindbildern umgeben zu sein. Selbst eines zu sein. Ja, ich könnte so weitermachen wie bisher: missmutig durch die Straßen stampfen, in allem und jedem einen Angriff sehen, mich ärgern, dass ich an einem Ort bin, an dem ich nicht sein will, weil er mir mein Selbstverständnis ruiniert, unter Menschen, die mich nicht mögen oder, wahlweise, die ich nicht mag.

Warum können einen diese Menschen eigentlich nie grüßen, dachte ich, statt immer nur zu starren. Dieser Typ da drüben, zum Beispiel! Der hockt doch *jeden* Morgen, wenn ich vorbeikomme, vor diesem bescheuerten Café in der Sonne, der muss doch langsam wissen, wer ich bin, dieser ignorante Esel!

Bis ich mal nachrechnete, wie viele Menschen ich auf der Straße als »Nachbar« identifizieren könnte. Ich erkannte doch selbst in unserem Hinterhof einen Nachbarn nur daran, dass er nicht im Müll nach Pfandflaschen zu stochern anfing.

»Fällt dir was auf?«, fragte ich Tom, als wir von der Inderbegegnung weg und durch die Straße spazierten.

»Nö«, sagte er, »was denn?«

»Alle, die wir treffen, erzählen nur immer, wie schlimm es hier ist. Dass es sich so sehr verändert hat, dass man hier nicht mehr anständig leben kann.«

»Wieso? Stimmt doch auch.« Tom lebt seit über zwanzig Jahren hier in der Straße, er muss es wissen.

»Mag sein. Ich frage mich nur, wo die anderen sind. Wenn sich alle zu den Guten zählen, wo sind denn dann die Bösen?«

»Was meinst du?«

»Ich meine, man müsste sie einfach mal alle besuchen und herausfinden, wer hier eigentlich wirklich lebt. Und wie! Oh, stell dir vor, man könnte mal in alle Wohnungen hier schauen!«

»Aha«, sagte Tom und nahm mich nicht ernst, »und wie willst du das anstellen? *Klingelingeling, ich bin so neugierig, lassen Sie mich mal bitte in Ihre Wohnung*? Haha. *Du* vor allem.«

Ja, ich weiß. Ich arbeite zwar am Theater – bin aber trotzdem ausgeprägt schüchtern. Ich meide Menschen, wo immer es geht. Zum Einkaufen schleiche ich frühmorgens, lange bevor ich offiziell ansprechbar bin, nur, weil der Supermarkt dann so schön leer ist. Öffentliche Plätze, Fußgängerzonen, Einkaufszentren sind tabu, Unterhaltungen aus dem Kaltstart ein Grauen. Und ich zog in Erwägung, an fremden Wohnungstüren zu klingeln? Mich den Menschen auszusetzen? *Freiwillig*?

Tom tockte sich stellvertretend an die Stirn. Dann sagte er: »Konzentrier dich lieber aufs Theater und inszenier endlich was.«

»Ich will aber nicht ins Theater, Tom. Ich will in fremde Wohnungen! Seit meiner Korkenziehererfahrung will ich nichts anderes!«

Vor Jahren, als Studentin noch, saßen abends Freunde in meiner schönen Berliner Küche, und mehrere Weinflaschen wollten geöffnet und in Coq au Vin und verschiedene Rachen geschüttet werden. Aber im Küchenschubladenchaos ließ sich partout kein Korkenzieher finden – und so war ich also gezwungen, mir beim Nachbarn einen zu leihen. Ich klingelte zum ersten Mal an einer fremden Wohnungstür. Als der Nachbar, ein mir bis dahin völlig unbekanntes Wesen (nein, ich hatte mich bei meinem Einzug nicht per Handschlag als neue Mieterin vorgestellt, die Anonymität der Großstadt war mir Landei schließlich höchst heilig), die Tür öffnete, kippte ich kopfüber in ein fremdes Universum. Da stand ein Prachtbarsch inmitten seiner eichenvertäfelten Heimwerkerleistung. Der ganze Flur, Wände, Boden, Decke eingeschlossen, waberte hirschgeweihbehangen und von unzähligen Zigaretten eingeräuchert vor sich hin. Der Prachtbarsch stand breitbeinig und glotzte wässrig, während sich sein unfassbar praller Bierbauch über satinglänzende, puffrote Boxershorts lehnte. Ich starrte und starrte auf die leuchtend rote Flechte im Feierabendgesicht, auf die Kammfurchen im nach hinten gelegten Haupthaar, das vor Schmiere wie Seehundfell glänzte, und feierte in Gedanken diese gelungene Szenerie. (Dieses Kostümdesign! Die treffsichere Ausstattung! Die subtil-ironische Maske! Überhaupt, dieses Casting!) Für mich Theatermensch war dieser Prachtbarsch eine kleine Privatvorstellung. Aber plötzlich antwortete der Prachtbarsch in der von mir so geliebten Berliner Schnauze, wir lachten, er verschwand in der Küche, um den Korkenzieher zu holen – und ich blieb verblüfft zurück. Wie schnell sich doch ein Eindruck, ein Bild, in eine Begegnung verwandeln, in ein paar Sätzen aus einem Prachtbarsch ein Nachbar werden kann …

Seither sitzt er mir in den Haarspitzen, dieser Prachtbarsch, meine Korkenziehererfahrung. Dabei kann ich nicht einmal sagen, was genau an dieser Begegnung mich so nachhaltig beeindruckt hat. Von Natur aus (der niederbayerischen) hatte ich schon mehr als einmal Umgang sowohl mit Eichengetäfeltem als auch Biergebauchtem gehabt, das also kann es nicht gewesen sein. Es muss mit dieser Parallelwelt zu tun haben. Der mit meiner Wohnung identische Grundriss, die mit meiner identische Wohnungstür – und dahinter ein unbereister, noch nicht kartografierter, funkelnder, verheißender Kosmos. Wie viele dieser unentdeckten Welten existieren über-, unter- und nebeneinander, getrennt nur von einer kleinen, dünnen Wand? Ist es Zufall, dass ich gerade *mein* Leben führe und nicht das eines anderen? Wenn man doch nur einmal hinter diese Wände blicken könnte! Hineinlinsen in diese Leben! Wäre das nicht ein Fest für jede Neugier? Als Kind durfte ich mit meinem Vater oft mit auf Hausbesuche fahren. Ich erinnere mich, ehrfürchtig staunend in fantastischen Wohnzimmern gestanden und, bloß nicht bewegen, jede Geste, jeden Ton und jeden fremden Geruch aufgesogen zu haben. Nein, ich hätte nicht einfach Hausarzt werden können, ich kippe schon hintüber, wenn man mir einen eingerissenen Fingernagel zeigt. Ich musste mich begnügen, abends durch die Straßen zu spazieren und mir die erleuchteten Fenstervierecke anzusehen, die einem kleine Ausschnitte fremder Leben anbieten, als wären es Rätsel: ein Stück Gardine, ein Zipfelchen Lampenschirm, rückwändig ein Streifen Tapete – wer lebt da wohl? Und wie? Was ist seine Geschichte? Seit dem Korkenziehererlebnis aber schienen die Fenstervierecke fortwährend zu rufen: »Hey! Man kann uns öffnen! Auch ohne Stethoskop. Such dir einfach ein Adventskalendertürchen aus und sieh nach, was dahinter ist!«

Die unentdeckten Leben waren greifbar! Klingeln, Türe auf und … Wundertüte! Oh, all die Tellerranderweiterungsmöglichkeiten! Man könnte das Hologramm der Stadt sammeln …

»Tom, ich will doch immer schon in fremde Wohnungen. Jetzt hätte ich endlich die Zeit dafür! Was mach ich denn den ganzen Tag? Spazieren, wickeln, stillen! Da kann ich doch auch ein paar Nachbarn besuchen! Ich könnte«, ich nahm Fahrt auf, »eine richtige kleine Statistik anlegen, wer lässt mich rein, wer nicht. Ich könnte … zweihundert Leute besuchen.«

Tom schnaubte. »Hier? Schau dich doch mal um! Du glaubst doch nicht, dass dich hier auch nur *EINER* reinlässt!«

»Wieso denn nicht? Wenn ich Kuchen und alles für Kaffee mitbringen würde? Du weißt doch«, ich kniff mir liebevoll in die eigenbäuchliche Speckrolle, »Kuchen geht immer!«

»Entschuldige: Das ist wirklich die bescheuertste Idee, die du je hattest.«

Sagte Tom. Der Tom, der bisher immer und in allem an mich geglaubt hatte. Dass er diese Idee jetzt für superlativ bescheuert hielt, war kein gutes Zeichen. Verschämt stopfte ich sie in die Mottenkiste für bescheuerte Ideen. Aber irgendwie hatte ich mich in sie verliebt. Ich schlich um die Kiste. Und schlich um die Kiste. Da drin liegt sie, dachte ich, die Idee, das, was du schon immer einmal machen wolltest. Ich öffnete heimlich den Kistendeckel. Holte sie heraus. Hielt sie hoch. Sie glitzerte in der Frühlingssonne.

Ja, dachte ich.

Vielleicht ist das die bescheuertste Idee, die ich je hatte.

Es ist Juli. In dem einen Zimmer hält Marie, mein Kind, fünf Monate, Mittagsschlaf. In dem anderen sitzt Tom, mein Mann, Musiker, mit seinen Kopfhörern am Mischpult und arbeitet. Ich, Frischmutter, Abstellgleis, sitze in der Küche und warte. Ich weiß nicht genau, worauf, wahrscheinlich darauf, dass mich irgendjemand braucht.

Irgendwann stehe ich auf und gehe an den Kühlschrank. Ohne jede Absicht. Zumindest ist mir keine Absicht bewusst. Ich öffne wie von selbst das Tiefkühlfach. Normalerweise ist das Tiefkühlfach leer. Heute liegt da Blätterteig. Tiefkühlblätterteig. Er muss schon vor Wochen und nur versehentlich hier gelandet sein, denn Tiefkühlblätterteig gehört nicht zu den Dingen, die ich üblicherweise verarbeite, erst recht nicht zu etwas Essbarem. Trotzdem greift meine Hand nach dem Blätterteig. Zieht ihn heraus. Die andere Hand schließt das Tiefkühlfach. Ich ahne, was das bedeutet. Ich soll es wieder einmal versuchen. Wieder einmal Anlauf nehmen.

Hm. Ich hab noch nie Fertigblätterteig gemacht, keine Ahnung, wie das geht. Vielleicht beginnt man, indem man die Packung aufreißt.

Schon knarzt die Diele: Tom, angetrieben von einem kommissarischen Verdacht, hat sein Mischpult verlassen und naht.

Ich reiße mein Kinn nach oben und werfe mich auf den Blätterteig.

Tom lehnt sich lässig an die Küchentür. »Na«, sagt er gedehnt, »backst du schon wieder Kuchen?«

Ich ignoriere ihn und knete wild den Teig. (Was etwas merkwürdig aussehen mag, da die Teigplatten noch gefroren sind. Lässt sich schlecht kneten, so eine frostharte Platte. Wild dran rumfummel.)

Er fragt weiter, betont unschuldig: »Kommt etwa Besuch?«

Statt einer Antwort packe ich jetzt das Nudelholz und quetsche den Platten gehörig ihre klimatischen Anpassungsschwierigkeiten aus.

»Also nein«, folgert Tom in dieser beispiellosen Columbo-Rhetorik, »dann frag ich mich nur ... hm. Etwa wieder Hüftgold?« Zur freundlichen Illustration plustert er jetzt Hamsterbacken auf und patscht zufrieden auf sein vorgestrecktes Bäuchlein, was nicht weiter bemerkenswert wäre, würde er seinen Blick dabei nicht auf meinen nachgeburtlichen Wanst richten (ja, ich weiß ... aber ich hasse Rückbildung!).

Ich puste mir verbissen den Pony aus der Stirn. »Es ist so weit.«

»Was ist so weit?«, fragt er, als wüsste er nicht, als hätte er keine Ahnung.

»Ich geh heute los.«

»Ah«. Er macht eine Pause. Eine sehr lange Pause. Es fehlt nicht viel, und er würde sich dabei die Fingernägel besehen. »So wie letzte Woche? Oder die davor? Oder die davor?« Er winkt ab. »Na dann! Ich geh üben.« Bevor er die Kurve kratzt, dreht er sich noch einmal um und droht mir mit dem Zeigefinger: »Aber hey – nicht wieder alles alleine futtern!«

Wie niederschmetternd.

Nachdem Tom jetzt wochenlang in grellen Farben beschrieben hatte, was mir in einer fremden Wohnung alles zustoßen könnte (das ging bis zur suppentellergerechten Portionierung meiner Wenigkeit in geschmackssichere Gefrierbeutel), ist er offensichtlich dazu übergegangen, mich überhaupt nicht mehr ernst zu nehmen!

Noch niederschmetternder ist, dass ich es verstehen kann.

Schließlich sind, seit meine oh so grandiose Idee auftauchte wie der beste, nur leider für alle anderen unsichtbare Freund, schon gut zwei Monate vergangen. Ja, ich habe schon ein paar Anlaufkuchen gebacken. Zwanzig waren es. Oder dreißig. Aber jedes Mal fand sich eine Ausrede, die das Losgehen schlichtweg unmöglich machte. Nicht einen dieser Kuchen habe ich vor fremde Wohnungstüren getragen. Ich habe sie selbst gegessen. Ja, selbst, ganz allein, bis ins Mark gedemütigt, weil ich wieder einmal und immer noch zu viel Schiss hatte, um das, was ich tun wollte, einfach zu tun!

Ich war zu gut erzogen, um es zu tun. Bei Fremden klingeln, einfach so – *das macht man nicht*. Man wird mich auslachen, dachte ich. Mir den Vogel zeigen. Nichts, was ich in meiner desolaten Situation gebrauchen könnte: Hier sitze ich, in dieser Küche, die nicht einmal meine ist, sondern Toms, weil ich »der Einfachheit halber« und »aus Kostengründen« zu ihm dazugezogen bin, und habe gerade überhaupt keine Ahnung, wie ich mein Leben auf die Reihe kriegen soll.

Alles, was ich vorzuweisen habe, ist ein abgebrochenes Studium und ein Rausschmiss von der Hochschule, und selbst jetzt, da mir das Glücksrad eine Festanstellung an einem A-Theater zugeteilt hat, bei diesem großartigen Intendanten, der auch noch theaterweltweit dafür gerühmt wird, seine Regieassistenten wirklich zu fördern, ja, mir tatsächlich sogar gerade eine Produktion angeboten wird – fällt mir mit meiner Karriere nichts Besseres ein, als schwanger zu werden. Mutter zu werden. Und das auch noch in einem Viertel, in dem man sich besser vor der ganzen Gesellschaft dafür entschuldigt.

Herrje! Als ob es nicht so schon schwer genug wäre, plötzlich Mutter zu sein – weil alle Welt von einem erwartet, dass man nur noch happy, geerdet und hormonhigh auf rosa Zuckerwatte surft. Dabei befindet sich mein Selbstbild im Dauergefechtszustand.

»Oh Gott, und du warst mal cool!«, stöhnt mein bester Freund gerne und bringt es auf den Punkt, jedes Mal, wenn ich ihn dazu bewegen will, nach seiner Berghaintour noch einen Morgenkaffee mit mir einzunehmen – in Spielplatznähe. Aber all das ließe sich vielleicht noch gradebiegen, ist schließlich alles nur eine Frage von Disziplin, und auch mit Kind bin ich noch die Gleiche, noch die Gleiche, bin! ich! noch! die! Gleiche!!

Wie aufs Stichwort kräht vom hinteren Zimmer ein hungriger Schnabel. »Mäusekind«, rufe ich sofort in die Richtung, »wo bleibt denn mein Mäusekind?!« Ich bin nicht die Gleiche. Ich bin ein Supermarkt und habe rund um die Uhr geöffnet.

Schon bringt mir Tom das Baby. »Schau mal, wer da ist«, singt er, »die Mama. Die backt schon wied… die *wollte* irgendwas backen.«

Er gurrt, Mutti knurrt.

»Soll ich dir ein Teechen machen«, fragt er, ganz in Sorge um meinen Milchfluss, »Fenchel-Anis?«

Seufz.

Nähere Zukunftsaussichten: Stillen. Wickeln. Und Spazieren fürs UV-Licht. Noch ein gutes halbes Jahr der pure Rasselspaß, Output gleich null. Input gleich null. (»Au prima«, hatten sie gesagt, die kinderlosen Freunde, »dann kannst du ja jetzt endlich und in Ruhe *Auf der Suche nach der verlorenen Zeit* lesen!« Haha.)

Dabei ist Marie das entzückendste Wesen, das ich mir als Tochter vorstellen kann! Ja, ich mag zur Fermate werden, wenn sie schmatzend und duftend wie ein kleiner Germknödel warm in meinen Armen liegt. Genau das ist ja das Absurde: Ich bin sehr, sehr glücklich! Als Mama. Aber als *Stephanie* ist da so ein … Loch. Ein Treibsandlochfrustsee.

Da, die Frau in Rosa, in ihrem blöden Luxusloft, jetzt steht sie schon wieder auf ihrem überdimensionierten Südbalkon und raucht eine, die blöde Kuh!

Wenn ich nicht bald etwas unternehme, werde ich in nicht allzu ferner Zukunft meine Tage nur noch Ellbogen-auf-Kissen-gestützt am Fensterbrett zubringen und alle Passanten mit gehässigen Kommentaren bewerfen, bis mir am Kinn die herrlichsten Borstenwarzen wachsen. Kinder werden mir aus sicherer Entfernung lange Nasen zeigen, die Mutigeren unter ihnen mir bei Nacht und

Mondenschein Hundekacke in den Briefkasten schaufeln. Will ich so ein Leben führen?

Nein.

Nein? Wirklich nein? Dann muss ich jetzt los! Keine Zeit für Selbstmitleid, hoch den Hintern und raus aus der Komfortzone! Ein Missionar hat mir, bevor ich zu meinem Auslandsjahr nach Brasilien aufgebrochen bin, geraten: »Wenn der Kulturschock kommt – und er wird kommen – und du spürst, dass du dich nur noch unter der Decke verkriechen willst, dann geh raus! Geh unter Leute! Schau dir die Menschen an.«

Hm. Damals hat mir sein Rat geholfen. Und das hier – das war doch eigentlich auch nichts anderes als Kulturschock, wenn auch aus einer ganz anderen Ecke.

Und wann würde ich je wieder die Gelegenheit dazu haben? Diese Elternzeit war doch geradezu die Einladung zu einer Schlangenhäutung! Abschaffung des Schubladendenkens. Erfüllung der Korkenziehersehnsucht. Aber wie tritt man zu einer Mutprobe an, wenn einen niemand dazu zwingt?

»Ich wette mit dir!«, rufe ich nach nebenan, wo Tom gerade in seinem geliebten J. S. Bach schwelgt, »zweihundert Kaffeekränzchen in zweihundert Tagen!«

»Ich wette nicht mit dir!«, ruft Tom fidel zurück und unterbricht dabei nicht mal das Präludium, »schon gar nicht um so was.«

»Mir egal«, triumphiere ich, denn jetzt hab ich den entscheidenden Kniff entdeckt. Dann wette ich eben mit mir selbst! Ich schaffe es. 200 in 200 Tagen. Jeden Tag einen. Und damit ich auch ja genügend sozialen Druck habe, schreib ich eben einen Blog. Wenn es Tom schon nicht interessiert. Hab zwar keine Ahnung, wie das geht – aber andere machen es ja auch, kann also nicht so schwer sein. Sicherheitshalber rechne ich schnell mit Bleistift und Strichliste nach, ob mir überhaupt noch so viele Tage bleiben bis zum Berufswiedereinstieg: Es sind, und das kann kein Zufall sein, heute auf den Tag genau noch 200 Tage – und nicht einer mehr.

Schweineohren

300 g TK-Fertigblätterteig
100 g Zucker

Ich glaube, *man lässt zunächst den Blätterteig auftauen.*
Ohne ihn zu kneten.
Dann rollt man ihn aus. Aber nicht zu sehr. Und vor allem: nicht zu oft.
Dann schüttet man den Zucker drüber, rollt das Ganze irgendwie schweinemäßig zusammen und schneidet es in Scheibchen.
Die bäckt man dann.
Aber am besten bleibt man währenddessen vorm Ofen stehen, denn die Dinger werden schneller braun, als man sich umdrehen kann.

Unglaublich. Da hab ich wochenlang die allerschmackhaftesten Anlaufkuchen fabriziert, und womit schaff' ich den Absprung? Mit etwas, das aus *Tiefkühl*blätterteig, Zucker und … noch mehr Zucker besteht – und das mir trotz dieser doch recht überschaubaren Struktur sensationell misslungen ist. Gut, ich hätte den Fertigblätterteig vielleicht nicht behandeln sollen, als würde ich Blätterteig herstellen, es gab da wohl ein Missverständnis zwischen mir und meinem Backbuch. Was vielleicht nicht ganz so dramatisch gewesen wäre, hätte ich mit Marie auf dem Arm nicht auch noch jedes Blech in genau der Sekunde, in der ich es in den Ofen geschoben hatte, schon wieder vergessen gehabt. Tom, von meiner plötzlichen Emsigkeit irritiert, lungert unter Vorwänden immer wieder in der Küche herum. »Entschuldige, aber: Was machst du da?«, fragt er aus den Tiefen des Spülschranks, als ich meine vorsorglich gehorteten Schraubdeckelgläser, acht große Joghurtgläser, mit Kaffee, Kakao, Zucker, Tees und noch einigem mehr befülle.

»Na, ich muss doch alles mitnehmen, was man so für einen Kaffee braucht!«

»Ja, ja, ja, aber warum füllst du das alles in alte Joghurtgläser und lässt es nicht einfach in der Packung?«

»Weil ich keine wandelnde Schleichwerbung sein will!«

»Ja, aber sogar die Milch?«

»Tom. Ich bin doch so schon süddeutsch genug. Wenn ich jetzt auch noch sichtbar mit Bio-Milch und Bio-Kakao und Bio-Kaffee bei einem Alteingesessenen ankomme, fliegt mir das alles doch nur so um die Ohren! Gentrifizierung, du verstehst?«

»Also, ich find das ja ein bisschen übertrieben.«

Das war mir klar. Ziehe unter Toms kritischem Blick sehr, sehr geschäftig die letzte Fuhre verschrumpelter, angekokelter Teigkrustentiere aus dem Ofen.

Tom hebt die Augenbrauen. »Was ist das denn?«

»Das sind – also! Kennst du keine Schweineohren?«

Toms Augenbrauen bleiben gnadenlos oben. »Schweineohren? Blätterteigzeug, gibt's bei Diskokaiser in durchsichtigen Tüten, steht bei den Mandelhörnchen?«

»Schweineohren. Genau.«

»Oh, ich frag ja nur. Bei Diskokaiser sehen die nämlich irgendwie anders aus, nicht so … platt.«

»Diskokaiser, Diskokaiser!« (Wir nennen den Supermarkt um die Ecke nur noch »Diskokaiser«, seit er seit dem Generalumbau sein Obst- und Gemüsesortiment mit fröhlich und unter Pop-Beschallung sich drehenden Diskokugeln in Pink, Grün und Lila beorgelt.) »Diskokaiser muss seine Schweineohren auch nicht erst fünfzigmal rechts und dann wieder links ausrollen!« (Auch wenn mir allmählich dämmert, warum Diskokaiser das nicht muss: Offensichtlich geht Fertigblätterteig dann nämlich nicht mehr auf.)

Tom hält eine der Teigkrusten prüfend gegen das Licht: »Hast du sie schon probiert?«

Werde mich hüten.

»Darf ich?«

»Ja, klar. Aber nimm besser von dem ersten Schwung da drüben auf der Waschmaschine, der ist nicht ganz so … dunkel geraten. Ja, meine Güte, ich mach sie zum ersten Mal!«

Tom ist skrupellos. Er probiert tatsächlich eins. »Wow!«

»Was?« (Ich: hoffnungsfroh.)

»Wenn du sie ausgeschnitten hättest, wär's schneller gegangen.«

Na toll. Sieht aus wie Karton, schmeckt wie Karton. Hätte ich die Zuckermenge vielleicht doch nicht auf ein Zehntel reduzieren sollen, nur weil mir hundert Gramm für das bisschen Blätterteig reichlich übertrieben schienen. Aber egal! Heute gilt keine Ausrede! Heute ist der Tag der Wasserscheide. Wenn ich heute nicht losgehe, werde ich immer nur mal eine Idee gehabt, aber mich dann doch nicht getraut haben. Außerdem hab ich ja Zucker dabei. Kann man bei Bedarf ein bisschen was drüber kippen, nachträglich. Also rein mit den vielen Schraubdeckelgläsern und auch den Kartonscheibchen in meinen schicken Rotkäppchenkorb! Bleibt nur zu hoffen, dass man mich in die Wohnung lässt, bevor man probehalber von einem Schweineohr abzubeißen wünscht.

Selbst Tom hat inzwischen begriffen, dass heute irgendetwas anders ist als sonst, bietet von sich aus an, mit Marie »in der Zwischenzeit« einen Spaziergang zu machen, und will mich auch unbedingt gleich mit auf die Straße begleiten, wohl, um vor Ort zu sein, wenn ein Siehst-du-ich-hab's-doch-gleich-gesagt gebraucht wird.

An der Schwelle hält er mich zurück und zieht, verlegen, als wär' es ein Strauß Rosen, hinter seinem Rücken eine 20er-Packung portionierter Kaffeesahne hervor: »Für die älteren Semester. Die liegen zwar schon seit 'ner Weile bei mir in der Schublade, für den Fall, dass du tatsächlich mal losgehst – aber ich glaub, die sind haltbar, oder?«

Bin sehr gerührt.

Und dann stehe ich plötzlich und wahrhaftig auf der Straße, kann es vor lauter Hauruck gar nicht glauben und weiß nicht recht, wohin und was nun. Über 5500 Menschen leben in unserer Straße, behauptet das Statistische Bundesamt; eine ganze Stadt auf diesem mickrigen Wurmfortsatz von knapp zweihundert Metern Länge. 5500 Menschen! »Stepha. Steeepha.« Tom klingt schon wieder wie Fuß-auf-Bremse.

»Ja, was ist denn?« Ich bin ungeduldig.

»Du krallst dich in meinen Arm. Das tut weh.«

»Oh, Entschuldigung. Es ist nur … die Straße hat auf einmal so viele Häuser!« Wo fange ich bloß an? Ich stehe ratlos im Weg. Da stößt mir Tom seinen Ellbogen in die Rippen und raunt verschwörungstheoretisch: »Nimm doch die da! Auf halb drei!« Er deutet mit dem Kinn auf die gegenüberliegende Straßenseite, einem weiblichen Wesen mit Gitarrentasche auf dem Rücken hinterher. »Die seh ich ganz oft«, raunt er weiter, »und frag mich, was die wohl macht.« Aha. Interessiert ihn also doch, wer die Leute hier so sind, entgegen all seinen bisherigen Behauptungen. »Los, los, los! Geh ihr hinterher!«

Hinterhergehen? Ich bin doch kein Lustmolch! Auch wenn Tom so einen Spion-hinter-Zeitungsloch-Tonfall anschlägt, das hier ist ein seriöses Projekt. Und plötzlich weiß ich auch, wo ich anfange: »Der Balkon!«

Tom weiß natürlich sofort, welchen der hundert Balkone ich meine: unseren Lieblingsbalkon. Eigentlich ist es kein Balkon, sondern ein Manifest, ein Dauer-Hippie-Demo-Camp. Ein wuchernder, blühender Dschungel, in dem ungefähr hunderttausend »Atomkraft – Nein, Danke!« Fähnchen und Wimpelchen und

Windrädchen stecken. Und als wäre das viele Kleingelb noch nicht deutlich genug, hängt quer über die Brüstung noch das dazugehörige Banner in XXL. (Man bedenke, dass sich die übrigen Balkone unserer Straße – bis auf wenige zu vernachlässigende Ausnahmen – eher fantasielos bis verwaist präsentieren, was den Wirkungsgrad des Atombalkons noch vervielfacht.)

»Die müssen das doch gewohnt sein«, murmle ich, strategisch denkend. Tom sieht mich besorgt an.

»Ja«, rufe ich, fast schon euphorisch, »die trinken doch den ganzen Tag nichts als Kaffee! Aus Thermoskannen! Mit fremden Menschen! Vor ihren Wahnmachezelten!«

Tom prustet los. »Mahnwache«, grunzt er, »es heißt *Mahn-wache!*«

Als ob das nicht dasselbe wäre! Wirklich, ich weiß nicht, was er hat in letzter Zeit. Ich jedenfalls werde in weniger als fünf Minuten mit einem Tässchen zwischen fleischigen Lianen sitzen, so viel ist klar. Aber als ich vor dem Dschungelbalkonhaus samt zugehöriger Gegensprechanlage stehe, wird mir dann doch etwas flau. Dazu auch noch Tom, der katastrophenlüstern an meiner Seite klebt und natürlich keinerlei Anstalten macht, sich höflich zurückzuziehen und endlich zum angekündigten Spaziergang aufzubrechen. Will auf gar keinen Fall, dass er bei meinem ersten Klingelwaterloo dabei ist.

»Du kannst ruhig schon gehen«, sage ich also, möglichst generös und beiläufig, was mit dieser gewissen Dürre auf den Stimmbändern natürlich überhaupt nicht glaubwürdig gerät.

Tom mustert mich mit seinem sagenhaften Das-wird-eh-nix-Blick. »Besser, du wartest, bis zufällig jemand rauskommt. Mit Hallo-ich-mach-da-so-'n-Projekt lässt dich doch niemand auch nur in den Hausflur!«

Fürchte leider, er hat recht. Und war »Projekt« nicht Unwort des Jahres letztens? Aber in genau dieser Sekunde geht innen, im Haus, wir sehen es beide durch die Glasscheibe, die Hoftür auf, und ein

Mensch kommt Fahrrad schiebend auf uns zu. Wenn das kein Zeichen ist! Selbst Tom steht der Mund offen. Der Fahrradmensch, der natürlich keinen Schimmer von der historischen Bedeutung hat, die ihm gerade zuteilwird, öffnet die Haustür, fragt alltäglich: »Wollen Sie hinein?«, und hält mir, die ich direkt in seiner Schiebeschneise stehe, die Tür auf zum fröhlichen Eintreten. Und ich? Ich fasse mir ein Hasenherz, hauche »Danke« Richtung Fahrradmensch und »Bis später!« Richtung Tom – und schlüpfe hinein, hinein in mein erstes Haus!

Triumph!

Hinter mir fällt die Tür ins Schloss.

Uargs. Hallende Stille. In meiner Magengrube matte Wetter, die oh so vielen Kanarienvögeleins, die sich eben noch auf meinem Zwerchfell drängten und eine aufgeregte Schulchorversion von »Beat It« sangen, liegen, wie es sich für ein anständiges Gaswarnsystem gehört, in den letzten Zuckungen. Beklommen besteige ich die herrschaftliche Treppe, die Kokosfasern des Teppichläufers knirschen protestantisch und versprödet. Hätten Treppenhäuser Berufe, dieses hier wäre seit fünfzig Jahren schon gestrenge Oberin eines wilhelminischen Mädchenpensionats, ich muss an mich halten, um nicht zu knicksen, allein, hier im Treppenhaus. Schleiche mit vorsorglich eingeklemmtem Schwanz vor die Tür, hinter der ich mir die Lage des Balkondschungels errechnet habe. Der Zugang zum Paradies ist abgebeizt und mit aufwendigen Schnitzereien verziert, der Klingelknopf dazu glänzt gülden und tut betont unbeteiligt. *»Hallo, ich hab da so ein Projekt?«* Ein kleiner Tom hockt im Hinterstübchen meines Oberstübchens am Stammtisch und rotzt schnupftabakbraun ins Rotweißkarierte. »Mensch, Mädel«, sagt er tränensackschwer und schüttelt betrübt den Kopf, »kehr um, jetzt geht's noch!« Ja, das hätte er gerne! Dass ich aufgebe, ohne es versucht zu haben. Aber nicht mit mir. Wer sich Bergschuhe anzieht, rennt schließlich auch nicht schreiend davon, nur weil plötzlich ein Berg vor ihm steht. Ich ziehe den Blick vom Hinterstübchen ab. Recke das Kinn. Straffe die Schultern. Strecke den Arm. Strecke den Finger. Und drücke die Klingel!

Muss das so laut sein? Jetzt weiß das ganze Haus bis unter die Schindelspitzen, dass sich hier ein Eindringling aufhält. Hm, aber nichts regt sich. Werde an jeder Tür dreimal klingeln, hab ich mir ausgedacht, so als Prinzip. Ich versuche, irgendwie leiser zu klingeln beim zweiten Mal. Blöderweise bleibt das elende Ding stecken und klingelt Sturm. Ich fingere hektisch daran herum, kann den verklemmten Knopf aber erst in genau dem Moment befreien, in dem die Tür aufgerissen wird, schwungvoll und freudig. Als die junge Frau mich und meinen Finger an der Sturmklingel sieht, rutscht ihr kurz die Freude aus dem Gesicht. Ähe. Hinter ihr im langen Flur hockt ein kleiner Junge auf einem roten Holzdreirad und hat ihre Augen.

»Nicht der Papa«, berichtet die Frau dem kleinen Jungen über die Schulter hinweg – was unnötig ist, denn dass ich nicht sein Papa bin, sieht der Junge selbst und legt es deutlich in seinen Blick. Die Frau sieht mich fragend an. »Ja, bitte?«

Mein Beckenboden verliert an Haltung. So weit war ich noch gar nicht gekommen in meiner Planung! Von meiner Einführung hängt alles Weitere ab. Jetzt bitte muss ich mich knapp, aber ausführlich, herzlich, aber distanziert, professionell, aber auch nachbarlich präsentieren.

Kein Problem.

»Ich, äh … hallo!« Ich winke. »Ja, *dir* auch hallo!« Jetzt winke ich auch noch dem kleinen Jungen und strecke dabei den Kopf an der Frau vorbei und so bescheuert kindernett nach vorne, *oh Mann.* »Ich wohne ja auch hier, also, äh, nicht hier im Haus, ich bin jetzt kein richtiger Nachbar, obwohl, dann auch wieder doch, zumindest seit einem halben Jahr, wegen Tom, vorher war ich in Kreuzberg – jetzt bin ich Mama, haha, *Sie* ja auch!« Was rede ich da nur, um Himmels willen. Schnell, zwecks Ablenkung, die Schweineohren präsentieren. Mist, lauter Schraubdeckelgläser im Weg. Krame konfus im Korb, wohin nur mit all den blöden Schraubdeckelgläsern, gleich denkt sie, ich krame nach einer Waffe und leitet ihrerseits Notwehrmaßnahmen ein – Himmel, Stepha, komm endlich zum Punkt! – »Jedenfalls will ich mit dir, äh, euch, äh, Ihnen, also … *Atomkraft, nein Danke*!«

Seltsamerweise hat die Frau ihre Türe noch nicht wieder zugeknallt. Stattdessen strahlt sie mich an und ruft: »Aber das ist ja eine ganz wunderbare Idee!«

Ich weiß nicht, wie sie sich die wesentlichen Inhalte aus meinem Komposthaufen zusammengeklaubt hat, aber sie freut sich tatsächlich. Nur leider, sagt sie, und da beginnt der Haken, hätten sie jetzt gar keine Zeit, sie wollten gerade den Papa abholen. Wie zum Beweis deutet die Frau auf den Dreiradjungen, der in der Tat recht startklar aussieht. »Wir dachten schon, Sie wären er!«

Ihre Freundlichkeit setzt mich schachmatt, ich stehe unschlüssig. Theoretisch ist mir klar, dass ich jetzt dran bin, zumindest der Reihenfolge nach, dass ich jetzt irgendetwas sagen muss. Ich weiß nur nicht, was. Ob ich vielleicht wann anders wiederkommen könne? »Es« noch mal versuchen?

Die Frau strahlt noch immer. Sollte sie gerade im Kopf abspeichern: *Memo: In nächster Zeit nicht einfach Türe öffnen. Klopfzeichen mit Betroffenen vereinbaren*, so lässt sie sich jedenfalls nichts davon anmerken. Im Gegenteil. Sie nickt fröhlich bis enthusiastisch, sagt: »Klar, am Wochenende, so wie heute, ist's immer eher schlecht, aber unter der Woche: gerne.«

»Ah. Gut. Ja. Also. Dann. Danke. Äh. Bis … äh, nächste Woche dann!«

Da steh ich wieder zeugenlos auf Kokosgefasertem. Nachträglich drückt sich mir Angstschweiß durch die Rückenhaut. Hinter der geschlossenen Tür höre ich noch den Dreiradjungen krähen: »Mama, wer war die Frau?« Und sie höre ich antworten: »Du, ich weiß es nicht. Aber sie will mit uns Kaffee trinken und Kuchen essen, das ist doch nett, oder?«

Wow. Ich hab's getan. Ich hab wirklich geklingelt. Und ich bin noch am Leben!

Hm. Fast schon enttäuschend, wie höflich mich die Frau behandelt hat – und es war nicht die Art Höflichkeit, mit der man Irre in Schach zu halten versucht, bis das psychiatrische Fachpersonal anrückt. Offenbar ... bin ich gar nicht verrückt? Ich wage einen Abstecher ins Hinterstübchen und ertappe tatsächlich den kleinen Tom, wie er mauloffen mit der Nase an der Fensterscheibe klebt. Hahaa! Den Musketierdegen in den Himmel spieß! En garde! Weiter! Hinan!

Aber hinter der nächsten Tür öffnet niemand. Auch hinter der übernächsten nicht. Ich spüre so eine kleine Ahnung, dass das mit dem Klingeln vielleicht doch nicht so einfach werden könnte. Aber gerade als sich meine Euphorie diskret zurückziehen will, raschelt es hinter einer Türe. Erfreut klingle ich gleich noch mal. Es raschelt weiter, von einem Zimmer ins andere, aber niemand öffnet. Aber da ist doch jemand, denke ich und klingle starrköpfig noch mal. Und noch mal. Nach meinem fünften Klingelschrill gibt man sich drinnen geschlagen, und eine weibliche Stimme haucht direkt hinter der Tür: »Ja bitte?«

Ich spreche meinen Namen gegen die Tür, als wäre er das Sesamöffne-dich für jede Lebenslage. Ist er aber nicht, offenbar.

Von drinnen kommt nur ein steifes »Ja und weiter?«

Sofort ist mein Mund trocken. Trotzdem frage ich diese hochgeklappte Zugbrücke vor meiner Nase möglichst beschwingt und doch gleichzeitig diskret, ob sie vielleicht Lust auf ein paar Schweineohren hätte?

»Bitte?«, krächzt die Zugbrücke.

»Schweineohren«, wispere ich verheißend, »leckere Schweineohren!« – Na ja, immer schön bei der Wahrheit bleiben: »Zwar etwas verkokelt, aber durchaus noch essbar!«

Die Zugbrücke bebt. »Sie sind ja pervers! Verschwinden Sie, oder ich rufe die Polizei!«

Huch! Ich flüchte erschrocken die Treppe nach oben und kauere mich hinter das nächste Treppengeländer, mit buttrigen Knien und Staublunge. Was war das denn bitte? Ich horche ins Treppenhaus. Keine Bluthunde. Keine Bürgerwehr mit Mistgabeln. Vielleicht kann ich's wagen und an der nächsten Tür klingeln. Dieses Haus mache ich durch, egal, was passiert. Erst wenn ich hier alle Türen durchhab, darf ich aufgeben. Kann ich denn ahnen, dass irgendjemand *Schweineohren* nicht kennt?! Schweineohren, das Gebäck. Nicht Schweineohren, die bluttriefenden, mit stumpfem Messer abgesäbelten Schlappohren eines Rüsseltiers.

Also weiter.

Eventuell Gebäckkundige scheinen sich allerdings alle auswärts aufzuhalten. Ich sterbe ein paar vorsorgliche Tode umsonst, bis mir im Nebengebäude endlich wieder jemand öffnet. Der Mensch ist um die 20, Jungschnösel, und sagt zur Begrüßung: »Meine Mutter ist nicht da.«

Großartiger Einstieg. Irgendwo in der Wohnung läuft ein Fernseher. Ich überwinde mich. (Ist schließlich kein Gegner, was mir da blasiert entgegenblökt, ist ein verzogener Bengel, der noch zu Hause bei Mutti wohnt.)

»Hallo erst mal, das geht schließlich auch ohne Mutter«, sage ich also zackig, wenn auch nicht ohne mein gewinnendstes Lächeln, »ich mache ein Projekt (ich hab's gesagt! Ich hab's gesagt!) über die Straße hier, und dazu gehört, dass ich mich bei zweihundert Leuten hier in der Straße selbst zu Kaffee und Kuchen einlade!« Beide Daumen hochhalt. Vielleicht lässt er sich ja von Konfirmandenunterrichtsbegeisterung mitreißen.

Fehlanzeige. Der Jüngling glotzt. »Für die Uni oder was.«

»Nicht für die Uni«, sage ich, überraschend geduldig, »für mich, ich bin in Elternzeit.«

»Aha«, sagt der Jüngling und mustert mich von oben bis unten, »und wo ist dann das Kind dazu?«

Normalerweise würde ich einem Bengel wie ihm jetzt sagen, dass ihn das überhaupt nichts angeht und er sich erst mal die Rotznase putzen soll! Aber ich bin ja neuerdings eine freundliche Person. Also erzähle ich von Tom und Marie und vom Spaziergang – und dass der Spaziergang aber nicht mehr lange dauern kann (Zaunpfahl!), weil Marie bald Hunger haben wird und ich ja noch stille. Der Jüngling schaut wie zur Überprüfung des Wahrheitsgehalts auf meine Oberweite, zuckt dann aber die Achseln: »Meine Mutter ist nicht da, wie gesagt.«

Ich werde rot. »Das macht nichts«, versuch ich mein Glück, »ich unterhalt mich auch mit dir.«

Für ihn aber scheint es kein Glück zu sein. »Neihein«, er schüttelt grinsend sein blondes Langhaar, »in die Wohnung lass ich Sie nicht rein!«

Was für eine Niederlage. Nicht so sehr die Zutrittsverweigerung – das Gesieze. Noch ehe er die Tür geschlossen hat, habe ich schon den natürlichen Fressfeind meines Projekts identifiziert und ihn zusammen mit Totenkopfzeichen auf warnblinkende Erkennungstafeln gepinselt: Es ist der latent überhebliche, vom Bürgertum durchtränkte, männliche Jungzwanziger mit geföhntem Haar. Ihn gilt es unter allen Umständen zu meiden, sonst droht Zersetzung der Truppenmoral. Fände es angebracht, nicht nur mit »Vorsicht!«-Plaketten auf bissige Hunde hinter Haustüren hinzuweisen, sondern auch auf sich dort befindliche Jünglinge. Ich erwäge sogar, entsprechende Gaunerzinken in die Wohnungstür zu ritzen – halte mich aber zurück, denn Blondlocki ist noch nicht wieder von der geschlossenen Tür weg und zu seinem Fernseher zurückgeschlurft. Er klebt am Spion, wie die knarzende Diele verrät. Lässt er es sich doch tatsächlich nicht nehmen, der nächsten Etappe meines Spießrutenlaufs live und aus erster Reihe beizuwohnen!

Na, das kann ja heiter werden, denke ich und wende mich der gegenüberliegenden Tür zu. Ich flehe, dass mir ein freundlicher Mensch, ach was, überhaupt jemand öffnen möge. Ich klingle wacker. Höre Schritte.

Und die Tür wird geöffnet – allerdings nur einen Spalt weit. Ich warte höflich. Aber niemand taucht auf in diesem Spalt, der Türöffner ist offenbar längst schon wieder über alle Berge. Hm. Klopf ich mal lieber verlegen an den Türrahmen. Drinnen dreht man, wie als Antwort, Housemusik auf bis zum Anschlag. Erst rufe ich noch zaghafte Hallos dagegen an, dann aber erweitere ich selbstständig den Türspalt, was sich sensationell nach *Tatort* anfühlt – ob vor oder nach dem Mord, kann ich allerdings nicht genau sagen – bis ich unverstellte Aussicht auf einen langen Flur habe und einen kniehohen Wall aus Luftpolsterfolie, was auch immer der zu bedeuten hat.

»Hallo?« In meiner Hilflosigkeit klingle ich schließlich noch ein weiteres Mal. Um die Ecke biegt arglos und mit nassem Haar eine tätowierte Dame nur in Unterhosen und erschrickt vor mir wahrhaft comicreif. Standesgemäß erschreck ich natürlich gleich mit und schließe einen ornithologisch sicher höchst interessanten Entschuldigungs- und Erklärungstanz an, mit kleinen Verbeugungen und demonstrativen Rückwärtsschrittchen. Irgendwann aber hat sich die tätowierte Dame wieder so weit gefangen, dass sie mir zuhören kann – oder es zumindest versuchen will: »Entschuldige, du musste 'aben Geduld mit mir, weil meine Deutsch. Iste noch nichte. So gute. Aber verstehe ich: du willste kommen in das Wohnung?«

Ich stelle sofort um auf europäischen Gestikuliermodus und nicke sehr, sehr eifrig. Da ruft die tätowierte Dame (oh, und möge es sich der Jungschnösler für alle Zeiten hinter die Ohren geschrieben haben): »Favoloso! Ich liebe alle Mensch mit eine Idee in die Kopf, die, wie sagte man, realizzare? Komm herein, komm, komm, wir trinken deine caffè! Geh in das Küche und. Warte eine Moment, iche musse. Miche anziehen!«

Ich! Bin! In! Einer! Fremden! Wohnung! Gierig sehe ich mich um.

Hm.

Ich weiß ja nicht, was ich erwartet hatte – aber das hier ist eine Küche. Eine eher zweckmäßige als besonders gemütliche, aber nichtsdestotrotz einfach eine Küche: Boden und Wände bis auf Mannshöhe gefliest (weiß), an einem Ende ein unspektakuläres Holzregal (weiß), nur mager mit Geschirr bestückt, am anderen Ende ein verlassenes Klapptischchen (weiß), dazu zwei windige Klappstühlchen (auch weiß). Am Fensterbrett fristet ein Topf schlapper Schwiegermutterzungen sein Dasein mit Aussicht auf eine Feuertreppe.

Wahnsinn, Wahnsinn, Wahnsinn!, denke ich, obwohl es in eindeutigem Widerspruch zur Realität steht, »diese *Küche*! Wahnsinnig aufregend!« Ich schaue mit einer Hingabe in den Hinterhof, als wäre es der erste Hinterhof meines Lebens. Müllcontainer! Fahrradständer! Alles wahnsinnig aufregend!

»Hi. Ich bin Monica!« Sie hat sich etwas übergezogen, die Haare geföhnt und auch die Wimpern getuscht. »Und was machen wir jetzt? Hast du eine Fragenbogen? Ich muss etwas tun?«

Mir dämmert, dass das Klingeln ein Stück Torte war, jetzt steht Monica vor mir mit erdrückender Erwartung. Ein bei meinem Unterbewusstsein äußerst beliebter Klassiker der Kategorie Unzulänglichkeitsalbtraum hat den Sprung ins Wachleben geschafft: Ich werde, weil ich »dringend einspringen« soll, in einem viktorianischen Kostüm auf die Bühne geschoben, hinein ins grillende Scheinwerferlicht – und dabei hab ich nicht nur den Text vergessen, nein, ich weiß nicht einmal, welches Stück gerade gespielt wird.

Was soll ich Monica sagen? Dass ich überhaupt nicht weiß, was genau ich eigentlich in ihrer Küche zu suchen habe? Dass ich nie ernsthaft gedacht habe, mich könnte tatsächlich jemand reinlassen? Denkbar unseriös. Ich baue also beherzt meine schicken Schraubdeckelgläser auf und verkünde, dass es keinen Fragebogen gibt, weil das hier kein Interview, sondern ein Kaffeekränzchen werden soll. Vielleicht also erst mal … Kaffee?

Angesichts der spärlichen Küchenausstattung wäre es wohl doch nicht übertrieben gewesen, auch noch meinen Kaffeekocher einzupacken. Aber Monica zieht aus den Tiefen eines Abwaschgebirges zwei winzige Espressokocher hervor. »Ich liebe Kaffeekränzchen. Das iste so eine deutsche Ding! Nur schade: Ich kanne dir gar nichtse. Anbieten zu essen.«

Ha, das ist mein Stichwort. »Ecco Schweineohren!«

Monica scheint irritiert. Ich erkläre schleunigst, dass Schweineohren Schweineohren heißen, weil sie angeblich wie Schweineohren aussehen, nicht weil sie aus selbigen gemacht werden. Zur Veranschaulichung breche ich ein Schweineohr durch: »Blätterteig!« – und schon reden wir über deutsche und italienische Backwaren. Von ihnen hangeln wir uns zur europäischen Küche, von der wiederum zu den süßsauer eingelegten Hühnerfüßen der südchinesischen WG-Mitbewohnerin (der Monica übrigens dachte, die Tür aufzumachen), von Südchina gelangen wir zum Auswandern, vom Auswandern zum Fernweh, vom Fernweh zum Heimweh und schließlich zur Annäherung an die Heimat über die Fremde. So ein Gespräch ist doch gar nicht so schwer, denke ich, nur eine nette kleine Nanga-Parbat-Besteigung ohne Sauerstoff! Bin reichlich froh, dass ich mich an der Kaffeetasse festkrampfen kann, um nicht vor lauter Begeisterung in die Tischkante zu beißen.

Als Tom anruft, ob ich denn noch am Leben sei, bin ich so erleichtert, dass ich heulen könnte, und nachdem ich nur kurz bejaht und wieder aufgelegt habe, behaupte ich Monica gegenüber, mein Baby würde nach mir schreien, ich müsste leider schon wieder los. Ich bedanke mich überschwänglich, aber als wir zwischen Tür und Angel stehen, fühlt sich alles sehr merkwürdig an, und ich weiß gar nicht, wie ich mich jetzt projektgemäß verabschieden soll. »Tschüss, wir werden uns wahrscheinlich nie wieder begegnen?«

»Ich war drin, ich war drin, ich war drin!«, rufe ich Tom gackernd und schon von Weitem entgegen, »lass uns sofort was essen gehen!« Jetzt, nach der ausgestandenen Galgenfurcht, hab ich auf einmal so einen Appetit. Wir setzen uns in die Frühsommerabendsonne zu unserem Inder (in unserer Straße gibt es zwei Inder, und das unbedingte Bekenntnis zu einem der beiden ist so essenziell wie andernorts die Zugehörigkeit zum richtigen Fußballverein).

»Es war fantastisch!«, sprudle ich los, »ich will sofort wieder losgehen und klingeln!«

»Na, das wird heiter«, sagt Tom nur trocken.

Ich übergehe die Bemerkung und versuche, die unglaubliche Dichte der Stille in so einem Treppenhaus zu schildern. Tom rührt den Honig in seinem Chai. Und rührt. Und rührt. Und hört gar nicht mehr auf zu rühren.

»Du ärgerst dich ja richtig, dass mich jemand reingelassen hat!«

»Ich ärger mich überhaupt nicht«, behauptet er, legt aber trotzdem den Löffel zur Seite, »ich hätte nur nicht gedacht, dass es wirklich funktioniert. Und das nächste Mal kannste anrufen, wenn du irgendwo drin bist! Ich steh hier draußen und mach mir Sorgen!«

»Ich kann doch nicht, kaum dass ich irgendwo in einer fremden Küche steh, mein Handy zücken! Das sieht doch aus, als würd ich meiner Gang Bescheid geben, durch welches Fenster man am besten einsteigt!«

Er schnaubt nur durch die Nase.

»Du kannst ja wenigstens mal fragen, wie's war.«

»Haste doch schon gesagt: *fantastisch*.« Er brabbelt irgendwas von Kaffee und Kuchen ohne Syntax oder Satzzeichen.

»Sag mal, was ist eigentlich dein Problem?!«

»Hab ich dir schon gesagt«, blafft er mich dankbar an, »ich finde, du solltest was Richtiges machen. Und außerdem hast du doch jetzt überhaupt keine Zeit für *so was*.«

Ich zieh nur die Augenbrauen hoch.

»Ich meine, ich sag's dir gleich: Ich kann nicht immer auf Marie aufpassen. Ich muss auch was tun.«

Ah. Da ist er, der Hase. Da läuft er. Ich hole tief Luft: »Erstens …«

Mist.

Jetzt kann ich das Folgende auch meinem Chicken Korma erzählen, Tom mag meine ausgefeilte Erstens-zweitens-drittens-Rhetorik nicht ausstehen und sitzt schon rittlings auf dem Durchzug nach Kirgisien. Aber ich springe natürlich, weil ich auch nicht anders kann, trotzdem auf mein zügelloses Hunnenpferd und presche ihm hinterher, quer durch die wilde Steppe: »Erstens musst du zwischendurch auch mal auf Marie aufpassen, wenn du nicht möchtest, dass ich irgendwann *durchdrehe*, zweitens kann ich Marie auch sehr gerne mitnehmen – das willst du aber nicht, aus *Sicherheitsgründen*, und drittens: du bist Musiker. Flamencomusiker. Spanien ist pleite, und deine Tourneen sind abgesagt. Du hast *nichts* zu tun. Du übst bisschen Bass, spielst bisschen Klavier, und zwischendurch ziehst du dir reihenweise Youtube-Videos von Glenn Gould rein, um dich selbst zu entmutigen. Wo also bitte ist das Problem, zwei Stunden am Tag auf deine Tochter aufzupassen? Noch dazu, wenn sie *schläft*?!?«

»Ich hab auch überhaupt kein Problem damit, auf meine Tochter aufzupassen!«, behauptet er, »aber dieses Sich-hier-Einladen – *hier!* – also, das ist doch komplett bescheuert!«

Ich zucke die Schultern. »Ich hab aber keine Lust, jetzt was zu inszenieren. Ich hab Lust, die Leute hier kennenzulernen. Und ich mach das jetzt. Punkt.«

»*Wenn* dich noch mal jemand reinlässt. Das war doch heute sicher nur Zufall.« Er stochert sehr geschäftig in seinem Korma – bis ihm sein Karma wieder einzufallen scheint. Er seufzt: »Also was hat Monica erzählt?«

Hm. Vielleicht ist Tom nicht der richtige Ansprechpartner für mich. Ein Blog muss her. Schnell. Sonst droht Zersetzung der Truppenmoral auch aus den eigenen Reihen.

So! Habe jetzt nach vier Stunden nur durch gelegentliches Stillen unterbrochenem Trial-and-Error endlich herausgefunden, wie man Fotos für den »Header« auf die richtige Größe »skaliert«, auch wenn ich vor lauter Error natürlich nicht mehr weiß, mit welchem Trial ich es letztendlich hinbekommen habe. Ich habe mich auch artig mit der Metaebene auseinandergesetzt (zwar nur der programmierten, aber immerhin) und mit Beharrlichkeit durchgesetzt, dass das »Herzlich willkommen!« auch dort erscheint, wo es erscheinen soll, und nicht, wo es erscheinen will. (Offenbar ist es hilfreich, »Änderung speichern« nicht allzu häufig zu vergessen.) Drei Uhr morgens: Die Äußerlichkeiten stehen. Jetzt noch schnell einen flammenden Artikel über meinen allerersten Hausbesuch schreiben – was sich etwas schwierig gestaltet, da ich bei Monica offenbar viel zu beschäftigt war, ständig »Wahnsinn, Wahnsinn, Wahnsinn« zu denken, als dass ich mir auch nur einen geraden Satz von ihr hätte merken können. Wenigstens erinnere ich mich noch, dass sie klimpernde Armreifen trug und sehr viel und laut lachte, daraus lässt sich doch allerhand machen. Nicht zu vergessen: die Luftpolsterfolie! Und weil Tipp 9 von »10 Tipps, wie man einen Blog veröffentlicht« rät, potenzielle Leser erst dann zum Lesen einzuladen, wenn wenigstens drei lesbare Artikel als Anfütterstoff veröffentlicht wurden, teile ich den Artikel kurzerhand gerecht durch drei. Wahnsinn, da steht es: Ich habe wieder etwas erlebt!

Seltsames Gefühl, schließlich auf »Publizieren« zu klicken.

Hm. Nichts passiert. Keine Balkankapelle drängt sich durch die Küchentür, kein Konfetti fliegt, keine rot satinierten Bänder werden durchschnitten und auch keine gerührten Ansprachen gehalten. Nur Wordpress, mein neuer bester Freund, nennt mich »Howdy«, was, wie ich finde, immerhin sehr passend nach »Haudegen« klingt, und gratuliert mir überschwänglich zum ersten Beitrag. Aber das hat er, wie er sich brüstet, heute auch schon hunderttausend anderen. Hunderttausend. Allein heute. Ob mein Blog überhaupt jemals gelesen wird? Ich meine: von jemand anderem als mir? Schicke Tom die Blogadresse nach nebenan, per SMS, damit er gleich im Bett noch auf den Link klicken und sich gefälligst wieder etwas benehmen kann. Die Antwort vibriert umgehend: »Mann, jetzt mach endlich das Licht aus und komm ins Bett.«

Er legt sich ja ziemlich ins Zeug. Aber mich rollende Dampflok wird er jetzt nicht mehr aufhalten können.

Am nächsten Morgen stehe ich um sechs Uhr dreißig pfeifend und backlüstern in der Küche. Um sechs Uhr dreißig. Ich. Der es mir praktisch und, seit ich denken kann, physisch unmöglich ist, vor neun Uhr auf zwei Beinen zu stehen. (Was, nebenbei bemerkt, ein nicht unwesentlicher Grund war, mich beruflich ins Theater zu verlagern. Arbeitszeiten bis Mitternacht und länger sind überhaupt kein Problem. Aber wie jemand morgens um acht schon gestriegelt, geföhnt und vor allem freundlich an seinem Schreibtisch sitzen und Kundenkontakt haben kann, wird mir auf ewig ein unergründliches Phänomen bleiben.) Heute aber macht mir die frühe Goldmundstund überhaupt nichts aus: Ich bin nicht länger bedauernswerter Passivist meines Schicksals! Und ich habe jetzt einen Blog! Ich könnte jetzt jemandem die Blogadresse geben. Nein, nicht Tom, der hat sie ja schon. Ich meine: jemandem, der sich vielleicht dafür interessiert.

Heikle Angelegenheit. Außer Tom habe ich noch niemandem meine Fremdwohnungssehnsucht gestanden. Wer von meinen Freunden würde mir nicht drucksend und mit Glatteisstimme eine Bachblütentherapie ans Herz legen wollen?

Esther. Sie ist nicht nur die lebenundlebenlassendste Person, die ich kenne, sie ist auch die Einzige in meinem Freundeskreis, die eine SMS um diese Uhrzeit nicht umgehend wieder im Tiefschlaf versenken und sich später über nächtliche Ruhestörung beschweren würde. Ich schicke ihr, kommentarlos, damit es rein theoretisch auch nur ein Versehen sein könnte, die Blogadresse.

Sie ruft sofort an: »Ich fass es nicht! Das ist ja … *was* machst du? Aber wieso denn zweihundert? Das sind doch viel zu viele! Zwanzig reichen doch auch!«

Ich versuche zu erklären, dass man vor zweihundert Leuten weniger Schiss haben kann als vor zwanzig. Es ist schwer zu erklären.

Haus-und-Hof-Käsekuchen

Um fremde Käsekuchen mache ich grundsätzlich einen weiten Bogen. Lieber noch schütze ich Magenverstimmung vor, bevor ich in die Verlegenheit gerate, mir etwas auf die Gabel zu laden, das potenziell zu trocken, zu feucht, zu wenig süß, zu dichtungsschaumig oder zu durchgesuppt ist – und im schlimmsten Fall an einem Boden aus Kekskrümeln oder gar an ROSINEN leidet. Trotzdem liebe ich Käsekuchen zum Einen-ganz-allein-Essen. Aber nur den hier.
Vielleicht liegt es daran, dass ich mit ihm käsekuchensozialisiert wurde. Vielleicht aber auch daran, dass es sich schlichtweg um das einzig wahre Rezept für Käsekuchen handelt:

Aus 250 g Mehl, 125 g kalter Butter, 1 Messerspitze Salz, 30 g Zucker, 1 Eigelb und 2 EL Wasser rasch einen Mürbteig kneten, welcher dann eine Stunde lang in Folie gewickelt an kühlem Orte ruhen und nicht andauernd naschbedingt gestört werden soll.
In der Zwischenzeit verrührt man 750 g Magerquark mit einer halben Tasse Öl, einem halben TL geriebener Vanilleschote, 270 g Zucker und 3 Eigelben. Jetzt schmeckt der Quark am unwiderstehlichsten, also her mit dem EL. Bedauerlicherweise müssen noch 40 g Speisestärke untergerührt und der aus 3 Eiweißen und einer Prise Salz geschlagene Schnee untergehoben werden. Aber auch dann ist der Quark noch sehr genießbar!
Sobald man es geschafft hat, sich zu beherrschen, legt man mit dem Mürbteig eine Springform aus, füllt das, was von der Quarkmasse noch übrig ist, hinein und lässt die Köstlichkeit bei 180° ziemlich

genau 50 Minuten lang backen. Dann gestattet man dem Kuchen, bei spaltbreit geöffneter Ofentür noch zehn Minuten weiterzubacken, und bittet ihn schließlich, im abgeschalteten Ofen zu verbleiben, bis er ausgekühlt ist. (Angeblich bekommt er so keine Risse. Stimmt zwar nicht, aber für diesen Käsekuchen würde ich auch noch absurdere Anweisungen befolgen.)

Unser Haus wurde sehr luxuriös saniert – außen. Aber nach dem Graupelverputz war für das Dahinter kein Geld mehr übrig. Und so kommt es, dass unser Haus von der Straße aus gesehen locker als Gentrifiziererhochburg durchgehen kann, während innen, in unserem Haus, noch immer Kohleöfen und Etagenklos in Benutzung sind. Ja! Kohleöfen. Etagenklos. Mag man gar nicht meinen, oder? Und das, wo doch die Salonmeinung über unser Viertel recht einheitlich ausfällt. Erst letzte Woche wurde mir am Theater ein Mensch vorgestellt, der, wie sich herausstellte, zum ersten Mal in Berlin war und mich trotzdem gleich pseudowissenschaftlich fragte, wo, in welchem Viertel in Berlin ich denn wohnen würde. Mir schwante es schon, trotzdem antwortete ich (warum nur bin ich immer so höflich?). Und tatsächlich rief dieser Mensch, mit dem ich meines Wissens noch auf keiner Alm zusammen Rinder gehütet habe: »Ach, echt, du bist ein Bionadespießer?«

Nicht dass ich etwas dagegen hätte, von wildfremden Menschen Bionadespießer genannt zu werden. Ich kriege nur, seit ich hier in diesem Viertel lebe, Manschetten vor all diesen kleinen, subtilen Stereotypchen und Vorurteilchen, die man so unerschrocken hegt und pflegt. Vielleicht hätte ich diesen witzigen Menschen einfach auf eine kleine Stadtführung durch unser Viertel einladen sollen. Dann hätte ich ihm alle Graffiti gezeigt, die nach »Schwaben raus« verlangen, den »totalen Schwabenhass« feiern oder zum »Yuppies jagen, Yuppies schlagen« auffordern. Anschließend wäre ich mit ihm in eines der Cafés gegangen, an deren Eingangstüren so spaßige Schildchen hängen wie »Kein Soja. Kein Entkoffeiniert. Garantiert mütterfreie Zone« – und dann hätten wir uns ein bisschen über Geschichte und ihre Anfänge unterhalten. Ach so, ja, stimmt, ich wäre natürlich nicht mit ihm in das Café gegangen. Ich hätte draußen gewartet und hundeblicklich durch die Scheibe gestarrt. Während er dann seinen Kaffee getrunken hätte, hätten wir beide vielleicht ein bisschen nachgedacht. Er darüber, wie fantasievoll so ein kleiner Rassismusmechanismus sein kann, wenn es darum geht, sich gesellschaftsfähig zu verkleiden. Ich darüber, wie schnell auch ich mit meinen Vorurteilen zur Hand bin. *Da, die Frau in Rosa! Schon wieder steht sie auf ihrem überdimensionierten Südbalkon, die blöde Kuh, und raucht eine!*

So dienstbar sind sie, die bunten Sammelfeindbildchen, so beflissen, unser Selbstbild zu bestärken. Nein, ich bin keineswegs so besonnen auf die Welt gekommen. Im Gegenteil! Es ist noch nicht lange her, dass ich in einem Café gearbeitet und selbst über entkoffeinierte Mütter geschimpft habe. Warum auch sollte ich nicht schimpfen, wenn so ein entkoffeinierter Sojalatte nun mal sechs Arbeitsschritte mehr bis zum Heißgetränk bedeutet und mir nicht klar werden wollte, warum die werten Damen dann nicht einfach ein Glas Wasser bestellen. Jetzt, wo für mich ein koffeiniertes Heißgetränk sechs Babyschlafstunden weniger bedeuten und ich aber trotzdem nicht auf den geliebten Kaffeegeschmack verzichten will, büße ich für meine frühere Kurzsichtigkeit mit extra Trinkgeld, wenn ich Entkoffeiniertes bestelle. Tja. Manche Verhaltensweisen versteht man eben erst in einem späteren Leben. Und auch eine Gentrifiziererhochburg kann sich bei genauerem Hinsehen als feuchtes Schimmelloch entpuppen. Was nicht heißen soll, dass alle Gentrifiziererhochburgen feuchte Schimmellöcher sind. Was nur heißen soll, dass ich ab sofort einfach genauer hinsehen will. Ich will üben, jeden Menschen erst kennenzulernen, bevor ich ihn einteile. Nicht umgekehrt. Und irgendwann, in weiter Ferne, wenn ich den Schwarzen Gürtel in »Menschen« hab, fang ich vielleicht sogar an, das Einteilen wegzulassen.

Gleich auf mein erstes Klingeln öffnet mir heute ein Nachwuchsgangstarappa im Vollkostüm, mit ziseliertem Backenbart und breiter Goldkette überm Nachthemdshirt. Der Gangsta mag *out in da streets* vielleicht ein nicht wenig Furcht einflößendes Kaliber darstellen, hier aber erklärt er mir höflich und mit weicher Stimme, dass seine Mama heute Geburtstag hat, gleich nach Hause kommen wird und er nicht weiß, ob er jemanden hereinbitten kann und/oder darf. Ich finde ihn niedlich und steige weiter nach oben.

Eine rotwangige Frau mit Schürze öffnet. Das also ist die Person, die auf der anderen Seite unserer Wohnzimmerwand lebt. Ich hab sie noch nie gesehen.

»Hallo! Ich mache ein Projekt über unsere Straße, und dazu gehört, dass ich mich mit selbstgebackenem Kuchen und allem, was man für Kaffee braucht, in 200 Tagen bei 200 Menschen hier in der Straße zum Kaffeekränzchen einlade, um einen Plausch zu halten über das Leben und unser Viertel und wie es sich hier verändert hat – haben Sie Lust auf ein Stück Käsekuchen mit mir?« Seit der demütigenden Jungschnöselbegegnung sitzt wenigstens der Einführungstext.

Die Frau sieht belustigt aus. »Warum nicht?«

Aus der Küche schlägt uns Hitze entgegen, der Dampf klebt unter der Decke und zieht nur langsam durch das Oberfenster hinaus ins Regenplätschern, es duftet nach Heu und Kamille, und auf dem Herd blubbert es bräunlich in riesigen Töpfen. Noch bevor ich es mir auf der Truhenbank mit den vielen bunt gehäkelten Kissen gemütlich machen kann, hat Katharina mir das Du angeboten, einen Wasserkessel zwischen die Töpfe gezwängt und mir die wichtigsten Stationen ihres Lebens erzählt. Zwischendurch stochert sie sehr zufrieden mit einem extralangen Kochlöffel in den brodelnden Töpfen herum. »Ich experimentiere zurzeit mit Pflanzenfarben. Gestern war ich den ganzen Tag unterwegs und hab Kamille gepflückt, ich hab richtig Schwielen bekommen, schau!«

Ich bewundere gebührlich dicke, weiße Schwielen an ihren Handflächen.

»Ja, ich bin Frührentnerin, da hast du viel Zeit. Ich brauche jeden Tag ein Ziel … Deswegen mach ich gerade meine Kräuterstudien. Safran zum Beispiel gibt auch einen ganz tollen, satten Farbton, wenn du Gelb magst. Das ganze Gift, das in diesen Kleidern drin ist, die sie uns überall verkaufen wollen! Wirklich, du solltest kein Schwarz tragen, Schwarz ist am giftigsten zu färben. Selbst wenn es Biobaumwolle ist. Gut, dann hast du wenigstens dafür gesorgt, dass die Arbeiter auf der Plantage keine Pestizide abkriegen. Aber du selbst trägst das Färbegift trotzdem auf der Haut!«

Ich entspanne mich – auch wenn ich komplett schwarz gekleidet bin –, denn hier muss ich nichts vorweisen und auch keine kommunikativen Buckelpisten runterpreschen, im Tiefschnee, bei Nacht und Nebel, während ich mit klammen Fingern versuche, nussharte Personen mit meinen Fragen zu öffnen. Stattdessen schlürfe ich, bis das Teewasser kocht, Katharinas selbstgemachten Holundersirup, lege die Beine hoch (!) und höre einfach zu. An den sattblauen Wänden hängen dickbauchige Handkeramiktassen neben Dünenstrandbildern in expressionistischen Farben.

Wie selbstverständlich mich Katharina zu sich in die Küche lässt! Ich selbst würde niemals einen Fremden in meine Wohnung lassen, ich mache ja nicht mal dem Paketboten die Türe auf. Und nicht etwa, weil ich Angst vor Paketboten habe (auch wenn dieser eine Borowski-*Tatort* mit Lars Eidinger eine derartige Einstellung durchaus nahelegen würde! Aber unser Paketbote ist entzückend und mit relativ hoher Wahrscheinlichkeit *kein* Psychopath. Im Gegenteil, ich wette, die Hälfte unserer weiblichen Straßenpopulation bestellt überhaupt nur seinetwegen online). Nein. Ich finde es einfach nur zu anstrengend, aus dem Stegreif und ohne beruflichen

Panzer mit Leuten in Kontakt treten zu müssen. Immer muss man »Ja« sagen, oder »Nein«, und aber in jedem Fall und immer wissen, wer man ist, was man will und wo die Grenze liegt. Merkwürdigerweise kenne ich niemanden, der damit auch nur annähernd die gleichen Schwierigkeiten zu haben scheint. Nur die zwei winzigen Kätzchen, die jetzt in die Küche getapst kommen, ein Fell wie Kükenflaum, sehen mir ganz so aus, als könnten auch sie einen Panzer vertragen. Das eine Kätzchen hockt sich stoisch vor den leeren Fressnapf, das andere wagt sich näher, schnuppert erst fluchtbereit an meinen Kaffeekorb und wetzt sich dann daran die Krallen, dass der Bast nur so durch die Gegend fliegt.

»Äh … wenn es dich stört, verscheuch sie ruhig!«

»Ach«, ich winke ab, »ich würde das auch nicht anders machen, wenn bei mir plötzlich ein Fremder in der Küche hocken würde.« Das Kätzchen nimmt's als weiteren Ansporn und erkraxelt den Korb. Auf den letzten Zentimetern wird die Hanglage kurz brenzlig, aber schon stakst das Kätzchen pikiert auf meinen Gläsern herum und ist höchst unzufrieden mit der Ausbeute.

»Himmel, die sind so herrlich«, lacht Katharina, »ich könnte sie die ganze Zeit nur beobachten. Maxi ist genau, wie ich früher war: immer auf Achse. Und Minnie«, sie zeigt auf das Kätzchen, das noch immer katatonisch vor seinem Napf sitzt, »ist, wie ich jetzt bin, mehr, hm … phlegmatisch.«

»Was ist passiert?«

»Ich hatte Krebs. Vor zwei Jahren. Es war eine sehr schwierige Operation. Hier, schau mal, meine Narbe.« Sie hebt ihr Hemd, eine braunrote Narbenwulst kriecht quer über ihren Bauch. »So eine hast du noch nicht gesehen, was?«

Fast will ich den Bandwurm mit dem Finger nachfahren, da fällt mir gerade noch ein, dass ich die Frau doch gar nicht kenne. Katharina lässt ihr Hemd wieder fallen. »Seither bin ich natürlich nicht mehr dieselbe wie früher, schon allein körperlich. Tango tanzen bis um drei Uhr morgens ist schlicht und einfach nicht mehr drin.

Und jedes Mal, wenn mich was zwickt, denk ich, jetzt kommt der Rückfall.«

Plötzlich fällt mein Korb um, mit Geschepper und Getöse, die Schraubdeckelgläser rollen davon, und Maxi rast mit schwer empörtem Gemaunz aus der Küche. Katharina lacht. Vor allem über meinen Korbinhalt: »Was hältst du stattdessen von Brennnesseltee? Selbst gepflückt?«

»Probier ich sehr gern«, höre ich mich sagen. Ich? Brennnesseltee?!?

Später zeigt mir Katharina ihre Wohnung, ihren Badezimmerschlauch, ihr Klavier, ihre Hängematte. Ihre Tangokleider. Ihre selbst gestrickten Pullover, kleine Kunstwerke, nicht etwa mit simplem Zopfmuster, sondern mit Gemälden darauf, Giraffen, die in der Savanne mit Elefanten ziehen, Albinogeparde, die sich im Akaziengeäst ausruhen. »Weißt du, wenn ich etwas selbst machen kann, dann macht es mir Freude. Du solltest das auch machen, grade du, als junge Mutter. Dann weißt du wenigstens immer, womit du es zu tun hast. Warte mal … hier!« Sie drückt mir ein Buch in die Hand.

»*Praktische Vorratshaltung für zu Hause*?«

»Ja! Da steht alles drin, was du wissen musst: wie man einweckt, Marmeladen kocht, Kartoffeln richtig lagert – schau einfach mal rein.«

»Ah. Aha. Danke.« Ich bin ja nicht so der Kartoffeltyp. Die letzten Kartoffeln, die ich gekauft habe, waren, als sie mir wieder einfielen, derart ausgekeimt, dass ich die Triebe mit dem Brotmesser von den Regalbeinen loshacken musste. Auch »Einwecken« klingt mir eher nach einem scheußlichen Junggesellenbrauch als nach etwas, was ich als »junge Mutter« unbedingt erlebt haben sollte – und von Marmeladen, um das Maß vollzumachen, ist mir überliefert, dass sie sich nur mit Geduld und Sorgfalt zubereiten lassen, zwei Eigenschaften, mit denen Bekanntschaft zu machen ich bislang leider noch nicht die Gelegenheit hatte. Aber da setzt sich mir eine

Erinnerung auf die Schulter, ich sehe meine Oma, das Erdbeerfeld vor ihrer Haustür und spüre die Tage, an denen es in ihrer Küche dampfte und sie Erdbeermarmeladenschaum für uns Kinder auf Untertassen schöpfte. Lang vergangen sind diese Tage. Vielleicht ist es an der Zeit, Marmelade zu kochen. Vielleicht will dieses Projekt der Anfang von Vielem sein, nicht nur vom Ende vom Schubladendenken.

»Ich schenk's dir«, sagt Katharina, und ich nehme mir vor, dieser ausgeleierten Rippe gerecht zu werden. Als Ausgleich überlasse ich ihr den restlichen Käsekuchen, es ist ohnehin nur noch ein Drittel (rülps). Katharina starrt auf den Kuchen, als wär' sie soeben in die vierte Dimension gefallen, und murmelt mit Kaffeesatzlesestimme: »Seltsam. Jetzt, wo du hier bist, erinnere ich mich auf einmal, dass ich früher Kaffeetafeln abgehalten habe, sehr oft sogar, das hatte ich völlig vergessen. Ich hab Torten gebacken, im hinteren Zimmer einen Tapeziertisch aufgebaut, mit Tischdecke und Kerzenleuchtern, und alle möglichen Leute eingeladen, Leute aus dem Haus, Fremde von der Straße, Freunde, egal. Jetzt leb ich so zurückgezogen … Vielleicht sollte ich das einfach mal wieder machen …«

Als ich wieder nach draußen und in einen leichten Sommerniesel trete, bin ich so zufrieden und froh, besänftigt, ohne wütend gewesen zu sein, dass ich mich auf das winzige Fleckchen nicht-versiegelter Erde in unserem Innenhof stürzen und einen unterirdischen Ausbruchsgang bis Neuseeland buddeln könnte. Ist es diese Gastfreundschaft, die mich so heiter stimmt? Oder sind es die Konturen meines Lebens, die im Spiegel eines anderen wieder erkennbar werden – und so schlecht nicht aussehen, als dass man sich nicht mit ihnen aussöhnen könnte? Jedenfalls sitzt mir eine Ahnung von »Anfang« wie warme Glückssuppe im Bauch. Ich schnappe mir Marie, spaziere mit ihr alle Kinderlieder singend über Stock und Stein und kaufe auf dem Rückweg drei Kilo Erdbeeren. Eins für den Kuchen für morgen. Und zwei für Marmelade. Ja, ich werde alles mitnehmen, was ich kriegen kann. Noch ist es vielleicht nur Marmelade. Aber eine Marmelade, die auf einmal *möglich* ist …

```
Häuser in unserer Straße: 38.
Häuser, die von außen grundsaniert aussehen: 37.
Häuser, in denen noch Etagenklos in Benutzung sind: 4.
Häuser, in denen noch mit Kohle geheizt wird: 10.
```

ERDBEERROULADE

»Sag mal, backst du jetzt wirklich jeden *Tag Kuchen?«, stöhnt Tom, als er zerknautscht in die Küche geschlappt kommt. Musikergehörwindungen ertragen den Lärm von Handrührgeräten nämlich nur ungern. Vor allem frühmorgens. Ich aber rühre ungerührt weiter.*
»Du wirst ja auch total auseinandergehen!«
Ha. Netter Versuch. Aber meine Eitelkeit hab ich mir schon in der Schwangerschaft abgewöhnt: erst Reiher, dann Nilpferd. Und was ist das hier, auf meinem T-Shirt? Ach ja, Magenüberschuss von Maries Frühstück.
Tom zieht geschlagen von dannen, murmelnd: »Ich mach drei Kreuze, wenn dieses Projekt endlich vorbei ist.«
Armer Tom. Heute ist erst Tag 3 von 200. Er hätte »Projekt« trotzdem nicht schon wieder so ironisch sagen müssen. Gleich noch eine Rührstufe höher stellen.
Wer hätte gedacht, dass Biskuitteig so einfach ist?
8 Eigelbe (yeah! Aber bitte nur bio!) mit 50 g Zucker schaumig schlagen. Die 8 Eiweiße mit 50 g Zucker steif schlagen, unter die Eigelbe heben. 80 g Mehl mit 20 g Speisestärke mischen, über die Eimasse sieben und unterziehen. Das war's!
Na gut, noch auf ein mit Backpapier ausgelegtes Backblech streichen, bei 220° 10 Minuten backen, auf ein mit Zucker bestreutes Tuch stürzen, 500 g Sahne mit 3 EL Zucker schlagen, mit 250 g geviertelten, in 3 EL Zucker gezogenen, Erdbeeren vermengen, auf die Biskuitplatte streichen und vom langen Ende her einrollen. Bepuderzuckern.

Anruf von Mama. Mama meldet sich gefühlt täglich, erkundigt sich erst nach den Befindlichkeiten des Babys, um dann jedes Mal in beiläufigem Ton zu fragen: »Und, was willst du jetzt machen, wie geht's für dich weiter?«

Keine besonders angenehme Frage für jemanden, der diesbezüglich selbst schon einen beachtlichen Trampelpfad in seinem Hirn angelegt hat. Üblicherweise antworte ich Mama beschönigend und zuversichtlich – um nach Beendigung des Telefonats deprimiert in eine Zimmerecke zu starren oder wahlweise verbissen Fenster zu putzen. Heute nicht. »Mama, ich hab überhaupt keine Ahnung, ob und wie das mit dem Theater für mich weitergeht! Aber gerade ist es mir auch *scheiß*egal! (Ja, ich verwende heute sogar Fäkalsprache vor den mütterlichen Ohren!) Weil ich mich jetzt bei den Leuten hier in der Straße selbst zu Kaffee und Kuchen einlade!«

»*Was* machst du?!«

»Ja! Und darüber schreib ich einen Blog.«

So. Jetzt wird Mama über mich hoffnungslosen Fall die Hände überm Kopf zusammenschlagen und das Zeigefinger-in-Wunden-Legen eine geruhsame Zeit lang sein lassen!

»Mensch, das will ich ja sofort lesen! Sag mal die Blogadresse, ich schreib das gleich auf.«

Sie meint es tatsächlich ernst. Und Mama ist keine Person, die wahllos irgendwelche Ideechen gut findet, ganz im Gegenteil. Sollte es sein, dass ich mit Tom und seiner »bescheuertsten Idee« monatelang nur dem Falschen geglaubt hatte? Hätte ich mal Mama um Anschubsmotivation gefragt, Mama, von der ich dachte, sie sei der höchsten Hürden eine!

Ich zögere dennoch, ihr die Blogadresse zu geben. Ein neuer Leser? Gegen die Gefahr, dass sich in weniger als drei Stunden die übrige Verwandtschaft über mich lustig macht?

Mama aber drängt und schmiert mir Honig um den Bart.

»Na gut. Aber sag's niemandem weiter!« Ich will die anderen Familienmitglieder selbst vorbereiten. Schonend. Wenn überhaupt.

Keine halbe Stunde später fiept das Handy. Eine SMS von meiner Schwester: »Mama schickt wirres Blabla und komische Links – muss ich mir Sorgen machen?«

Genau das hatte ich vermeiden wollen.

»Ja«, schreibe ich dennoch zurück, ehrlich währt am längsten, »aber nicht um Mama, sondern um mich. Der komische Link ist mein Blog.« So. Jetzt ist es wenigstens raus. Die Hände schwitzen mir trotzdem. Ich habe seit drei Jahren keinen Kontakt mehr mit meiner Schwester, und das hat einen Grund. Mein Finger hängt über dem Display, will noch weitere SMS schicken, will erläutern, sich rechtfertigen. Jetzt mischt sich auch noch das Handy ein und fordert nicht mehr als 357 Zeichen, sonst würde zwangskonvertiert, zu welcher Religion, sagt es nicht. Ach was, denke ich, jetzt ist das blöde Kind ohnehin schon in den Brunnen gefallen, kann ich sie auch anrufen, die Schwester.

Sie geht sofort ran: »Ich bin schon mitten im Lesen – und ich kann gar nicht aufhören! Ich find die Idee super, du bist großartig!«

Zitat Ende.

Wann habe ich der Schwester zuletzt gesagt, dass ich sie großartig finde? Ich weiß es nicht. Ich weiß nur, dass es mindestens dreizehn Jahre her sein muss, denn ungefähr da saßen wir das letzte Mal zusammen auf dem Balkon, futterten eine Kilokiste Kokosschokolade, die eine von uns aus Mamas heiliger Speisekammer entwendet hatte, und heulten wegen irgendwelcher Jungs, denen wir leider egal waren, oder wegen unserer Eltern, denen wir leider nicht egal genug waren, um, wie andere vernünftige Menschen auch, bis morgens um vier in den Club gehen zu dürfen. Aber dann, irgendwann zwischen Balkon und heute, kam uns die Heulerei abhanden, zumindest die gemeinsame. Vielleicht lag es daran, dass ich Schülersprecherin wurde, während sie durch Prüfungen rasselte, vielleicht daran (ihre Version), dass ich mich immer gern aus dem Staub machte, sobald Mama ihr Haushaltsregime durchzudrücken versuchte. Vielleicht aber lag es auch einfach an der Ko-

kosschokoladenfirma, die Pleite ging und plötzlich nur noch Drogerieartikel herstellte. Jedenfalls haben wir erst wieder ein paar Jahre später gemeinsam geheult – wobei ich nicht sicher bin, ob man dazu wirklich *gemeinsam* heulen sagen kann –, als auf einer dieser Familienfeiern, die per se schon zum Heulen sind, das Gespräch auf Arbeitslose kam. In der Wirklichkeit meiner Schwester, die inzwischen beim Sozialpsychiatrischen Dienst arbeitete, waren Arbeitslose nichts anderes als Chips und schwesterliche Steuern fressende Systemschmarotzer, die ständig nur auf irgendwelchen Couchen abhingen. In meiner Wirklichkeit waren Arbeitslose vornehmlich Studienkollegen und Künstlerfreunde, von denen die meisten nicht mal eine Couch *besaßen* – und nicht zuletzt potenziell auch immer ich selbst. Ich fühlte mich also persönlich angegriffen und stieg dementsprechend ... emotional in die Diskussion mit ein. Hätte ich den Anfang mitbekommen, hätte ich vielleicht verstanden, dass sich meine Schwester nur deswegen so echauffierte, weil sie in der Nachtschicht von einem HIV-infizierten Arbeitslosen gebissen worden war. (Zum Glück ist ihr nichts passiert.) Ich hatte den Anfang aber nicht mitbekommen, und so passte alles nur zu perfekt in das Bild, das ich von ihr hatte – und in das Bild von dem Bild, das sie von mir haben musste. Und so gab ein Wort das andere, bis ich, wutheulend, schrie, ihre asoziale Arroganz sei so was von zum Kotzen und sie, wutheulend, schrie, ich Sozialromantiker solle doch Suppe verteilen gehen, ich würde ja ohnehin nie im Leben was Richtiges arbeiten. Daraufhin packten wir beide unsere Taschen und wären demonstrativ von der Familienfeier wieder abgerauscht, hätten Mama an der einen und Papa an der anderen Front nicht flehentlich um Familiensegen und Anstand gerungen und gefordert, wir sollten uns gefälligst zusammennehmen, bis wenigstens die Torte angeschnitten war. Wir hielten zähneknirschend an uns, sprachen aber von da ab kein Wort mehr miteinander. Als ich kurz darauf von der Hochschule flog und meine Schwester mit ihrer Nie-was-Richtiges-arbeiten-Prognose recht zu bekommen schien, war ich mir so peinlich, dass ich vorsichtshalber das familiäre Weihnachten schwänzte. Meine miserabel bezahlten Gastassistenzen (ganz zu schweigen von den überhaupt nicht bezahlten Hospitanzen) an den verschiedenen Theatern dieser Republik absolvierte ich praktisch im Untergrund. Zur Taufe des dritten Kindes meiner Schwester erschien ich nicht, weil mir für diesen Tag zwei Schauspielerfreunde zuvorkommenderweise einen (unbezahlten) Job als Performerin bei ihrer Kunstaktion angeboten hatten – zu der im Übrigen niemand kam, weil es mitten in den Sommerferien und die ganze Stadt wie ausgestorben war. Ich hab mich nicht mit Ruhm bekleckert, nein. Und trotzdem ist genau diese Schwester am Telefon und sagt: »Back schleunigst weiter, ich will noch mehr lesen!«

Projekt, was willst du von mir?

Werde ich alle meine Koordinaten neu bestimmen müssen?

Aber ganz ohne Koordinatenfallnetz fühle ich mich doch sehr nacktmullig, und so zieht es mich heute, als müsste ich mir nach dem Schwesternanruf irgendwas beweisen, magisch vor die »Festung«. Die Festung ist das luxussanierteste Haus der Straße, ihre Haustür ist aus Panzerglas oder Titan. »Videoüberwacht« steht aufkleberisch an allen Ecken, und auch aus der verchromten Klingelanlage glotzt zyklopisch ein schwarzes Froschauge. Schubladendenken hin oder her, aber auf diese Koordinate sollte Verlass sein: Wenn mich hier jemand reinlässt, fress ich einen Besen.

Hinter mir auf der Straße parkt ein Jeep ein, einer von diesen großglänzenden Freizeitpanzern, deren Name so nach V. I. P. klingt, dass sie sich seit geraumer Zeit im Lande ausbreiten wie eine mittlere Kaninchenplage. Die Insassen beobachten mich, beobachte ich meinerseits in der verspiegelten Haustür.

Da rauscht die Gegensprechanlage. Schnell gewinnend ins Froschauge grinsen! Froschauge aber vergrößert mir nur die Nasenlöcher. Möglichst artikuliert, auf Zehenspitzen für die bessere

Optik, setze ich an zu einem sehr weiten Bogen, halte mal Kuchen, mal Kaffeekorb vors Froschauge – und trotzdem höre ich nur: »Hallo? Hallo? Ich versteh Sie nicht!«

Nein, bitte nicht, nicht das Ganze noch mal von vorn, Marcel Marceau im Autokino, was für ein Spaß! »Hallo, ich bin …« Aber die rauschende Stimme unterbricht mich: »Kommen Sie doch einfach mal hoch!« – man drückt den Summer.

Da steh ich nun, in den marmornen Eingangshallen!

Durch eine weitere Panzerglastür sehe ich im Hof adrette Springbrünnlein sprudeln, vielleicht sind es Schokobrünnlein, abends lustwandeln die Bewohner des Hauses durch den Innenhof und tunken an langen Spießen und zu Harfenklängen Erdbeeren und kernlose Trauben in den süßen Quell … Aber es gibt noch eine dritte Panzerglastür: die zum Treppenhaus – und die ist zu.

Der gegengesprächige Mensch hat anscheinend vergessen, einen zweiten Summer zu drücken. Oder hat er es gar nicht *vergessen*? Öffnet sich gleich die Marmorfliese unter mir, und ich rutsche einen unterirdischen Gang hinunter, direkt in Jokers Labor, und werde erst mal gehörig mit Smilex bedampft? Aber wieder nach draußen will ich auch nicht, wo ich es doch schon mal durch die Iris-Kontrolle geschafft habe. Da kommt – wie pünktlich kann Glück sein? – eine Frau die Treppe herunter. Sie grüßt flüchtig, ich grüße zurück und stapfe möglichst anmutig an ihr vorbei ins Treppenhaus.

Obere Stockgefilde und keine Kondition, ich bin völlig aus der Puste. Wie soll ich denn japsend mein Projekt erklären? Aber offenbar muss ich gar keine Überzeugungsarbeit mehr leisten. Die Tür steht offen, und jemand ruft von drinnen: »Kommen Sie ruhig rein, ich werf schon die Espressomaschine an!«

Fischgrätparkett in Eiche. Zieh ich mal vorsichtshalber meine staubigen Flipflops aus. Da kommt mir der Hausherr auch schon gut gelaunt entgegen, mit ausgestreckter Hand und einer Feststellung: »Sie wollen also ein Buch schreiben.«

»Ein Buch«, ich verschlucke mich fast, »es ist nur ... es ist nur ein Blog.«

»Was nicht ist, kann noch werden, immer schön den Kopf hoch – haben Sie denn nicht den Aufzug genommen? Und lassen Sie doch Ihre Schuhe an, ich bitte Sie! Mögen Sie Ihren Kaffee lieber als Cappuccino oder als Macchiato?«

Ich mag seinen Elan. Er geleitet mich in die offene Wohnküche, ein großzügiger, lichtdurchfluteter Raum, elegant und pur, in der Mitte steht ein gewaltiger, massiver Holztisch, groß genug für alle Ritter der Tafelrunde, die Einbauküchenzeile gegenüber ist maßgeschneidert in Eierschale und Beton. Am Ende des langen Flurs steht die Tür zu einem bunten Kinderzimmer offen. Ich reiche ihm mein Schraubdeckelglas mit Malzkaffee an. Er inspiziert es skeptisch, in seinen Augen funkelt's. »Gehört das zum Projekt? Oder darf ich auch unseren Getreidekaffee nehmen?«

»Ach, ich bin da leidenschaftslos«, sage ich, »solang es nur koffeinfrei ist ... (hätte mir früher jemand gesagt, dass ich eines Tages mal selbst etwas in »Aber bitte koffeinfrei« bestellen würde!) Danke, dass Sie mich so schnell reingelassen haben, es ist grausam, in eine Videokamera sprechen zu müssen!«

»Videokamera?! Ach, die! Die ist schon ewig kaputt. Ich glaub sogar, sie hat nie funktioniert. Setzen Sie sich doch! Zu viel Zeit haben wir sowieso nicht, ich muss noch einen Vortrag für morgen fertig machen«, er deutet auf den Balkon, wo auf einem kleinen Tischchen ein offener Laptop inmitten von Grünstauden wartet. »Meine Frau ist mit den beiden Kindern extra an die Ostsee gefahren, damit ich konzentriert arbeiten kann – aber Sie sind ein guter Anlass für eine Pause. Mögen Sie etwas Rohrzucker auf Ihren Milchschaum, Kakao passt ja nicht so gut zu Malzkaffee?«

Gern – und was das für ein Vortrag wird, frage ich. Er nennt mir amüsiert einen etwa fünfzig Wörter langen Titel, den ich direkt und ohne Umwege meiner zerebralen Festplattenreinigung zur Entsorgung übergebe. Immerhin kann ich schlussfolgern, dass er

Chirurg ist. Oder irgendwas anderes Skalpellöses. Ein barfüßiger Chirurg mit Dreitagebart, Lachfältchen und Ringelshirt.

Er serviert mir meinen Milchkaffee très parisien in einer Schale und setzt sich mir mit seinem kakaobestäubten Cappuccino gegenüber, entspannt und fröhlich. »Wir wohnen seit fünfzehn Jahren hier«, erzählt er gleich, ohne dass ich ihn gefragt hätte, »als wir eingezogen sind, sah das Haus noch aus wie das, von dem die Touris immer Fotos machen, weil es noch so aussieht, wie ... na ja, wie es eben aussieht.« Er meint das Reptil, das Gegenstück zur Festung. In der Reptilienfassade sieht man noch die Einschusslöcher vom Zweiten Weltkrieg, und ein Stützgerüst muss Passanten vorm osteoporösen Steinschlag schützen. Ja, unsere Straße ist das perfekte Untersuchungsobjekt, fassadentechnisch ist hier alles vertreten, die ganze Gentrifizierungsbandbreite, eine Zeitleiste von hundertfünfzig Jahren auf nur zweihundert Metern! Und in die Zukunft weisend entsteht auch noch gerade »Sauna-Aufzug-Südterrasse«, wie Tom und ich das Neubauprojekt nennen, das der Festung zweifelsohne den Rang ablaufen wird. Zumindest wenn es hält, was es schon jetzt CR-codiert von den 3-Zimmer-Wohnungen verspricht, die zu Neujahr für eine knappe halbe Million beziehbar sein sollen. (Wenn sie sich beeilen, kann ich dort auch noch klingeln.)

»Unser Haus«, erzählt er weiter, »wurde hier in der Straße praktisch als vorletztes saniert. Sanierung, na ja, Schimmel haben wir trotzdem noch.«

Schimmel? Hier? In der Festung?

»Tja, kommt von der Feuchtigkeit, *zu* gut isoliert. Siehst du hier, wie das Parkett aufplatzt?«

Ich begutachte die Stelle, freue mich aber hauptsächlich, dass er das Gesieze nicht länger aufrechterhalten kann.

»Wenigstens haben wir den Preis gut verhandelt. Um ehrlich zu sein: Als ich die Fassade nach der Sanierung gesehen habe, wollt ich aus der Umsetzwohnung auch erst mal gar nicht wieder zurück hierher. Obwohl ich es natürlich auch als durchaus angenehm empfinde, hier und *so* zu wohnen.« Er zieht resigniert die Achseln hoch. »Na ja. Ich komm aus dem Osten, meine Frau aus dem Westen, da sind unsere Konsumerwartungen nun mal verschieden.«

Ganz klar, wer von den beiden die Grundsatzdiskussionen für sich entscheidet.

»Eigentlich«, sagt er jetzt mit einem Seufzer auf seinen Schreibtisch im Grünen hin, »sollte man an diesem Wochenende ja auf der *Fusion* sein.«

»Bitte?!«

»Na ja, an deiner Stelle würde ich mir das jetzt auch nicht abnehmen«, zugegeben: etwas schwierig mit der Bulthaupküche im Hintergrund, »aber als wir hier eingezogen sind, waren wir noch Studenten. Unsere Kinder sind auch keine *Projekte*, wie es immer so schön von unserer Generation heißt, und trotzdem haben wir den Babyboom mitbegründet. Wir sind einfach eine typische Familie: Wir arbeiten beide, haben zwei Kinder, sind glücklich, aber wursteln so vor uns hin. Erst jetzt, wo die Kinder langsam größer und selbstständiger werden, kann man vielleicht mal an Karriere denken.«

Karriere ist das Stichwort. Der Kuchen ist gegessen, ein Kucheneck als weitere Hirnnahrung für später separiert. Er bringt mich an die Tür und verabschiedet sich wieder mit einem herzlichen Händedruck. »Und gib Bescheid, wenn dein Buch fertig ist, ja?«, er zwinkert mir zu, »der Aufzug ist da um die Ecke.«

»Danke, aber ich fahr nicht gern Aufzug.« Nicht nur, weil ich Angst vorm Steckenbleiben habe – vor allem, weil ich noch ein bisschen an anderen Wohnungstüren klingeln will, jetzt, wo ich doch schon mal drin bin in der Festung und der Tag noch so jung ist. Ich gehe lauttrampelig die Treppen nach unten, bis ich höre, wie er oben die Tür schließt. Dann schleiche ich wieder hoch, um mich noch ein bisschen durchzuklingeln. Wenn ich schon einen Besen fressen muss, soll es sich wenigstens rentiert haben!

An einer Tür öffnet mir eine strahlende Frau in heiterer Laune.

»Nein, das ist ja wirklich amüsant, aber ich bin hier nur zu Besuch, meine Freundin ist grad am Telefon, warten Sie, ich frag sie mal.« Sie verschwindet nach drinnen und ruft: »Du glaubst es ja nicht! Vor deiner Tür steht *Rotkäppchen*!«

Haha.

Nach drei Minuten oder fünf oder zwanzig kommt sie zurück und drückt mir eine Visitenkarte in die Hand. »Jetzt gerade passt es ihr nicht, am besten, Sie melden sich per Mail und machen einen Termin aus! Tschühüß!«

Als ich Namen und Position auf der Visitenkarte lese, weiß ich schon, dass das nichts werden wird: Wer ein derart öffentliches Leben führt, wird wohl kaum einem Rotkäppchen sein Nähkästchen öffnen. (Hab trotzdem brav eine Mail geschrieben!) (Wurde trotzdem nix.)

Der Name auf dem Klingelschild von gegenüber sagt mir auch ohne Visitenkarte was. Wenn ich hier klingle, hält man mich für einen fehlfixierten Fan mit etwas ... spezielleren Autogrammjagdmethoden.

Ich klingle trotzdem: dreimal an jeder Tür.

Aber es macht niemand auf.

Weiter unten öffnet dafür ein männliches Wesen. »Wollen wir ein Kaffeegespräch über das Viertel hier führen?«, fragt er näselnd und über die Schulter hinweg sein Weibchen, das Feuilleton lesend am Esszimmertisch unter Kunstdrucken hockt und jedes Wort meiner Einführung ohnehin schon mitgehört hat. Durch den Türspalt seh ich das Weibchen entsetzt bis angewidert blicken. »Herrgott, nein«, näselt das Weibchen indigniert zurück und sieht dabei nur ihr Männchen an, nicht mich – obwohl ich nur zwei Zentimeter neben ihrer Sichtachse stehe. »Nein«, übersetzt jetzt das Männchen an mich, plötzlich nicht weniger indigniert, und schließt ohne ein weiteres Wort die Tür.

Da steh ich wie ein Staubsaugervertreter, und mein vom rohrgezuckerten Milchschaum weggefegtes Vorurteil rafft schon wieder gierig Beweise für den Tatbestand »Festung« zusammen: »Siehst du? Siehst du? So sind sie! Und du wolltest wegen *EINEM* gleich einen ganzen Besen fressen!«

Es kommt mir und meinem Verdauungssystem natürlich entgegen, dass mein Vorurteil die Sachlage so bewertet. Deswegen erwähne ich nur piepsstimmig das große Wort »Gerechtigkeit«, die Tatsache, dass mich doch jemand hineingelassen hat – und dass laut Statut genau ein Hausbesuch am Tag vorgesehen ist, was also wolle ich der Festung plötzlich mehr abverlangen als anderen Häusern? Aber das Vorurteil bleibt hart: »Festung bleibt Festung, und damit basta!«

Mal sehen, wer von den beiden in 197 Tagen die Schlacht für sich entschieden haben wird: Vorurteil oder Festung. Ich biete mich als Unterhändler an. Immerhin.

P. S.: In der Nacht bekomme ich, keine drei Minuten nachdem ich den Chirurgenbeitrag ins Netz gestellt habe, eine SMS von meiner Schwester: »Der klingt sympathisch.« Sie hat nicht nur meinen Blog abonniert, sie wird mir, was ich noch nicht weiß, ab jetzt zu jedem neuen Blogeintrag einen Kommentar per SMS schicken. Zu jedem. Keine drei Minuten nachdem er online ist. Was auch immer mit diesem Projekt passiert, denke ich: Dafür, dass meine Schwester und ich wieder in Kontakt sind, hat es sich schon gelohnt.

SANDKUCHEN

Klingt einfach. Ist es aber nicht. Oder warum schmeckt mein Sandkuchen nach Rührei ohne Salz?

Es kann doch nicht so schwierig sein, 5 Eier zusammen mit ½ TL geriebener Vanille, 250 g Zucker, 1 Prise Salz und der geriebenen Schale einer Zitrone über einem LAUWARMEN Wasserbad schaumig zu schlagen, dem Wasserbad zu entheben und wieder kalt zu rühren?

Aber weil es schade um die schönen Eier wäre, zieht man der sehr unappetitlich flockenden Masse trotzdem 125 g Mehl und 125 g Speisestärke und schließlich auch 180 g geschmolzene Butter unter – warm, nicht heiß.

Man hat, zugegeben, gewisse moralische Bedenken, als man den »Teig« in eine gefettete Kastenform füllt und sie für 40 Minuten dem 190° heißen Ofen überantwortet.

Gibt es auch beim Klingelsport so etwas wie Muskelkater? Heute ziepst und zieht es jedenfalls gewaltig. Was vielleicht daran liegt, dass ich zum ersten Mal ein bisschen länger klingeln muss als sonst.

In diesen Häusern auf der linken Straßenseite scheint überhaupt niemand zu wohnen, von wegen »eine der einwohnerreichsten Straßen der Stadt«. Die Sprechanlagen ganzer vier Häuser (232 Klingelknöpfe!) muss ich durcharbeiten, bis mich endlich irgendwo ein

Summer hineinlässt. In der Wohnung allerdings nur Handwerker bei der Sanierung, die genervt sind, weil offenbar schon den ganzen Tag Leute klingeln und wissen wollen, ob die Wohnung zum leeren Klingelschild denn noch zu haben wäre. Immerhin bin ich schon im Treppenhaus. Im ganzen Haus aber öffnet nur noch eine Jungmutter, die jetzt gerade keine Zeit hat, weil sie mit ihrem Kleinen auf dem Weg nach draußen ist, »das UV-Licht, du verstehst«, aber die Idee findet sie »super«, sie »würde ja sonst auch nur den ganzen Tag rumsitzen«. Das »auch« hätte ich zwar gern gestrichen inzwischen, aber ich verabrede mich trotzdem mit ihr für nächste Woche, fix, mit Datum und Uhrzeit. Zwar kein spontaner Besuch, aber ich lasse das jetzt mal gelten, weichgekocht nach einer Stunde (!) ergebnislosem Durch-die-Gegend-Klingeln. Wer weiß, ob mich je wieder irgendjemand auf Anhieb in seine Wohnung lässt? Rührend, mit welcher Wichtigkeit wir uns den Termin in unsere Kalender eintragen. Ganz so, als hätten wir, wie früher, noch hundert andere Termine in handliche 24-Stunden-Pakete zu packen und nicht einfach nur ein Stillhirn.

Aber hey! Ich habe eine Verabredung! Nächsten Mittwoch ist mir ein Hausbesuch sicher. Allerdings hilft mir das nichts für heute – also wieder zurück auf die Straße. Bald schon wacht Marie wieder aus dem Mittagsschlaf auf und wird empfindlich Hunger haben. Falls Tom sie überhaupt hört, mit seinen Kopfhörern auf den Ohrwascheln. Ich brauche schleunigst einen Hausbesuch! Da überholt mich schlapfend dieser ältere Herr, der, von dem es heißt, er lebe schon seit seiner Geburt in dieser Straße. (Also ungefähr seit der Kaiserzeit.) Meistens brabbelt er irgendetwas vor sich hin, als unterhielte er sich mit dem Gerstenkorn an seinem linken Auge. Jetzt aber brabbelt er nicht, sondern fischt umständlich einen Schlüsselbund aus seiner Hosentasche und schickt sich an, die Tür im Nachbarhaus zu öffnen. Ich nehm es als Schicksalswink, springe hinzu und spreche ihn an, waghalsig, wie ich seit ein paar Tagen bin. Ob er vielleicht, wo er doch sicher einiges zu erzählen hat über unsere Straße, mit mir einen Kaffee trinken wollen würde, in seiner Wohnung?

»Nee, nee«, murmelt er verwirrt, »nee, nee, das lassen Se mal. Zu erzählen hätt' ick wohl, aber Kaffee – nee, nee!«

Aber ich hätte auch Kuchen, und es wäre doch ein Projekt über die Straße und was weiß ich, was ich ihm noch alles plausibel machen will mit meinem Baby-wacht-gleich-auf-Druck im Nacken. Plötzlich aber leuchten seine Augen. Ja, ob ich vielleicht auch an einem anderen Tag …? Heute passe es ihm leider gar nicht, und er wär ja auch immer so viel unterwegs, aber vielleicht … nächsten Sonntag?

»Sonntag, ja, toll, machen wir«, sage ich hocherfreut: ein Zeitzeugendate! Was werde ich nicht alles für aufregende Geschichten erzählt bekommen!

Da senkt er seine Stimme ins Vertrauliche, und das Gerstenkorn an seinem Auge zittert dabei: »Ich such ja eh immer kleine Freundinnen.«

Ich werde knallrot.

»Ähe, verstehen Sie mich nicht falsch, so war das nicht gemeint!« (Er ist ungefähr 104 Jahre alt und klein und schmächtig, an sich ist es absurd, aber wer weiß, was er sich da so alles ausdenkt.) Er seufzt und lässt erbarmungswürdig die Schultern hängen. »Ja, ich weiß, das ist nicht so leicht mit den kleinen Freundinnen, die sind ja meistens schon vergeben.«

»Ja!«, nicke ich begeistert und sehr, sehr glücklich und deute mit ausladenden Bewegungen auf meinen Ehering, der heute zur Abwechslung mal zur rechten Zeit am rechten Finger prangt, »ja! Ich auch! Ich auch!«

Er fixiert mich. »Das weiß ich doch«, sagt er sehr bedacht, »ick kenn Sie schon, ick seh Sie doch immer zusammen!«

Schluck. He's watching me. Ich hab noch nie daran gedacht, dass außer mir auch noch andere Menschen auf Beobachtungsposten sein könnten; dass so eine Straßenwahrnehmung eventuell auch in beide Richtungen funktioniert. Jetzt wären ein paar filmreife Rückwärtsschritte angebracht und ein »Wow, Wow, Wow« im Westernstyle, mit zur Abwehr erhobenen Händen, die Heuballen wehen auch schon über das Katzenkopfpflaster. Aber gerade jetzt hat der Zeitzeuge mit viel Genestel endlich die Haustür aufgesperrt, und ich will mit nach »drin«, mir diese entwürdigende Gegensprechanlagenhürde sparen. »Also Sonntag«, sage ich, möglichst sachlich, »wo muss ich denn klingeln?«

Zerfasert erklärt er mir, dass seine Klingel leider nicht funktioniere und ich deswegen »ganz sicher nicht« bei ihm klingeln könne. Ich bin noch unbedarft und biete an, ich könne doch auch an seiner Türe klopfen.

»Nein«, japst er erschrocken, »nein! Nicht in die Wohnung! Nicht in die Wohnung! Ich komm runter! Hier vor dem Haus! So gegen dreie?«

Mir kommt langsam der Verdacht, dass er womöglich mehr Angst vor mir hat als umgekehrt. Aber gilt ein Hausbesuch ohne Hausbesuch auch noch als Hausbesuch? Egal, ich darf keine Sekunde länger auf seiner Wohnung beharren, sonst endet meine kleine Anfrage in einem panischen Schreikrampf, wie mir seine Halsschlagader recht indiskret zu verstehen gibt. Ich wende mich zum Gehen, er soll seinem Gerstenkorn Entwarnung geben und endlich hinein in sein blödes Haus! »Wunderbar«, rufe ich, moonwalklerisch, »Sonntag hier vorm Haus, aber jetzt muss ich dringend weiter, schönen Tag noch!«

Mein Täuschungsmanöver funktioniert.

»Abgemacht«, ruft er und wirkt aus der Ferne sehr erleichtert, »bis Sonntag um dreie!« Tatsächlich winkt er sogar. Dann schlappt er zufrieden ins Haus. Ich hechte zurück und erwische die Tür gerade noch, ehe sie einschnappt. Ich warte lauschend und mit dem Fuß in der Tür, bis seine Schritte im Treppenhaus verklungen sind, dann schlüpfe auch ich hinein. Hehe. Fühle mich wie ein Geheimagent. Ein sehr raffinierter Geheimagent.

Doch drinnen ist die Ausbeute mager. Es öffnen mir: ein nervenblanker Jüngling, der gerade inmitten einer Abschlussarbeit steckt und allem Abschlussarbeitsfremden entsagen muss, und ein schweißiger Bulldoggenunsympath, bei dessen Anblick ich sofort Flatter bekomme, er könnte vielleicht tatsächlich »Ja« sagen und mich in seine Wohnung lassen wollen.

Will er aber nicht.

Die Zeit drängelt mit Lichthupe, und ich stehe unschlüssig bis verzweifelt wieder im Hausdurchgang. Da! Weibliches Wesen entleert Altpapier im Hof. Die schnapp ich mir, auch wenn keine Wohnungstür zwischen uns ist.

»Wat wolln Sie?!«, ihre Stimme klingt kreischig, »Kaffee und Kuchen?!« Sie kichert. »Ich ess gar keinen Kuchen!«

»Na, dann vielleicht nur einen Kaffee?«

Sie kichert noch mehr: »Ich trink auch keinen Kaffee.«

Was ist nur los heute? »Dann vielleicht einen Tee, ich hab auch Tee dabei, verschiedene sogar?«

Ihr schlaksiger Körper schüttelt sich vor Kichern. Aber plötzlich unterbricht sie sich mit einem Ruck: »Na denn kommen Se man mit!«

Ich folge ihr unsicher. Den ganzen Aufstieg über kichert die Frau in sich hinein. Zwischendurch bleibt sie mehrmals stehen, um sich erst mit beiden Händen am Geländer festzuhalten, dann den Kopf in den Nacken zu werfen und schließlich lauthals aufzulachen. Immer in dieser Reihenfolge. Meine Rückenhaare stehen Spalier. Ich werde doch nicht etwa mit ihr in die Wohnung gehen? Vielleicht ist sie verrückt, und ich bin Gretel ohne Hänsel.

Vor ihrer Wohnungstür will mir die Frau den Vortritt lassen. Auf gar keinen Fall werde ich ihr auch nur eine Sekunde lang den Rücken zukehren! »Oh, ich kenn mich doch gar nicht aus bei Ihnen«, rede ich mich stotternd raus.

Sie kichert natürlich. »Na, verlaufen werden Sie sich nicht bei mir«. Zufrieden geht sie vor. Ihre Wohnung ist winzig, eine Seiffener Miniatur in der Zündholzschachtel. Die Frau führt mich direkt in die »gute Stube«, wie sie das Zimmerchen liebevoll nennt. Jeder Zentimeter ist strategisch genutzt, alles beeindruckend ordentlich und organisiert. Eine Wand ist komplett mit schwerem, kiefernforstgrünem Samt abgehangen, was meiner vom Kichern etwas angespannten Fantasie unnötig viel Raum für Spekulationen lässt. Duster ist es noch dazu, die blickdichten Gardinen an der Fensterseite sind zugezogen, bei herrlichstem Sonnenschein. Und dann sind da noch die Hirsche, Plüschhirsche, gut einen Meter lang. Sechs Stück, wahrscheinlich mehr. Einer liegt auf dem Klavier, zwei unterhalten sich oben von Bücherregal zu Bücherregal, zwei linsen neugierig vom Hochbett runter, und auf dem Sofa liegt auch noch einer, auf dem Rücken, sorgsam mit einer gefalteten Wolldecke zugedeckt, als würde er gerade ein Nachmittagsschläfchen halten. Über allem hängt ein gewaltiger gusseiserner Kronleuchter.

»Was für ein … riesiger Kronleuchter!« Überflüssigerweise deute ich darauf.

»Den haben mir Handwerker aufgehängt: 30 Euro die halbe Stunde! Wenn ich mir ansehe, was ich so dagegen verdiene … aber bevor ich einen Kurzen verursache … Setz dich doch!« Sie zieht sich den Klavierhocker ran und schaut mich erwartungsvoll an.

Seit wir über die Schwelle sind, duzen wir uns offenbar. Gut. Sehr gut. Ich setze mich (kerzengerade, weil hinter mir der Kiefernforst lauert) und ziehe vor Verlegenheit, wie ein fliegender Händler sein Warenangebot, den Kuchen aus der Tasche. Ob sie nicht vielleicht jetzt doch …? Ich zeige auch meine Schraubdeckelgläser mit ihrem Inhalt. Sie kichert. Sie will wirklich keinen Kuchen. Auch keinen Kaffee. Nein, auch keinen entkoffeinierten. Aus Höflichkeit (oder Mitleid) aber fragt sie schließlich, welche Tees ich denn so dabeihätte. Beflissen unterbreite ich ihr meine Teebeutelsammlung: »Entspann dich«, »Erfrisch dich«, »Besinn dich«, »Erhol dich«, »Erfinde dich« und noch andere Befehlstees. Sie reagiert erst, als ich zu dem einzigen und sehr verknautschten Normaloteebeutel komme: »Na denn gibste Kamille«.

Sie führt mich in ihre Küche, die mich irritiert, ohne dass ich sagen könnte, warum. Vielleicht ist es die Hundertschaft an Aktenordnern, die diszipliniert in Ikeaholzregalen stehen. Vielleicht ist es auch diese Nähmaschine, die auf dem stuhllosen Wandtischchen unter einer Plastiktüte vor sich hin wartet. Ich weiß, es ist üblich, Nähmaschinen abzudecken. Aber mein eifriger Mandelkern zieht sofort Parallelen zu all jenen *Tatorten*, in denen vor dem Mord Plastikfolie ausgelegt wurde, um weißen Fliesen das Blutgespritze zu ersparen. Nach außen wirke ich sicherlich hinreichend entspannt. Mein Mund kann sprechen und interessierte wie auch höfliche Sätze von sich geben. Aber in mir drin springe ich Bungee in Endlosschleife. (Und ich hab verdammt Höhenangst.) Die Frau, von der ich immer noch nicht weiß, wie sie heißt, weil ich den richtigen Zeitpunkt zum Namenerfragen irgendwie verpasst habe, kriegt von meinem Selbsterfahrungstrip denkbar wenig mit. Sie kriecht gerade irgendwo in ihren Einbauschränken herum und murmelt, dass »er« doch hier irgendwo sein müsse. Schließlich zieht sie einen Wasserkocher hervor. »Entschuldige«, sagt sie verlegen, »den benutz ich nicht so oft.«

Und jetzt weiß ich auch, was mich an dieser Küche beunruhigt: Sie ist so unbenutzt. Beinah steril. Mein von Kichern und Plastikfolie ohnehin schon überspanntes Hirn gestikuliert hysterisch. Ich aber ignoriere jeden Fluchtreflex. Ich bin schließlich hier, weil ich lernen will, wie man sich auf Menschen einlässt. Irgendwo in meinen Eingeweiden wird mir plötzlich klar, wie groß meine Angst vor Menschen tatsächlich ist. Sie sind so unberechenbar. Solange ich mich in meiner Theaterblase verstecken konnte, in der irgendwie alle mehr oder weniger ähnlich ticken (und vor allem: so ähnlich wie ich), hatte ich kein Problem mit Toleranz und Weltoffenheit. Aber kaum stehe ich jenseits des Zuschauerraums einem realen Kichern, fristgerecht organisierten Steuererklärungen und etwas Plastikfolie gegenüber, schlägt mein Puls nicht weniger heftig, als hätte man mich mit Dompteursjacke in einen Tigerkäfig gesperrt. Dabei muss es doch möglich sein, mit Geduld und Spucke an den einen Punkt vorzudringen, der die so furchteinflößenden Verhaltensweisen zumindest erklärt? Nur: Wie schafft man es, sich für die Dauer von 200 Millilitern heißen Tees mit einem Menschen zu unterhalten, wenn man das Gefühl hat, ihn überhaupt nicht einschätzen zu können, nicht eine einzige Gemeinsamkeit mit ihm zu teilen?

Vielleicht fängt man mit Zuhören an.

Was an sich leichtfällt, denn die Frau setzt jetzt munter Wasser auf und plaudert über die Sanierung. Wobei sie viel kichert.

Als der Tee fertig gezogen hat, übersiedeln wir zurück in die gute Stube. Auf einmal spricht die Frau auffallend gewählt, belesen, ja, druckfertig – und praktisch zwei Stunden lang durch. Das Kichern hat sie völlig vergessen. Stattdessen hält sie eine vorlesungsreife Abhandlung über soziale Utopien von der Antike bis heute, über Nachhaltigkeitsgedanken, Kreislaufkonzepte und die Wirkungsgrade verschiedener Gesellschaftssysteme. Ich staune und nicke und staune und nicke, und wenn sie mir irgendetwas zum Unterschreiben vorgelegt hätte, hätte ich wie mondsüchtig keine Sekunde gezögert. Ich frage mein Hirn, wie wir so schnell vom Kichern in die politische Philosophie geraten konnten. Mein Hirn ist ratlos. »Überbewertet?«, schlägt mein Mandelkern vor.

»Was denn?«, frage ich.

»Na, das Kichern. Ganz klar 'ne Übersprungshandlung. Ich tippe mal, sie hat genauso Angst wie du. Nur backt sie keine Kuchen, sondern kichert.«

Oh ich hasse ihn, diesen spätberufenen Schlaumeier.

Im Verlauf stellt sich heraus, dass die Frau nachts in einer Großbäckerei an der Brezelmaschine arbeitet, was ihre zugezogenen Vorhänge erklärt: Als ich sie im Hof angesprochen habe, war sie gerade aufgestanden. Sie wundert sich, dass ich wissen will, was man an einer Brezelschlingmaschine so macht.

»Na, ick stehe da und passe auf, dass die Maschine läuft!« Für sie muss ich auch ein Wesen aus einer anderen Welt sein. »Da passiert es schon mal, dass was stecken bleibt! Ich sag immer: Leute, schickt keine Schlüssel! Oder Geld! Das flitzt durch die Maschine durch, und bei den tausend Briefen kannst du es nie wieder zuordnen!«

»Und was hat es mit den Hirschen auf sich?«, frage ich, jetzt, wo ich schon mal am Nachfragen bin.

Sie strahlt vor Freude. »Hirsche sind wunderbar geheimnisvoll, oder? Zauberwesen sind das, Götterboten! So sanft und friedlich und hilfsbereit. Der hier ist ein bisschen krank«, sie steht auf, um dem Sofahirsch die Decke zu richten. Er hat einen karierten Schal um den Hals. »Die gab's im Sonderangebot, da musste ich einfach zuschlagen!« Fast verlegen greift sie nach ihrer trotz Dauersprechen noch unberührten Tasse Tee, besinnt sich aber und stellt sie wieder zurück, ohne davon getrunken zu haben.

Natürlich spreche ich sie jetzt auch auf ihren unberührten Tee an.

Ihr Lächeln wird durchsichtig. »Ich hab die Erfahrung eines Lichtnahrungsprozesses gemacht«.

»Eines was bitte?«

Sanft erklärt sie mir, dass sie sieben Tage weder getrunken noch gegessen und sich ihre Energie statt von Essen und Trinken aus der Sonne geholt habe, vom Licht. Lichtnahrung eben. »Seither esse ich praktisch nicht mehr, trinken: kaum.«

Ah. Daher also die leblose Küche. Mein Mandelkern verkriecht sich beschämt.

»Weißt du«, sagt die Frau jetzt, »in uns allen schlummert ein Potenzial, das jeden über sich selbst hinauswachsen, Großes vollbringen und die Welt zum Besseren wenden lassen kann. Dieses Potenzial sollte man wecken, statt immer nur versuchen, seinen Arsch möglichst nah an die Wand zu kriegen! Brauch ich denn wirklich *noch* eine Guccitasche. Und *noch* eine? Würden die Menschen nachhaltiger leben, bewusster, statt sich auf einen ewig wiederkehrenden Konsum auszurichten, der auf lange Sicht uns alle zugrunde richtet, indem er unser Potenzial betäubt – es würde uns allen besser gehen! Uns allen! In einer gerechten Gesellschaft wären wir alle glücklich!«

Ich kann ihr nur recht geben.

Sie holt tief Luft. »Ja, aber das will niemand einsehen! Das kann einen manchmal ganz schön runterziehen. Bis man erkennt, dass man die eigene Erwartungshaltung aufgeben und loslassen muss. Man kann den anderen nicht ändern. Das ist die höchste Fähigkeit: loslassen können. Es ist schwierig. Sehr schwierig.« Sie nickt langsam. »Ich habe es gelernt.«

»Und wie«, frage ich, weil ich es auch gern lernen würde, am besten mit Abkürzung, »wie hast du das gelernt?«

Zum ersten und einzigen Mal verstummt sie. Ich bin nicht sicher, ob sie meine Frage gehört hat, und will sie gerade noch mal stellen, da fällt mir auf, wie weich ihr Gesicht mit einem Mal wirkt.

»Ich war einmal verliebt«, flüstert sie. »Sehr verliebt.«

Und da war sie.

Die Gemeinsamkeit.

Aber als ich mich von ihr verabschiede, kichert sie wieder. Das Kichern wird lauter, als ich aus ihrer Wohnung und ins Treppenhaus trete. Sie schließt hinter mir die Tür. Sperrt zweimal ab. Hinter ihrer geschlossenen Tür höre ich sie laut lachen: »Also, auf so was kommt doch ein normaler Mensch mit seiner Achtunddreißig-Komma-fünf-Stunden-Woche gar nicht!«

Mein Herz klopft wie ein Vogelherz.

Was für eine irrsinnige Idee, sich bei wildfremden Leuten in die Wohnung zu hocken! Das hier ist ja vielleicht gerade noch einmal gut gegangen – aber was könnte nicht alles passieren! Wir leben in der Großstadt! Hier tummeln sich die unterschiedlichsten Gemüter, wer weiß, ob nicht auch jemand darunter ist, der sich als

Jack-the-Ripper-Imitat berufen fühlt – und sei es nur, weil ich ihm die Gelegenheit dazu biete! Zum ersten Mal kann ich Toms Gefrierbeuteltheorem zumindest in Ansätzen nachvollziehen.

Der wundert sich, später. Ich sei »irgendwie so aufgedreht«.

Ha. *Aufgedreht* – ich bin verdammt froh, dass ich noch am Leben bin! Das verrate ich ihm aber nicht. Deute lediglich an, dass wir nach dem Projekt eventuell in ein anderes Viertel ziehen müssen.

Er wird sofort misstrauisch. »Warum, wieso?«

»Na ja«, ich winde mich, »weil mich doch dann alle Leute kennen. Und zum Beispiel wissen, wo ich wohne.«

»Wieso wissen, wo du wohnst? Du hast doch der Irren nicht etwa gesagt, wo du wohnst?«

»Sie ist nicht irre!« Ich bereue sofort, Tom überhaupt vom Kichern erzählt zu haben. »Sie ist ein Hirsch.«

»Ich wohne hier auch. Und vor dieser Tür tauchen weder Irre noch Hirsche auf. Klar?«

»Aber was soll ich denn tun, wenn ich zwei Stunden lang bei jemandem in *seinem* Wohnzimmer auf *seinem* Sofa zwischen *seinen* Häkelkissen hocke und er mit mir sein Leben teilt? Da kann ich doch nicht nur nehmen und nehmen und von mir nichts geben, wenn er mich nach meiner Telefonnummer fragt!«

»Du hast ihr auch noch deine Nummer gegeben?!«

Er seufzt wie ein Bewährungshelfer über seinen rückfälligen Schützling. Das sei ja mal wieder typisch. Weil ich einfach nicht »Nein« sagen könne. Nie wisse, wo die Grenze sei. Und vor allem: wie man sie ziehe!

Ich bin verunsichert. Sind meine Hausbesuche verantwortungslos?

Ja, ich will aus meiner Küchenisolation ausbrechen. Aber wenn das im Umkehrschluss bedeutet, dass auch jemand in meine Schutzzone einbrechen können wird …

Bin ich sicher, dass ich will, was ich da mache?

Aber was mache ich eigentlich?

Ich schau doch nur mal bei ein paar Fremden vorbei. Fremde, die fremd bleiben. Oder?

Vorsichtshalber das Handy ausschalten.

Leute, die sich nach dem Hausbesuch bei mir gemeldet haben: 49. Anhängige Kinder einmal abgezogen, ergibt das eine nahezu beängstigend hohe Kontaktwiederholungswahrscheinlichkeit von 30%. Gut, dass sich statistische Ergebnisse erst am Ende einer Untersuchung mitteilen.

MARMORKUCHEN

»Dein Kuchenbacken kenn ich schon«, sagt Tom, als er heute in die Küche schlapft, »es macht Krach, verschwendet Energie und geht meistens schief.«
Pffff! Als ob ich wirklich jeden Kuchen anbrennen lassen würde! Ich hab eh noch nicht gefrühstückt, schneid ich den Kokelkanten halt raus. Und ist es meine Schuld, wenn die Gattung Marmorkuchen offenbar zu ausgeprägtem Masochismus neigt? Immerhin habe ich verstanden, dass Toms Gasherd für Marmorkuchen (und seltsamerweise NUR für Marmorkuchen) deutlich weniger als die im Rezept angegebenen 90 Minuten braucht. Wie viele er stattdessen braucht, hab ich zwar noch nicht herausgefunden, aber ich nähere mich an.

250 g Butter, 1 Päckchen Bourbon Vanillezucker, 1 Prise Salz und 200 g Zucker schaumig schlagen, dann 4 Eier einzeln unterrühren.
500 g Mehl mit 1 Päckchen Backpulver mischen und abwechselnd mit $^{1}/_{8}$ l Milch unter den Teig rühren.
Für den dunklen Teig ein gutes Drittel vom Grundteig abnehmen, 60 g geriebene Schokolade, 40 g Kakao, 4 EL Rum und 2 EL Milch verrühren und unter das Teigdrittel geben.
Eine Guglhupfform fetten, erst eine Hälfte vom Hellteig, dann den Dunkelteig und schließlich den restlichen Hellteig schichten, mit einer Gabel Spiralen durch die Schichtung ziehen und bei 180° ungefähr so lange backen, bis es duftet. Nicht! Länger!

Am nächsten Tag (kein Anruf in der Zwischenzeit) packe ich wieder meinen Kaffeekorb – und sogar recht beschwingt. Tom ist völlig perplex. »Hallo?! Kichern?! Ich dachte, das Thema wär gegessen?«

Ja, dachte ich auch. Aber mein Körper hat die Kichererfahrung von gestern als Kick abgespeichert – und jetzt ist er *druff*, der kleine Adrenalinjunkie, und schreit und will mehr und kann nicht mehr ohne, ausgehungert, wie er diesbezüglich nun mal ist.

»Tom«, setze ich an zu einer flammenden Rede, »wie sonst, in meinem Wohnung-Arbeit-Wohnung-Leben, hätte ich denn je von Brezelschlingmaschinen und Lichtnahrung erfahren? Ich *muss* wieder los, verstehst du, hinaus in die weite Welt, und lernen, lernen, lernen! Entelechie!«

»Was für'n Ding?«

»Goethe!«

Er verdreht die Augen und rettet sich hinter sein Wohltemperiertes Klavier. Hehe. Ich galoppiere treppab. Nichts wie raus in die Sonne, raus auf meine Straße, mit voller Euphorie!

Mist.

Gleich nebenan im Café sitzt ein Kollege. »Kollege«, na ja, eher ein Regisseur. Ein ziemlich gefeierter Regisseur. Was es nicht gerade besser macht. Doppelmist. Jetzt hat er mich gesehen und freut sich auch noch. Ähe. Grüße freundlich bis freudig, bedauere gestisch, dass ich – leider – mich nicht mit ihm unterhalten kann, weil ich – huch! – schon viel zu spät dran bin für eine sehr, sehr wichtige Verabredung und schlage mich sofort in den nächstbesten Hofeingang.

Uff.

Gerade noch am Karriereselbstmord vorbeigeschlittert. Der hätte mich doch nur gefragt, höflicherweise, wie es mir geht und wohin ich unterwegs bin, mit Sack und Pack und dem angeschnittenen Kuchen in der schwitzenden Plastiktüte. Und was hätte ich ihm dann geantwortet, höflicherweise? Etwa: *Weiß ich noch nicht*!?

Oder: *Zum Erstbesten, der mir aufmacht*!? Klar, warum auch nicht? Er wird ja nur morgen im Theater jeden, der ihm begegnet, am Ellbogen zu Seite nehmen, ihm meinen Namen zuraunen, eine kleine, wirkungsvolle Pause machen und dann mit dem Zeigefinger kleine Kreislein auf Schläfenhöhe drehen. Darob äußerst betrübt natürlich.

Aber jetzt steh ich hier und stecke fest. Denn zu den Höfen gibt es keine Wohnungen. Nur Kanzleien, Büros, ein Fitnessstudio und – oh Gott, das hab ich glatt vergessen: die Hochschule. Nicht irgendeine. Sondern die Hochschule für Schauspiel. Da stehen sie schon, die Schauspielstudenten, und rauchen ihre *Player Special*, dass man sich bei Reemtsma nur so zufrieden die Schenkel klopft. Ich finde schon bei guter Selbstbewusstseinslage Schauspielstudenten unerträglich – weil sie sich allesamt für Germany's Next Kinski halten und kleine Regieassistentinnen in ihren Augen sowieso nur verlängerte Kaffeeautomaten sind. Wenn man jetzt aber, wie ich beispielsweise, dazu noch seine Schwangerschaftsbauchreste nicht wieder weggesit-upt hat, sondern sich stattdessen mit zwei Landstreichertaschen in den Händen, verschwitzt, ungeschminkt und vor allem unberühmt, in fremden Hofeingängen herumdrückt, ist jede Begegnung mit ihnen letal.

Ich linse um die Ecke. Aber zurück geht auch nicht, denn da sitzt der ziemlich gefeierte Regisseur in der Sonne und nuckelt ahnungslos an seinem Heißgetränk. Wie, bitte schön, erkläre ich ihm, dass ich schon wieder da bin? »Äh … falscher Hofeingang«?! »Ich muss ja doch … äh … woanders … äh … hin«?! »Bis ich raus gefunden habe, wo ich … äh … hinwill, ist der angeschnittene Kuchen …äh … mein Proviant?!«

Himmel noch mal, warum muss ich mir nur immer so peinlich sein? Kann ich mich nicht einfach hinstellen mit verschränkten Armen und sagen: Hier bin ich! Und das ist mein Projekt! Und wenn du das doof findest, ist das deine Sache, weil es mir völlig reicht, wenn nur ich an mich glaube und sonst keiner – und übrigens fand ich deine letzte Inszenierung auch total bescheuert, und dass du hunderttausend Euro dafür bekommst, und ich hierfür nix, macht deine Inszenierung auch nicht besser und mich nicht weniger wertvoll?!?

Großes Problem: dass mich immer alle lieb haben sollen.

Große Aufgabe: lernen, nicht nett zu sein.

Vorerst aber perfektioniere ich meine sagenhafte Chamäleontaktik. Irgendwann wird die studentische Mittagspause ja auch mal ein Ende haben. Wenn nur Marie so lange schläft!

Natürlich ist in der letzten Stunde *keine* Wohnung überraschenderweise im Gewerbehof aufgetaucht. Wenigstens liegen die kleinen Kinskis wieder auf ihren Yogamatten und lernen brav und ehrgeizig, wie man sich in Blumenvasen einfühlt. Auch der Regisseur scheint wieder auf irgendeine dunkle Probebühne entglitten zu sein, wahrscheinlich ist er es sogar, der jetzt den Vasen-Workshop hält.

Durch meine Stunde als pittoreskes Chamäleon-in-Hofeingang bin ich fürchterlich in Zeitdruck. Gleich wird Marie aufwachen, und dann war es das mit meinem Hausbesuchsversuch für heute. Aber in den Wohnungen will und will einfach niemand zu Hause sein. Als ein Mann mit Nettotüten die Stufen heraufstapft, springe ich ihm verzweifelt und verschwitzt in den Weg – und komme mir plötzlich sehr horizontal vor, vor allem, weil der Mann Spanier ist und nur die Hälfte versteht. Ich will mit ihm …? Jetzt? In seine … seine Wohnung? Ich zeige den Kuchen und beiläufig auch den Ehering, was es aber beides, glaube ich, nicht unbedingt besser macht. Meine Güte, wenn schon, dann hätt' ich doch wenigstens gern anderes anzubieten als einen trockenen Marmorkuchen in der Plastiktüte, bei dreißig Grad im Schatten, wie trostlos ist das denn bitte? Der Spanier aber scheint ein Herz zu haben oder, wahlweise, einen Marmorkuchenfetisch – jedenfalls führt er mich in seine gezirkelte Einzimmer-Maisonette-Wohnung, in der eine riesige Mikrowelle so exponiert steht wie in anderen Wohnungen allenfalls der Fernseher. Auf der Mikrowelle: eine Pyramide aus Monatsdosen Proteinpülverchen für den beschleunigten Muskelaufbau. Stimmt, seine Schultern sind breit. Sehr breit. Jetzt, in der kleinen Wohnung, ist er tatsächlich riesig. Ich setze mich betont anständig und möglichst weit weg von ihm ans Couchtischchen, er hat soeben allen Ernstes geklöppelte Tischsets aufgelegt, als auch schon Tom anruft.

»Entschuldigung, das ist mein Mann, da muss ich rangehen.«

Aber ich höre nicht Tom, sondern nur Marie durchs Handy brüllen.

»Tja, tut mir leid, ich muss schon wieder nach Hause«, sage ich zum Spanier, hinterlasse ein paar Scheiben marmorharten Marmorkuchen und verabschiede mich flink.

Eine Wohnung am Tag, lautet die Wette. Wie viel Zeit ich letztendlich in der Wohnung verbringe, ist schließlich meine Sache!

```
Kürzester Hausbesuch: 12 Minuten.
Längster Hausbesuch: 180 Minuten.
Durchschnittliche Dauer eines Hausbesuchs:
95 Minuten.
Durchschnittliche Dauer eines Hausbesuchs,
wenn der Hausbesuchte zu Beginn betont, er hätte
wirklich nur eine halbe Stunde: 150 Minuten.
```

BERLINER NAPFKUCHEN

Ich hab überhaupt keine Ahnung, warum man Kuchen wie diesen backen sollte. Was soll das sein, ein »Napfkuchen«? Zur Assoziationskette fällt mir nur Hundefutter ein. Tom behauptet, es läge an den vielen Korinthen, die nun mal einen wahnsinnig unangenehmen Eigengeschmack entwickeln würden, sobald sie verkokeln. Aber was, frage ich, ist das für ein Kuchen, wenn er nicht mal ein bisschen Ofenhitze verträgt?!

Und dann auch noch das ganze Hefeteiggetue!

300 g Mehl wollen erst gesiebt werden, bevor man eine Mulde in sie hineindrücken darf, um dorthinein wiederum 15 g Heflein zu bröckeln und mit 1/8 l lauwarmer (!) Milch und nur etwas von den insgesamt 100 g Zucker zu einem Vorteig zu verrühren. Später erst, wenn gegangen wurde, darf der restliche Zucker dazu, und wenn man Glück hat, auch 175 g zerlassene Butter, 1 Prise Salz, 3 Eier und sogar Zitronenschale, falls zur Hand. Das soll man dann schlagen, bis es Blasen wirft – und es lässt sich natürlich bitten. Schließlich knetet man, was schwierig genug ist, auch noch 200 g gewaschene Korinthen hinein und gibt das Ganze in die Napfform, die gefettete, mit Semmelbröseln bestreute. Lässt es noch mal gehen. Und dann bei 200° braten, bis es schwarz wird.

Streber überziehen es hinterher mit Schokoglasur und garnieren adrett mit Pinienkernen.

»Klingt interessant, aber«, die Frau flüstert, »jetzt gerade passt es gar nicht«.

»Aber ich bleib auch nur ein halbes Stündchen«, beteure ich. Mir würde das helfen: zu wissen, dass es auch wieder vorbeigeht.

»Nein, wirklich nicht, das, also …« Die Frau wispert so gedeckelt und wirft so nervös fliegende Blicke in die Wohnung und ins Treppenhaus, dass ich Heimliches vermute. Aha. Aus einem Zimmer lugt ein Herr, nur in Socken und einem zungebleckenden Rolling-Stones-Shirt, das sich über den Kugelbauch spannt und nur knapp, sehr knapp, aber immerhin sein Gemächt zu bedecken scheint. Ähem. Daher der Flüsterton. Ich störe wohl. Ganz offensichtlich hat die Frau Besuch von ihrem … nun ja … von ihrem Hausfreund!

»Wer *sind* Sie denn?«, fragt der Hausfreund in Loriotmanier und steht auf einmal mit an der Tür.

Die Frau seufzt.

»Wer *ist* sie denn?« fragt der Hausfreund nun auch die Frau und schnuppert in meine Richtung. (Ja, er schnuppert. Er dreht auch den Kopf nach Hühnerart von mir zur Frau und wieder zu mir und wieder zur Frau.) Ich will schleunigst flüchten – aber der Hausfreund fragt noch einmal, so nachdrücklich, dass ich mich nicht mehr kommentarlos davonstehlen kann: »Na, wer *sind* Sie denn nu?«

Zwickgemühlt erkläre ich.

Und der Hausfreund?

Winkt mich herein.

Die Frau raunt ihm zu: »Dann musst du dich aber auch 'ne halbe Stunde mit ihr unterhalten!«

Aber der Hausfreund winkt noch einmal, umso energischer jetzt sogar.

Mulmig roheiere ich in die Wohnung, was soll das werden, Ménage-à-trois? Wahlweise wird mich die Frau würgen, weil ich ihr das Tête-à-tête ruiniert habe. Ich soll ruhig vorausgehen, heißt es von Hausfreundseite. Vorausgehen. Noch so eine Sache. Die Rückenhärchen gesträubt, trotzdem tapfer voran ins große Berliner Zimmer, die Frau biegt ab in die Küche. Jetzt soll ich auch noch allein mit … Immerhin hat er doch Hosen an, wie mir ein unauffälliger Röntgenblick gemeldet hat: sehr kurze, sehr rote Sporthosen mit weißem Netzfutter.

Das Wohnzimmer ist Miss Moneypenny aus der Zeit, als Roger Moore noch unser James Bond war: Eine dunkle Schrankwand mit Porzellanfiguren auf Spitzendeckchen, Gardinen bauschen sich auf flauschigem Teppichboden, in hohen Glasvitrinen sitzen Sammlerpuppen mit Reifröcken und geflochtenem Echthaar, in der Ecke steht ein riesiges Knautschledercouchkarree mit Paradekissen. Ich verknalle mich mit einer solchen Aufprallwucht in mein Projekt, dass es fast schmerzt. Das ist es. Davon hab ich geträumt. Das hier ist meine Weltreise für den kleinen Geldbeutel.

Der Hausfreund starrt mich neugierig an. So alteingesessen, wie er dem Interieur nach scheint, werde ich mich ganz schön anstrengen müssen, um mit meinem süddeutschen Migrationshintergrund nicht aufzufliegen.

»Kuchen können Se drin lassen«, unterbindet er mein Ablenkungsmanöver und setzt dann aber mit Zwinkerblick hinter vorgehaltener Hand hinzu: »Aber hamm Se ’n Cognac für’n Kaffee mit?«

Herrjott, ich mag die Berliner.

»Cognac hab ich leider keinen dabei, aber ich könnt’ einen vertragen, das sag ich Ihnen!« (Die ersten Minuten in einer fremden Wohnung sind noch immer wie dreißig Runden im Formel-1-Auto für mich.)

Da streckt er nur den Arm aus und öffnet wie bestellt und ohne hinzusehen, eine Schrankklappe. Dahinter: eine äußerst passabel bestückte Hausbar. »Woll’n Se einen?«

»Haha, nein, danke, leider: Ich stille noch.«

Wir werden Spaß haben, so viel steht fest.

Er weist mir den Platz auf der Präsentiercouch zu und setzt sich mir gegenüber: »Na, dit find ich aber janz schön mutig von Ihnen, bei fremden Menschen klingeln, Sie sind ja nu ooch, ick sag mal, keene hässliche Hütte! Ick hätt'n Kürassiersäbel, den könnt' ick Ihnen leihen!«

Soll das jetzt doch eine Anzüglichkeit sein? Vorsichtshalber beteure ich sehr vertretermäßig, ich würde nicht lange stören wollen.

»Ach, wäs hätt' ick denn sonst zu tun?«, sagt er und deutet mit dem Daumen auf einen halb behangenen Wäscheständer, der sich hinter dem prachtblauen Jugendstilofen versteckt, »Wäsche aufhängen!«

Der Hausfreund hängt hier die Unterhosen auf?

Aber erst an der Art, wie die Frau jetzt ungeniert das Kaffeeservice aufdeckt und Lieblingstassen verteilt, erkenne ich, dass es sich bei dem Hausfreund kaum um einen Hausfreund handeln kann. Vor mir sitzt eindeutig der Hausherr: Schwarz, wie er auf dem Klingelschilde steht.

Da sieht man mal wieder, wie schnell ich mich auf Abwege leiten lasse, interpretationstechnisch. Nur weil eine Frau ein bisschen flüstert im Hausflur und ich eine ungeahnte Groschenromanfantasie hege. Wie oft passiert mir das wohl sonst noch, ohne dass es sich aufklärt?

Notiz: In Zukunft weniger interpretieren.

»'ne großbürgerliche Wohnung war dit, in der Gründerzeit«, verrät mir Herr Schwarz, und ich ahne ein Steckenpferd, »dit sehen Se beispielsweise an den Türklinken.«

»Mit Verlaub, Herr Schwarz«, sag ich, »aber ich seh das in erster Linie an den Quadratmetern!«

»Lassen Se doch um Himmels willen den ollen ›Herrn‹ weg!«, ruft er gleich echauffiert, »ick fühl mir ja wie uff meiner eignen Beerdigung! Schwarz! Einfach nur ›Schwarz‹! Und dass Sie mal mit den Quadratmetern nicht vorschnell urteilen, handfest erkennen Sie dit nur an den Türklinken. Die hab ick extra wieder im Original beschafft. Und die Holzaufsätze über der Tür, sehen Se die? Die ooch. Und im Haus gegenüber, wenn Se hier raussehen – da waren noch Bleifenster drin, vor der Wende, die hätt' ich mir vielleicht gerne ausgebaut, sag ick Ihnen!«

»Von nichts anderem hat er geredet, den ganzen Tag«, raunt mir Frau Schwarz vertraulich zu, während sie die Löffel verteilt.

Schwarz hat es gehört. »Dit war schließlich Leerstand«, verteidigt er sich, »völlig runtergekommen.«

Aber Frau Schwarz ist schon wieder auf dem Weg in die Küche.

»Na ja«, sagt Schwarz und seufzt, »hab ick dann aber doch nicht jemacht. Und bei der Sanierung hamm se denn tatsächlich alle Scheiben mit der Schippe eingeschlagen. Alte Bleifenster, im Original! Jammerschade war dit«, sagt er vorwurfsvoll zu seiner Frau, die gerade wieder mit dem noch brodelnden Wasserkocher kommt.

Sie verdreht nur die Augen.

Während sie ihm Kaffeepulver in die Tasse löffelt und Wasser obenauf gießt, schaut er mich verschmitzt an: »Wissen Se, was türkisch Kaffee ist?«

»Klar weiß ich das. Mein Mann trinkt seinen nur so.«

Schwarz nickt zufrieden. Die erste Wessi-Hürde hab ich genommen.

»Na, und wat woll'n Se denn jetzt wissen?«

Oh, ich werde ihn auf keinen Fall mit einer Frage einschränken. Woher soll ich wissen, welche Schmuckstücke er in seinem Kistchen hortet? »Erzählen Sie mir einfach was.«

Er lacht. »Wo soll ick denn da anfangen?«

»Bei ›früher …‹!«

»Klare Ansage!« Er rührt eine Runde in seinem Kaffee. Und dann legt er los. »*Früher* … war ick Klubhausleiter. Und zwar im Sperrgebiet. Da hatt' ick alle Privilegien, weil se dachten, ick wär Offizier der Staatssicherheit. War ick aber nicht. Ick war ja nicht mal in der Partei. Erst drei Jahre später hat einer gefragt: Sach ma, hat er gefragt, an welche Stelle zahlst du eigentlich dein' Parteibeitrag? Na, denn war es raus, und ick wurde strafversetzt, in die Wäscherei.

Strafversetzt – ja, dachten *die*. Aber von wegen! Dit war ›produktionswichtiger Betrieb‹, da mussten alle Mädchens nach der Schule reihenweise hin, zur Ausbildung! Lauter junge Frolleins! En gros! Dit war nicht strafversetzt, dit war der Himmel auf Erden!«

»Kaffee erst setzen lassen!«, mahnt ihn streng und wie aufs Stichwort seine Frau, weil er gerade die Tasse an den Mund heben will.

»Ja, Mama.« Er stellt artig die Tasse zurück. »Meine Bettina hab ick mir von zu Hause weg entführt. Ja, da machen Se Augen, *entführt*! Heiraten sollt' se dort einen – und hatte keene Lust, wa?«

Er legt ihr eine Hand auf den Oberschenkel. Sie lächelt und rührt in ihrem Kaffee.

»›Nimm mich mit!‹ hat se mich angefleht, wie ick 'n Trabi bepacke, um retoure nach Berlin, ›nimm mich mit!‹. Na, denn hammwa die Nacht bei 'nem Schornsteinfeger im Versteck verbracht. Aber schön ordentlich, Männlein hier und Weiblein da«, er droht mir augenzwinkernd mit dem Zeigefinger, »nicht, wat *Sie* jetzt denken! Und am Schlagbaum hab ick dann noch mal angehalten. ›Jetzt kannste noch zurück‹, hab ick gesagt. Da hat se aber nur 'n Kopf geschüttelt und ist eisern sitzen geblieben, wa, Mama?«

»Na, nu trink doch endlich mal, ob er stark genug ist!«

Er trinkt einen Probeschluck. Nickt. Sie ist zufrieden.

Ich bin ein Honigkuchenpferd. Nicht nur, dass ich die beiden beobachten darf, nein, ich bekomme auch von jemandem, der es offensichtlich genießt, mit Verve und Komik die filmreifsten Geschichten erzählt. Eine nach der anderen. Irgendwann, nach Kurven und Abenteuern, lande ich mit Schwarzens wieder hier, in unserer Straße.

»Hier hat es früher natürlich ganz anders ausgesehen«, erzählt jetzt sie, beschwingt, »es gab lauter kleine Läden, viele Fleischer, nicht wahr? Im Gewerbehof waren die Trikotagen, und da, wo jetzt der Inder drin ist, da war früher ein Fischgeschäft, da schwammen die Karpfen in riesigen Becken, und zu Weihnachten ging man hin und suchte sich einen aus, der bekam dann – zack! – mit dem Dümpel eine drüber!«

»Und weeßte noch den Kohlenträger«, steuert Schwarz bei, »der, der schon mittags 14 Uhr immer mörderisch een abjebissen hat?«

»Bitte, was hat er?!« Wessi hin, Wessi her.

»Na, besoffen war er! Nee, wirklich, wat die Leute früher gesoffen haben, dit war enorm!«

»Ja«, stimmt Frau Schwarz zu, »die Kneipe an der Ecke, die gibt's jetzt nicht mehr, die war immer brechend voll. Und abends wurden die Tische auf die Straße gestellt, und dann wurde drinnen getanzt …«

Ach, ich wünschte, ich könnte annähernd wiedergeben, was für ein Zeitreisenerlebnis ich bei Schwarzens habe! Die beiden schwärmen und erzählen und erwecken mir eine trubelige Straße zum Leben, zwischendurch sehe ich sogar die Brauereikutschen, die 1976 zwar schon nicht mehr übers Pflaster rumpelten, Schwarz aber dennoch aus seiner Straßenkenntnis über die Historie jedes einzelnen Hauses heraufbeschwört. Ich schwelge. Als Tom flehentlich mit der schreienden Marie im Hintergrund anruft, kommt auch Schwarz gerade erst in Fahrt.

»Nur keene unromantische Hast«, ruft er, »ick bin doch noch gar nicht fertig!«

»Ich glaube, die Dame muss stillen«, greift mir Frau Schwarz unter die einpackenden Arme.

Er aber will mich nicht mit so wenig ziehen lassen, wo ich schon mal hier bin. »Schnell noch« zeigt er mir das Fotoalbum, in dem er eine Straßenchronik in Zeitungsausschnitten führt. »Und kommen Se, ick zeig Ihnen schnell noch wat anderes – dit is 'n kleines Privileg, dit zeig ich nicht jedem!«

Er öffnet die Tür zum Nebenzimmer: ein Zimmer voller Antiquitäten und Kuriosa, eingerichtet wie ein Museum, mit Schaukästen und Wanddrapiertem. Mir bleibt natürlich der Mund offen.

Stolz zeigt er mir jetzt doch »schnell noch« seinen Kürassiersäbel. Keinen schlüpfrigen, einen echten, aus dem 19. Jahrhundert.

»Na, wat meinen Se, soll ick Ihnen den nicht doch mal leihen?«

Ich nehme das Ding probehalber in die Hand, ihm zuliebe. »Na ja, leider etwas unhandlich für die kleine Selbstverteidigung zwischendurch, oder?«

Da führt er mich »schnell noch« über den Flokati im Schlafzimmer auf den dicht bepflanzten, sonnenbeschirmten Balkon und zeigt mir, hinter welchen Fenstern und Balkonen noch weitere »Orijinale« wohnen, die mich für mein Projekt interessieren sollten. Zum endgültigen Abschied schreibt er mir »schnell noch« seine Telefonnummer auf, für eventuelle Rückfragen.

Frau Schwarz raunt mir zu: »Sie haben ja keine Ahnung, was Sie sich da aufgehalst haben!«

Ich aber bin selig. Was für ein Abenteuer! Ich würde so gerne länger bleiben, wäre da nicht das Ziehen in der Mutterbrust und die beiden großen dunklen Flecken auf meinem Hemd, die mir erst im Treppenhaus auffallen und sich rasend schnell ausweiten. Nur jetzt schleunigst nach Hause, aus der halben Stunde sind drei ganze geworden, das hysterische Schreien meines Babys höre ich schon im Treppenhaus. Ja, ich weiß, keine Vorwürfe jetzt bitte! Es reicht schon, dass Tom mir wortlos öffnet, wortlos mir eine aufgelöste Marie überreicht – die natürlich, wie demütigend für ihn, auch noch sofort zu schreien aufhört.

»Tom«, beteure ich, »ich konnte nicht früher weg. Wirklich, es war … zu toll!«

Er setzt sich wortlos an den Flügel. Brettert hart eine Fuge runter, deutlich zu schnell. Dann noch eine. Und noch eine gleich hinterher. Ich verschanze mich mit Marie in der Küche und halte ein bisschen still. »Weißt du was«, flüstere ich Marie verschwörerisch zu, als der Brustdruck anfängt, nachzulassen, »ich glaube, wir müssen doch nicht wegziehen, wenn das Projekt zu Ende ist.«

Menschen, die ihren Kaffee …
… türkisch trinken: 7.
… in der French Press zubereiten: 4.
… durch den Filter laufen lassen: 9.
… im Espressokocher zubereiten: 18.
… aus Kaffeemaschinen beziehen: 12.
Menschen, die ihren Kaffee mit Toms Kaffeesahne peppen: 0.
Menschen, die ihren Kaffee mit einem guten Schuss peppen: 5.

JOHANNISBEERKUCHEN

250 g Mehl, 125 g Butter, 30 g Zucker, 3 Eigelb, 1 Prise Salz, ½ TL geriebene Vanille und Zitronenschale nach Geschmack zu einem Mürbteig kneten, eine Tarte- oder Springform damit auslegen, im Kühlschrank ruhig stellen.
500 g prachtrote Johannisbeeren entrispen und sich zwischendurch an den Grimassen freuen, die das Baby zieht, wenn es zum ersten Mal im Leben Johannisbeere probiert.
Johannisbeeren mit 175 g geriebenen Mandeln mischen (nein, diesen Schritt kann man sich nicht sparen, auch dann nicht, wenn man gerade keine geriebenen Mandeln im Hause hat – sonst gibt es hinterher keinen Kuchen, sondern nur Suppe) und auf den Teig in die Form geben.
3 Eiweiße mit 3 EL Puderzucker steif schlagen und auf die Beeren geben.
Bei 180° ungefähr 30 Minuten backen (diese Angaben sind wie immer ohne Gewähr).

Tom hat ganztägig Aufnahmen in einem fernen Studio. Wir stehen am Scheidepunkt, dem grundsätzlichen, denn er kann zwar Marie nicht mitnehmen, will aber auch nicht, dass ich sie mitnehme – zu Wildfremden. Ich solle doch, meint er, im Sinne meiner heiligen Fürsorgepflicht, gefälligst pausieren mit dieser blöden Wette, überhaupt, warum eigentlich »Wette«? Aber das fange ich mir gar nicht erst an. Dann werden aus einer Aufnahme zwei, aus zweien drei und immer so weiter, bis meine Wette im Sande verläuft, man kennt das ja. Außerdem bin ich nach meiner bisherigen Klingelerfahrung absolut von der Integrität der Mich-Einlassenden überzeugt.

Tom aber glaubt nicht an die Menschen und fantasiert, man werde Marie als Geisel nehmen und mich so zwingen, Dinge zu tun, die ich lieber nicht getan hätte.

»Dann nimm doch *du* Marie mit«, schlage ich ihm unschuldig vor, »ich pump dir schnell ein bisschen Milch ab, und die Wickeltasche ist auch schon gepackt!« Kein geistig gesunder Musiker wird zu CD-Aufnahmen mit einem permanent gurrenden, brabbelnden, glucksenden und irgendwann unweigerlich plärrenden Baby erscheinen.

Auch Tom ist geistig gesund.

Ein schlechtes Gewissen habe ich aber trotzdem, als ich mit Marie durch die Treppenhäuser streife. Das Kind muss doch hinaus an die Sonne, hinein in die frische Luft, damit das Hirn wächst und auch die Nase. Darf ich mein Projekt über Kindeswohl stellen?

Marie aber findet es super-abgefahren, düstere Treppen hinauf- und hinuntergetragen zu werden. Sie kiekst und jauchzt und lacht, dass ich schon nach zehn Minuten gar nicht mehr weiß, warum ich mit ihr immer nur im Park spazieren war. Ja, Treppenhäuser scheinen in ihrer Bedeutung für die frühkindliche Entwicklung bislang sträflich unterschätzt zu werden! Lediglich für mich ist so eine Treppensteigerei als Hängebauchschwein etwas anspruchsvoller – aber dafür lass ich ja auch Rückbildung sausen.

Hinter einer Tür fängt auf mein Klingeln hin ein Köter an zu kläffen. Er kläfft wild und wahnsinnig gefährlich, mein Körper zuckt und will sich schleichen. Aber wenn ich Marie vorm Bauch habe, sprießt mir sogar vereinzelt Löwenmähne. Räusper, Standbein, Spielbein: »Soll er, oh Köter, uns kommen! Und andre noch / – wir weichen nicht! Wir warten, / ob jemand kommt, der nicht nur kläfft!«

Es kommt jemand. Die Frau, die öffnet, ist sehr dick und hat 'ne Kippe zwischen den Lippen hängen. Der Hund kläfft und kläfft und will dringend an ihr vorbei zu den beiden Lebendknackern, die da so verlockend rosig vor meinem Bauch aus dem Tragesitz strampeln. Tabakdunst zieht, durch den Luftzug erregt, neugierig ins Treppenhaus. Mir bricht kalt der Schweiß aus. Seit meinem frühschwangerschaftlichen Zigarettenqualmtrauma bin ich olfaktorisch wahnsinnig labil (ich war auf einer Probe einmal ohnmächtig vom Stuhl gekippt, als mir der kettenrauchende Regisseur etwas zuraunen wollte). Ich spüre also nicht unbedingt brennendes Verlangen, in die Raucherwohnung gelassen zu werden. Aber auch die Frau scheint nicht besonders angetan von meiner Erscheinung, sie mustert mich von unten nach oben mit einem Blick, den ich simultan übersetzen kann: eine dieser grässlichen Muttitussis.

Wunderbar. Jetzt hol ich mir die Front auch schon freiwillig an den Haustüren ab. Als ob die Straße nicht reichen würde! »Ich bin keine von denen«, will ich rufen, »ich gehör zu den Guten!« Aber dann denk ich: Soll sie mich doch kreuzweise mit dem, was sie denkt. Von mir aus *reden* wir! Hier bin ich! Und das ist mein Projekt!

»Ein Projekt über unser Viertel?«

Gleich lacht sie mich aus.

Sie aber nimmt die Kippe aus dem Mund und macht augenblicklich die Tür auf. »Des interessiert mich. Kommt rein, geh ma in d'Küchen, ich bin die Brigitte. Der Hund macht nichts, des weiß ich, deshalb bin ich auch so ruhig. Sina, geh auf dein' Platz! Ich wollt eigentlich grad durchwischen, da kommst natürlich gelegen! Mogst an Kaffee?«

Und was sage ich? Ich, die ich in Maries bisherigem Leben fanatisch dafür gesorgt habe, dass sich ihr in einem Bannkreis von fünfundzwanzig Metern auch nicht eine einzige lebende Zigarette nähert? »Ja, sehr gern! Ist das etwa … Wiener Dialekt?«

»Ja! Die meisten denken, ich komm aus Süddeutschland!«

»Na ja, ich *komm* aus Süddeutschland, da hört man natürlich den Unterschied.«

»Bei dir hört man aber nix mehr!«

Immer wieder ein großes Lob. »Ach, ich bin Wahlberliner mit Leib und Seele, am liebsten würd' ich dialektfrei berlinern!«

»Naa, also für mich ist die Berliner Schnauze nix, die ist mir zu grob, so ohne »Bitte« und »Danke«! Ich würd am liebsten wieder zurück nach Wien. Ned, dass d' dich wunderst, aber ich nehm den Topf zum Wassermachen, unser Wasserkocher ist kaputt. Der ist schon lang kaputt, aber dann vergisst ein ums andere Mal einen neuen besorgen, und irgendwann gewöhnst dich dran, und dann isses halt so.«

»Ja, das kenn ich. Bei uns ist der Henkel vom Espressokocher abgebrochen, wir schlingen nur ein Geschirrtuch drum zum Einschenken. Ich glaub, bei 'nem neuen Kocher würd' ich den Henkel schon gleich selber abbrechen.«

»Ja, genau! Du, setz dich doch!«

Ich packe Marie aus und setze mich mit ihr auf einen Frankfurter Stuhl an den großen, runden Resopaltisch. Es gibt Pflanzen, die sehr zufrieden aussehen, und ein wunderschönes Küchenbuffet aus den 20ern. Marie ist sehr interessiert an Sina, die sich heimlich unter den Tisch gelegt hat und sehr, sehr still hält, damit sie von Brigitte nicht entdeckt und vielleicht der Küche verwiesen wird.

»Du, ich hab auch noch einen Babystuhl, weil mein kleiner Enkel grad erst zu Besuch war, glaubst, sie kann schon drin sitzen? Dann musst as nicht die ganze Zeit halten.«

»Oh, ich glaub, sie kann noch gar nicht sitzen ...?«

»Probier ma's?«

»Probier ma's!« (Ich kann nicht anders, ich muss mitwienern. Bei manchen Dialekten leide ich an so etwas wie Assimilierungszwang vor lauter Sympathie.)

Brigitte schleppt den Babystuhl an, und gemeinsam setzen wir Marie hinein, es ist ihr erstes Mal Babystuhl.

»Na bitte, des klappt!«

Aber Marie weiß nicht so recht, was sie davon halten soll, sie sieht sehr nach Calimero in der Eierschale aus. Schließlich plärrt sie und will raus. »Schade! Na ja, mein Enkel ist, glaub ich, auch schon ein bisserl älter. Meine Tochter war jetzt zum ersten Mal mit ihm zu Besuch, so groß ist der schon! Na ja, jetzt sind sie wieder in Wien … Meine ganze Verwandtschaft ist dort. Nur ich, ich bin hier. Ja, manchmal fühl ich mich doch recht einsam hier. Ich bin nur für meinen zweiten Mann nach Berlin, der wird auch gleich vom Einkauf heimkommen, nicht erschrecken! Und nicht, dass d' dich wunderst: Er ist dreißig Jahre jünger als ich.«

Mein Blick stutzt.

»Ja, man sieht es mir vielleicht nicht an, aber ich bin schon über sechzig. Also, das ist dann jedenfalls mein Mann und nicht mein Sohn!«

Marie findet jetzt auch das Schoßsitzen bei Mama ungenügend und quäkt und windet sich.

»Hat sie Hunger? Braucht's a Milch?«

»Müde ist sie.« Armes Rabenkind. Aber schon wieder aufbrechen mag ich auch nicht. Trink ich den Kaffee halt im Stehen und schugger dabei meinen kleinen, zarten Hausbesuchsanfänger. »Was vermisst du denn besonders an Wien? Außer deine Familie?«

»Ach, in Wien nehmen sich die Leute nicht so wahnsinnig ernst. Und sie sind toleranter, sie sind mehr leben und leben lassen. Hier muss ich mir, und gerade, seit die Autos dicker werden, auf der Straße Sprüche anhören, so im Vorbeigehen.«

»Was denn für Sprüche?«

»Zum Beispiel: *Die ganze Straße ist voller Fitnesscenter. Und zwar für Leute wie dich.*«

»Wie bitte?« Ich kann es gar nicht glauben.

»Ja! Oder, da war ich im Späti, da, gegenüber, da war eine junge, adrette Mutter – es tut mir leid, dass ich es sagen muss, aber so eine wie du, deswegen hab ich auch erst überlegt, ob ich dich reinlass –

die war da mit ihrem Baby, na, und da wurd's halt a bisserl eng, da sind wir halt in dem schmalen Gang nicht aneinander vorbei. Und da keift sie: Dreißig Kilo weniger und es wär für uns beide Platz!«

»Das gibt's doch nicht.«

»Wenn ich's dir sag! Und so was passiert andauernd. Weißt', solche Sprüche würd' ich in Wien nie hören. Ich hab Krebs g'habt vor sieben Jahren – und durch die Chemo hab ich vierzig Kilo zugenommen. Und in meinem Alter nimmst' die einfach nicht mehr so leicht ab. Ich hab Arthrose, also fällt Sport weg, und weniger essen als wenig essen kann ich nicht, ich muss essen, weil ich Opiate nehmen muss, wegen der Schmerzen. Aber das interessiert die Leute nicht. Die sehen nur, was sie sehen. Aber wenn es sie so aufregt, dass ich so aussehe, wie ich aussehe – warum kommt dann nicht mal einer und fragt, *warum* es so ist? Weißt, ich bin schon eine gefestigte Person, aber, ganz ehrlich, solche Sprüche sind verletzend. Die Leute sind so heuchlerisch! Sie tun unheimlich tolerant, aber das gilt nur für ihresgleichen. Sobald man von der Norm abweicht …«

Sie hat so recht.

Dass immer alle irgendetwas *denken* müssen!

Und ich hab ja an der Tür auch gedacht, dass sie denkt, dass ich denk, dass sie denkt … Die Vorurteile, die andere mir gegenüber haben, gut und schön – aber fange ich diese ganze Schleife nicht überhaupt erst mit meinen Vorurteilen an? Wenn ich will, dass andere von mir nichts denken, sollte ich vielleicht als Erstes anfangen, von *ihnen* nichts zu denken.

Als ich kurz darauf mit Marie vorm Bauch doch noch den Parkspaziergang nachhole, kommt mir ein … Tier entgegen, ja, es muss ein Tier sein, denn es hat vier Beine, wenn auch sehr kurze. Der Schnauze nach könnte es sich bei diesem Tier eventuell um einen Hund handeln. Ja, mit hoher Wahrscheinlichkeit ist es ein Hund. Dahinter dackelt das Frauchen.

Früher hätte ich gedacht: Hund und Herrchen.

Aber ich will nichts mehr denken. Als ihr Blick auf mich fällt, sehe ich förmlich, wie ihr das Scharnier runter- und das Kinn dafür hochklappt. Ich kenne diesen Blick. Bei diesem Blick läuft den Menschen hier eine Laufschrift über die Stirn: »Wieder eine von diesen unerträglich arroganten, furchtbar fruchtbaren Jungmüttern, die nichts anderes können als verdrängen.«

Aber vielleicht denkt sie das auch nicht?

Ich lächle sie einfach an.

Da strafft sich ihr Gesicht und erstaunt (über mich? über sich?) lächelt sie zurück.

»Der ist ja putzig!«, sage ich als Experiment (hab ich gerade wirklich »putzig« gesagt!?) und deute auf die laufende Hunderäude.

Da strafft sich ihr Gesicht noch mehr, ihr Lächeln ist beinah dankbar jetzt: »Ja! Der ist blind! Aus dem Tierheim!«

Blind? Und läuft so munter ins Geratewohl, dass ihm die Schnurrbarthaare flattern im Gegenwind? Jetzt finde ich ihn nicht mehr »putzig«, sondern großartig. »Alle Achtung, dafür schlägt er sich aber wacker!«

»Na ja«, sagt seine Besitzerin, »manchmal tappert er schon irgendwo dagegen … Eigentlich ziemlich oft.«

Oh Hundeding, du bist mein Held. Aber sich im Tierheim für einen blinden Hund zu entscheiden, ist auch nicht ohne. Wie war das – Hund und Herrchen? »Find ich toll, dass Sie ihn aus dem Tierheim geholt haben. Wirklich eine gut durchwachsene Promenade!«

»Ja, wa?«, sie freut sich, »ich sag immer: Der hat sieben Väter!«

Wir lachen, gehen unserer Wege, und es war überhaupt nicht schwer, *fröhlich* zu sein und dem anderen ein bisschen vom harschen Wind aus den Segeln zu nehmen.

Notiz: Ab jetzt öfter machen.

Auch auf die Gefahr hin, dass ich zu einem dieser stets etwas suspekten Tantchen werde, die auf der Straße stehen bleiben, die Hände vor der Brust zusammenschlagen und ausrufen: »Nein, du bist aber ein entzückendes Mäderl!«

Ich für meinen Teil habe den Tantchen meiner Kindheit immer postwendend die Zunge gezeigt. (Was ich nur weiß, weil es mir das entsprechende Tantchen ein paar Jahre später erzählt hat, seltsamerweise noch immer entzückt.) Aber wenn man mir ohnehin die Zunge zeigen wird, in absehbarer Zukunft, ob nun für die Ellbogen-auf-Fensterbrett-gestütze Passantenbepöbelung oder für das gerührte Nicken, sobald einem ein Pärchen verliebt umschlungen entgegenspaziert – warum dann nicht die Variante mit weniger Nasenwurzelfalten und dafür mehr Blumen am Strohhut nehmen? Ja! Warum eigentlich werden die Tantchen weniger, je älter man wird? Wird man etwa weniger entzückend? Oder gibt es heutzutage nur einfach kaum noch Tantchen? Höchste Zeit, eines zu werden.

(»Sei glücklich!«, hatte das Tantchen zu mir gesagt – und es war ein Befehl, kein Wunsch. Als könnte man »glücklich« einfach *sein* und müsste nicht erst warten, bis man es *wird* … Wie gern würd' ich mit diesem Tantchen heute einen Kaffee trinken. Aber ich weiß nicht mal ihren Namen – und es ist zu spät, ihn zu erfragen.)

```
Menschen, die ich vor der Wette auf der Straße
angesprochen habe, im Schnitt pro Tag: 0.
Menschen, die ich vor der Wette gern freundlich auf
der Straße angesprochen hätte, im Schnitt pro Tag: 1.
Menschen, die ich vor der Wette gern pöbelnd auf
der Straße angesprochen hätte, im Schnitt pro Tag:
297734.
Menschen, die ich seit der Wette auf der Straße
anspreche, im Schnitt pro Tag: 2.
Davon freundlich: 2. (Was nicht heißt, dass ich für
mich jetzt die Hand ins Feuer lege. Mir kommt nur
niemand blöd.) (Oder nehme ich es einfach nur nicht
mehr wahr, stur von meinem Glück überzeugt?)
Strohhüte, gekauft: 1.
```

HEIDELBEERBAISERKUCHEN

Ganz uneitel muss ich sagen, dass ich mich allmählich mausere. Backtechnisch.

Einen Mürbeteig aus 250 g Mehl, 125 g Butter, 1 Ei, 1 Päckchen Vanillezucker und einer Prise Salz kneten und 2 Stunden im Kühlschrank ruhen lassen. Check!

450 g Heidelbeeren verlesen. Check!

1 EL Speisestärke mit kaltem Wasser anrühren und mit 1 EL Zucker aufkochen lassen, die Heidelbeeren unterheben und abkühlen lassen. Check! (Und das, obwohl ich etwas kochen musste!)

Eine Springform mit dem Mürbteig auslegen, den Boden flächendeckend einstechen und 20 Minuten bei 180° blind backen. Check!

Abgekühlten Boden mit irgendeiner Marmelade bestreichen und mit den Heidelbeeren befüllen. Check! Ich kann's gar nicht glauben!

3 Eiweiße mit 5 EL Puderzucker steif schlagen und als Gitter auf die Heidelbeeren spritzen. Check!

Baisermasse überbacken, bis sie eine leichte (!) Sommerbräune hat. Check!

Oh.

Man sollte niemals, NIEMALS Baiser ohne Zucker machen wollen. Das Zeug erinnert sonst geschmacklich an diese Gummischaumschnüre, die man zu Fasching aus Spraydosen sprüht.

Ich empfehle also, die 3 Eiweiße wirklich, wie im Rezept angegeben, mit 5 EL Puderzucker steif zu schlagen – und nicht nur mit einer Prise Salz wie für Käsekuchen.

Oh Gott. »Tom! Tom!« Ich reiße beide Fensterläden unserer Durchreiche auf. Wie jeden Abend seit neuer Zeitrechnung sitze ich in der Küche am Artikelschreiben, er nebenan am Scheibemischen. »Tom!« Er hat mal wieder Kopfhörer auf den Ohren.

»Was ist denn schon wieder?« Höchst unwillig drückt er die Pausetaste.

»Ein Kommentar!«

»Zu was?«

»Mann, der erste Kommentar! Von einem *Fremden*!«

»Aha. Ist doch gut. Oder?«

Ich halte ihm den Laptop ins Fenster. »Lies erst!«

»Lies doch vor, dann muss ich nicht extra aufstehen.«

Wenigstens einer hier hat die Ruhe weg. »*Das ist eine sehr schöne Idee (würde ich mich ja im Leben nicht trauen). Ich würde dich sehr gerne zum Kaffee einladen. Komm vorbei. Ich würde mich freuen. (Gerne auch mit Baby, meins ist ungefähr gleich alt.) Okka.*«

»Hey! Das ist ja 'ne Einladung!«

Ja, das fürchte ich auch. »Und was soll ich jetzt tun?«

»Na, du gehst natürlich hin!«

Ich starre auf den Bildschirm. »Meinst du, das ist Fake?« Ich flüstere, ich weiß nicht, warum.

»Warum soll es denn Fake sein? Die klingt doch nett.«

Tom und seine Logik. »Verbrecher klingen alle nett. Vor allem die weiblichen. Die Frage ist doch: Warum lädt sie mich ein?«

»Ist das nicht genau das, was du willst? Dass dich Leute einladen?«

Ich habe ja schon mitbekommen, dass Nicht-Toms positiv auf mein Projekt reagieren. Aber dass man mich gleich einlädt, von sich aus?

Ich krieche mit Katzenneugier in den tiefenlosen Bildschirm: Von da drin spricht man zu mir. Antwortet. Das also ist das Internet. Ein Tor zu einer Welt, vielleicht sogar zu einer echten, einer mit leibhaftigen Käsekuchen. Ich zögere. Solange *ich selbst* es bin, die sich einlädt, habe ich das Ding ja irgendwie unter Kontrolle. Aber wenn der andere zum Protagonisten wird? Eine Erwartung schwenkt? Ein Angelhaken hängt in meiner Kücheneinsamkeit. Soll ich anbeißen? Ich feile eine Stunde lang an einer passenden, aber zugleich möglichst schlupfgelöcherten Formulierung, bis da steht: »*Oh, ich freue mich! Aber wohnst du denn im Projekteinzugsgebiet?*« Dann starre ich in Wordpress' taubengraues Antlitz und warte jodeldidö und panisch auf Antwort. Aktualisiere das Warten alle drei Sekunden. Himmel, ich hab eine Einladung!

Am nächsten Tag verrät mir Wordpress, dass Okka nur zwei Straßen weiter wohnt (!) und sich in einem Monat noch mal bei mir melden will, dann, wenn sie aus Paris zurück ist. Meine Euphorie wird zum erschrockenen Soufflé. Ein Monat? Bis dahin fließt mir etwas viel Wasser die Seine hinab, wer weiß, ob ich bis dahin überhaupt noch Kaffee trinke!

Aber immerhin habe ich schon einiges herausgefunden – und nicht nur über mich. Nach meinen bisherigen und allerneuesten Klingelputz-Erfahrungen kann ich folgendes Zwischenfazit über das Einlassverhalten und die Beschaffenheit der Menschen unserer Straße ziehen:

1. Erdgeschosslebende lassen mich nie herein.
2. Uralte Leute lassen mich nie hinein.
3. Je Vorderhaus, je weniger Einlass.
4. Je polierter die Treppenläufermessingstange, desto häufiger »Nein«.
5. Je höher das Stockwerk, desto wahrscheinlicher der Einlass.
6. Je alleiner, desto wahrscheinlicher der Einlass.
7. Menschen, die auf der linken Straßenseite wohnen, sagen häufiger »Nein«.
8. Je höher die Hausnummer, desto wahrscheinlicher der Einlass.

9. Es gibt viel zu viele männliche Jungschnösel um die 20, die nachmittags allein zu Hause hocken und fernsehen!
10. Jeden Tag findet sich jemand, der mich hineinlässt.

Auf einen Einlass kommen im Schnitt 12 Nichtzuhauses und 5 Neins. Leider kann ich keine genaueren Angaben zu den Leuten machen, die mich nicht einlassen – da sie mich ja nicht einlassen. Vielleicht kriege ich sie ja noch irgendwie dazu, mir freundlicherweise erst statistische Angaben bezüglich Alter, Herkunft und Wohndauer zu machen, bevor sie mir die Tür vor der Nase zuknallen. Bis dahin lediglich die Verpackungen ihrer Neins, der Häufigkeit nach:

1. Keine Zeit, ich muss arbeiten.
2. Meine Mama ist nicht zu Hause.
3. Meine Frau ist nicht zu Hause. (?)
4. Ich bin gerade auf dem Weg nach draußen.
5. Ich hab Besuch.
6. Kommen gerade erst zurück aus dem Urlaub.
7. Ich muss gleich zur Schicht.
8. Ich komme gerade erst von der Schicht.
9. Meine Klospülung ist kaputt.
10. Nächsten Sonntag gegen dreie, hier vor dem Haus. (Ja, er hat mich versetzt! Aber irgendwann erwisch ich ihn!)

SPANISCHE VANILLETORTE

Tom hat sich eine andere Zermürbungstaktik ausgedacht. Er rasputinisiert jetzt über »Zucker ist Gift« und legt an allen Knotenpunkten unserer Wohnung (Klo!) entsprechende »Fachliteratur« aus. Denkwürdigerweise schickt er seine Musikerkollegen trotzdem jedes Mal zur Pauseneinkehr in die Küche, auf dass sie sich mit Kuchen versorgen mögen. Noch denkwürdiger finde ich allerdings, dass sich ein Musikerkollege dann immer VIER Stück nimmt. Auf ZWEI Tellern.

250 g Marzipan-Rohmasse mit 100 g Zucker, dem Mark einer Vanilleschote, 1 Prise Salz, 1 Ei und 6 Eigelben schaumig rühren.
6 Eiweiße mit 50 g Zucker und einer Prise Salz zu sehr steifem Schnee schlagen und unter die Marzipanmasse heben.
150 g Mehl mit 50 g Speisestärke mischen, über den Teig sieben und unterheben.
Schließlich noch 100 g gehackte Blockschokolade in den Teig mischen.
Will man sich ans spanische Hofzeremoniell halten, verwendet man eine gebutterte Rosenform, sonst tut es auch eine Springform – für 50 Minuten bei 190°. Anschließend mit Schokolade überziehen und 40 g gehackte Pistazien auf die noch weiche Glasur streuen.
Tipp: Es empfiehlt sich, die namengebende Hauptzutat (Vanille) nicht zu vergessen, da der Kuchen sonst sehr fade schmeckt.
(Ja, ich gebe gern mein gesammeltes Backwissen weiter!)

Ich würde ja jedem, der *kein* Heizungsableser ist und trotzdem *vor* zehn Uhr morgens an meiner Wohnungstüre steht, nur wortlos einen Vogel zeigen. (Muss mich schon beim Heizungsableser sehr zurückhalten.) Aber heute will Tom um zehn seinen Auszug aus Ägypten feiern – respektive mit seinem Busenfreund zur alljährlichen Wir-tun-als-seien-wir-noch-immer-Junggesellen-Fahrradtour aufbrechen – und ich vorher unbedingt noch einen Hausbesuch ohne Marie schaffen. Ich nehme sie zwar sehr gern mit, aber ich kann mich einfach besser konzentrieren, wenn ich nicht mit ihr auf dem Arm durch den Raum hopsen oder sie in einem fremden Wohnzimmer stillen muss (ja, ich hab's getan!). Deswegen breche ich heute sogar kurzerhand, als wär' es nix, meine heilige Grundregel (*Was du nicht willst, dass man dir tu, das füg auch keinem andern zu*) und stehe bereits um acht Uhr dreißig geschniegelt und gestriegelt auf diversen Fußabtretern. Ich notiere: Allerletzte Schamgrenze hiermit überschritten.

Weil ich zunehmend nervös die Uhr im Blick habe, weiß ich, dass es ziemlich genau neun Uhr dreißig und ein Klingeln ist, als mir Noémi die Tür öffnet. Sie ist jung, unglaublich hübsch, hat glänzendes Haar, strahlend weiße Zähne – und einen ungarischen Akzent. Mist, denke ich, während ich parallel meinen Spruch aufsage, das kann ich vergessen: nur das Kindermädchen. Aber schon stutze ich. Mich haben zwar heute schon drei junge Damen mit Akzent abgewiesen, weil sie »nur« die Kindermädchen und ohne jede Einlassbefugnis wären – aber keine von ihnen trug Diamantohrringe.

Ich staune immer wieder, mit welcher Selbstverständlichkeit mich die Leute in ihre Wohnung lassen. Und mit welcher Gastfreundlichkeit sie es tun. Die Hingabe beispielsweise, mit der Noémi das Marmortischchen in ihrem Wohnzimmer deckt, während ich in die geschmeidige Tiefe eines weichen Minotti-Sofas sinke, wärmt mir ganz entschieden die Innereien in der Hühnerbrust. Obwohl sie weiß, dass mir nur noch wenig Zeit bleibt, holt sie, während mein Kaffee entkoffeiniert aus der Nespresso-Maschine fließt, extra das Teegeschirr mit Goldrand aus der Anrichte. Hauchfeine Tellerlein, Tassen samt Untertassen werden gedeckt, Henkelchen nach rechts gedreht, blütenweiße Leinenservietten gefaltet, Zuckerdöschen und Milchkännchen aufgefüllt und passend porzellangerüscht dazugestellt. Und das mir! Um neun Uhr dreißig! Fühle mich fast wie Schwiegermutterbesuch. Frage vielleicht deswegen gleich, wer denn der Herr sei, da auf dem Foto, mit dem Noémi so fröhlich und leicht bekleidet in die Kamera lacht, vor Sonnenuntergang, an einem Sandstrand, das pure Glück im Gesicht? Wäre ich Schwiegermuttern, wüsste ich's. Es ist Noémis Ehemann, ein langer, blonder Norddeutscher.

»Wir haben uns am Balaton kennengelernt: Ich war ziemlich besoffen an der Bar – er war ziemlich besoffen an der Bar.«

Wenn Noémi lacht, hält sie sich die Serviette vor den Mund, um eventuell in makelloses Weiß verklemmte Kuchenkrümel vor neugierigen Blicken zu schützen. Kaum zu glauben, dass diese wohlerzogene Person mir gegenüber jemals »mörderisch een abjebissen« hat, wie Schwarz das jetzt ausdrücken würde.

»Wir hatten nur drei Tage bis zu seinem Abflug – und am Ende hat er mir versprochen, dass wir eine Fernbeziehung probieren. Ich hab ihm das natürlich nicht geglaubt, wie denn auch? Viele versprechen viele Dinge. Aber dann hat er mich alle zwei Wochen besucht. Und beim ersten Besuch sprach er schon ein paar Sätze Ungarisch. Vorher konnte er noch nicht mal ›hé‹ sagen!« Sie strahlt hinter ihrer Serviette wie hinter einem Fächer. »Und fünf Monate später bin ich zu ihm gezogen. Das ist jetzt zwei Jahre her.«

Bin schrecklich gerührt. So eine Romantik auf nüchternen Magen! Schnell noch ein Stück Kuchen.

»Aber wir werden bald umziehen«.

Ich schiele mit schwiegermütterlichem Altweiberblick auf Noémis Bauch. Aber Noémi deutet nicht auf ihren Flachbauch, strahlend, sondern über die Straße, wo direkt gegenüber »Sauna-Aufzug-Südterrasse« friedlich und unverdrossen im Werden begriffen ist.

»Um diese Uhrzeit hatten wir hier drin Sonne. Na ja, war absehbar, eine Freifläche in *der* Lage. Aber wir wollten sowieso irgendwann unsere eigene Wohnung haben.«

Sie erzählt auch, dass sie schon immer Biometrikerin werden wollte und es gleich bei der ersten Bewerbung geklappt hat. Jetzt ist sie zuständig für die statistische Auswertung von Tierversuchen. Tierversuche?! Hier, um die Ecke, eine ganze Abteilung voller Tiere in Käfigen?! (In meiner Vorstellung fanden Tierversuche bislang immer nur irgendwo da draußen statt, ohne Ort- und Landschaft außenrum.) Noémi nickt, und weil sie meinen Unterton nicht hört, erklärt sie begeistert, dass es wirklich beeindruckend sei, wie riesig der Konzern wäre, so weitläufig und trotzdem alles unter einem Dach, die Tiere zum Beispiel wären alle in den Kellerstockwerken untergebracht. Tageslichtfern und praktischerweise fänden sich dort Ratten und Mäuse, hauptsächlich, aber auch Kaninchen, Meerschweine, Hausschweine, »je nachdem, was man so braucht«. Schluck. Eine strahlend lächelnde Noémi rammt eine statistisch relevante Menge Spritzen in quiekende Tierhintern? Nein, natürlich nicht, sie wertet sie nur aus, die Ergebnisse der statistisch relevanten Menge, außer Hörweite. Schade, dass ich losmuss, jetzt würde ich gern mehr über ihre Arbeit wissen. Aber Tom tritt seinen Urlaub schon jetzt mit dem Zug eine Stunde später an (ähe), und ich sollte ihm schleunigst winken – mit dem Baby auf dem Arm. Noémi, die kaum ahnen dürfte, dass sie nur wegen Tom einer Grundsatzdiskussion entkommt, pflückt mir zum Abschied noch ein paar Tomaten vom Balkon. »Aber wasch sie besser, bevor du sie isst, ist immer ziemlich dick Baustellenstaub drauf.«

Ach, ich hätte mit so einer gastfreundlichen Person sowieso keine Grundsatzdiskussion führen können, in ihrem Wohnzimmer, mit den gerahmten Urlaubsfotos auf dem Sideboard und den gebügelten Servietten unter dem rechten Tellerrand. (Vor allem, da ich ja selbst eine kleine Statistik pflege…) Ich spüre, dass ich mit niemandem, der mir das Gastrecht gewährt, Grundsatzdiskussionen führen werde. Eine Übung: Jeder, den ich besuche, hat recht. Stepha beiseite. Versuchen, in fremde Schuhe zu schlüpfen – sieh an: Auch in ihnen kann man laufen.

Ältester Hausbesuch: Frau H., 87 Jahre. Als ich bei ihr klingle, sagt sie: »So macht man das nicht: klingeln. Man schreibt einen Brief und kündigt sich an. Schreiben Sie einen Brief, dann können Sie wiederkommen!«
Also schreibe ich einen Brief und bitte um Besuchserlaubnis. Ich erhalte sie schriftlich auf Büttenpapier. Als ich komme, ist die Kaffeetafel bereits gedeckt. Blütendekor und Kaffeesahnekännchen. Oh wundervolle Frau H.!

Jüngster Hausbesuch: J., 13 Jahre. Sie nutzte die sturmfreie Bude gerade für einen Beauty-Day, weswegen ihr, als sie mir die Tür öffnet, eine schlammgrüne Schönheitsmaske vom Gesicht tropft. Sie lässt mich trotz Wellness-Auszeit rein – den drei gestandenen Damen, die mich an der gegenüberliegenden Tür erst gackernd abgewiesen haben, um dann schamlos meinen nächsten Klingelversuch mitzuverfolgen, steht der Mund offen. J. ist umwerfend. Zwischendurch verabschiedet sie sich schnell ins Badezimmer, weil Heilerde so unangenehm spannt, wenn sie eintrocknet …

Bringt es eine routinierte Bäckerin wie mich aus der Fassung, wenn sie mitten im Backvorgang feststellt, dass sie am Vortag offenbar doch nicht mehr einkaufen war? Nein. Sie denkt »Pff«, weil sie auch jetzt nicht einkaufen gehen kann, da sie allein mit einem nebenan schlafenden Baby ist, und nimmt einfach, was sie so dahat. Warum sollen immer nur andere Kuchen erfinden?

TORTE ROTKAPI

500 g Mehl.
Die Reste aus verschiedenen Zuckerdosen, vorsichtshalber noch eine Handvoll zerstoßener Kandisstücke und 2 EL Honig.
4 Eier trennen, die Eiweiße schlagen und erst irgendwann später zum Teig geben. (Ja, dies ist ein ambitionierter Kuchen!)
Irgendwas Fettes. Das Schweineschmalz brauch ich für's Gulasch, am Abend kommt Besuch. Olivenöl hab ich schon beim letzten Käsekuchen versucht: Keine. Gute. Idee. – Okay. Dies ist ein Hausbesuchsprojekt. Ich klingle bei der Nachbarin und leihe mir ein Paket Butter. Hätte mir auch schon beim Zucker einfallen können. Aber jetzt bin ich schon im sehr patenten Erfindermodus.
Ein halbes Glas Apfelmus, 200 g geriebene Haselnüsse, 2 EL Kakao, und auch die Buttermilch, sofern sie noch gut ist – und, weil ich mich jetzt entschieden habe, dass es ein Schokokuchen werden soll, jede Menge gehackter Blockschokolade. Ah, Backpulver, auch was Feines. Alles verrühren, unterheben, mischen. In eine … sagen wir:

Springform? geben und eine gewisse Zeit backen. Bei 180° kann man nichts falsch machen.
Weil man mit einer gesunden Portion Misstrauen-gegen-die-eigenen-Fähigkeiten gesegnet ist, probiert man die fertige Tortenkreation an unauffälliger Stelle und entscheidet daraufhin, zur Übertünchung und Bestechung Schlagsahne mit auf die Reise zu nehmen.

»Das ist jetzt ungünstig, ich hab hier drin grad gearbeitet, alles stinkt nach Lack«, heißt es aus der Gegensprechanlage.

»Das macht mir gar nichts!«, flöte ich zurück, weil ich mit jedem Tag ein bisschen abwimmelresistenter werde, »und ich hab Schokokuchen dabei, mit Sahne.«

»Mit Sahne? Mit … mit *Schlagsahne*?«

»*Gezuckerte* Schlagsahne.«

Man drückt den Summer.

(Wundert sich noch jemand, dass ich diese leidige Backstümperei noch immer nicht eingestellt habe?)

Oben angekommen, empfängt mich ein Typ mit Lachfalten um die Augen, ausgestreckter Hand und einem herzlichen »Ich bin der Max« in seiner Wohnküche. Wow. Über den kräuterbepflanzten Balkon eine herrliche Aussicht auf den Fernsehturm, freigelegte Backsteinwände im Brooklynstyle, eine tipptopp ausgestattete Einbauküche ragt als Halbinsel in den Raum (da steht sie, die Küchenmaschine meiner kühnsten Träume – und ist über dem Spülbecken etwa ein Apple auf Sichthöhe mit eingebaut?!), verschiedenste Kunst von Design über Objekt bis hin zum barock gerahmten Ölgemälde friedlich nebeneinander lässig auf der Konsole, ein Kamin, ein ausladender Hibiskus. Und einer von diesen Wahnsinnskühlschränken, die in ihrer Tür Crushed Ice machen können. Über all dem: ein feiner Sägemehlüberzug, es riecht tatsächlich stark nach Lack. Um nicht zu sagen: Mir tränen die Schleimhäute.

»Ich bin Heimwerker, alles selber gemacht«, Max' Augen leuchten, vielleicht auch von den Dämpfen, »hier, diesen Flurschrank hab ich grade fertig lackiert.«

Sieht schick aus. Aber dieser Dialekt, täusch ich mich oder ist das … ich trau mich kaum zu fragen: »Bist du, bist du etwa … *Schwabe*?«

Max lacht. Und nickt!

Irre! Beim 30. Kaffee, vier Wochen nach Wettbeginn, treffe ich endlich auf den ersten Schwaben! Das ist ja unglaublich, wie Goldschürfen ist das!«

»Du bist der Erste!«, juble ich, »wo sind denn die anderen?«

Max lacht noch mehr. »Ach, die verstecken nur ihren Dialekt mehr.«

Kein Wunder, bei den so berlintypischen Meldescheinberechtigungsdiskussionen (oder ist in anderen Städten der Lokalpatriotismus auch so extrem?): Wer darf sich Berliner nennen? Wer darf *rein*? Im Grunde ist es eine arg vergrößerte Grundschulcliquendiskussion. Ich muss an den Pferdeschwanztypen denken, den ich letztens beim Klingeln als »Bayern« identifiziert habe – ich hielt es für eine gute Reinlass-Strategie, auf gemeinsame Wurzeln hinzuweisen. Er aber ist richtig erschrocken und hat sofort beteuert: »Ja, aber ich lebe schon seit zwölf Jahren in Berlin!«

Ich hätte ihn ärgern können. Und sagen: »Das reicht aber nicht.«

Da hatte er aber schon schleunigst die Tür geschlossen.

Warum muss man sich überhaupt dafür rechtfertigen, zu wohnen, wo man wohnt? Sitzt das Staatenbündlerische noch immer so tief in uns?

Für Max' Stuttgarter Kennzeichen jedenfalls gab es immer ordentlich Kratzer in den Autolack. Er zuckt die Schultern: »Ich hab's einfach umgemeldet, damit war das dann vorbei. Und die Wohnung hab ich auch nur, weil ich vorher wie ein Arsch gearbeitet hab und grad das Nötigste für die Anzahlung zusammenhatte. Günstig, weil Eigenausbau, das war ein Loch vorher, das sag ich dir. Aber von außen denkt man, aha, schau an, der Schwabe, der wohnt natürlich im fünften Stock.«

Wir futtern meine Création dü Schokoküch' mit sehr, sehr viel Sahne und sind uns – Süddeutsche unter sich – einig, dass die in Berlin sonst handelsüblichen »Kuchen« nichts anderes sind als »Brot mit Früchten drauf« (und das auch noch angesichts meiner Tortendeformation, man mache sich also ein Bild vom kuchlichen Nord-Süd-Gefälle). Und dann unterhalten wir uns, natürlich, über die Gentrifizierung. »Als ich hier eingezogen bin«, erzählt Max, »war hier unten im Haus noch eine Bäckerei. Ich dachte, prima, kann ich mir meine Brötchen immer im Morgenmantel holen, das hätte mir gefallen. Aber dann hat das Café zugemacht, und jetzt ist da ein Lokal, in dem ein Schnitzel mehr kostet als im Borchardt. Oh Mann, dachte ich, und ich bin schuld dran. Aber ich kenn das schon aus New York, da hab ich zehn Jahre im East Village gelebt, das hat damals gerade die Gentrifizierungswelle mitgemacht. Und komischerweise waren es da auch die Schwaben, weil irgendwie ziemlich viele Schwaben nach New York sind. Aber nach dem 11. September wurde New York unerträglich. Dieser hilflose Patriotismus, überall Polizei und Militär, in den U-Bahn-Stationen standen sie mit Maschinengewehren. Da bin ich lieber hierher, Berlin ist wie das New York von früher, nur billiger. Und mit mir sind auch viele andere Deutsche wieder rübergekommen, die sind auch alle hier. Beim Weggehen treffe ich die gleichen Leute wie in New York. Also auch wieder viele Schwaben.« Er lacht amüsiert.

Als ich aufbreche, begleitet mich Max mit nach unten, er meint, es sei vielleicht doch ungünstig, sich noch länger den Lackdämpfen auszusetzen. Auf der Straße verabschieden wir uns – und als er davonspaziert, erkenne ich ihn plötzlich. Das ist doch der Typ, den ich so oft auf der Straße sehe! Und mich immer schon gefragt habe, wer das wohl ist! Das gibt es doch gar nicht, dass ein Mensch in seiner Wohnung so anders aussieht als auf der Straße, dass man ihn von dort nach da gar nicht mehr erkennt! Ich schaue auf das Polaroid, das ich von Max gemacht habe. Unfassbar. Da ist noch ein dritter Mensch. Einer mit einem Lackpinsel in der Hand.

Wie viele Gesichter hat man, ohne es zu merken? Und welches von diesen Gesichtern ist das *wahrste*?

BIENENSTICH

Wer von mir eine Anleitung für Hefeteig haben will, sollte es besser wissen. Theoretisch bereitet man ihn jedenfalls aus 500 g Mehl, 30 g Hefe, 50 g Zucker, ¼ l lauwarmer Milch, 2 Eiern, 50 g Butter und einer Prise Salz zu.

Dann versucht man, möglichst elegant 120 g Zucker in 5 EL Honig und 100 g Butter zu schmelzen und darin dann auch noch 200 g Mandelstifte kurz aufzukochen.

Was dabei herauskommt, schmiert man dem einem Backblech gleichgemachten Hefeteig drüber und backt das dann eine halbe Stunde lang bei 200°.

Ach ja, vorher den Hefeteig zwischendurch immer wieder mal gehen lassen. Vielleicht dorthin, wo der Pfeffer wächst.

Aber es wird noch besser: aus 1 Päckchen Vanillepudding, ½ l Milch und 2 EL Zucker einen Pudding zubereiten und ihn abkühlen lassen. Schwierig genug. Aber das soll jetzt auch noch zusammen mit 3 EL Puderzucker löffelweise unter 100 g weiche Butter gerührt werden.

Tipp: Sollte der Hefeteig aus einem der tausend Gründe, die er sich für die Nicht-Entfaltung seiner Persönlichkeit vorbehält, nicht *aufgehen und es also völlig* unmöglich *sein, die fertige Krossplatte einmal quer durchzuschneiden, um sie zu befüllen, kann man Bienenstich auch in handliche Stücke brechen und als »Kekse« anpreisen.*

Tom ist zurück von seiner Fahrradtour und hat über all den Dosenravioli überm Gaskocher wieder enorm Appetit auf Kuchen bekommen – was seine Einstellung zu meinen Hausbesuchen entscheidend zu beeinflussen scheint. Vielleicht war es aber auch die Fürsprache des Busenfreundes – oder ist es gar sein neues CD-Projekt, das Tom so heiter und versöhnlich durch die Küche spazieren lässt –, jedenfalls kann man sagen, dass es gerade bis zum Zehennägelaufstellen harmonisch bei uns ist, als es an der Wohnungstür klingelt.

Tom und ich sehen uns an: »Erwartest *du* jemanden?«, fragen wir stumm. Aber weil wir gerade grölend dabei waren, Marie ihren ersten Möhrenbrei zu füttern, und auch unser guter Freund Glenn Gould in die Tasten haut, wie es nun mal seine unvergleichliche Art ist, kommen wir wohl nicht mehr aus. Das schnelle Schnickschnackschnuck schickt Tom zum Öffnen, aber als ich »Schwarz mein Name, ick hätt hier 'n Stich für Ihre Frau« höre, eile ich ihm mal besser zu Hilfe: »Mensch, Herr Schwarz, das freut mich aber, kommen Sie rein, wollen Sie 'n Kaffee?«

Auch auf die Gefahr hin, dass Tom mich später lyncht.

»'n Kaffee würd' ick wohl nehmen, aber nur, wenn Se endlich den ollen »Herrn« weglassen!«

Ich hoffe inständig, dass Tom nicht fremdeln möge. Er ist ungefähr so menschenaffin wie ich – und er steht *nicht* im Hausbesuchstraining. Aber er schlägt sich wunderbar. Er zeigt Schwarz, während ich Kaffee aufsetze, von sich aus (!) die Wohnung und bringt ihn auch in einer angeregten Unterhaltung wieder zurück. Dann setzt er sich sogar noch mit dazu (!), trinkt ein paar Schluck Kaffee und hört sich manierlich mit an, was Schwarz alles über den Stich zu erzählen hat, den er mir feierlich als Geschenk vermacht, es ist, natürlich, eine frühere Stadtansicht von unserem Viertel. Erst als Schwarz eine handgeschriebene, mehrseitige Liste zückt, auf der er sich in Stichpunkten notiert hat, welche Korrekturen und weiterführenden Anregungen er zu dem Blogeintrag über ihn und außerdem auch zum weiteren Vorgehen meiner Straßenerkundung anzubringen hätte, verabschiedet sich Tom in Richtung Mischpult: »Ich lass euch jetzt mal.«

Später, als Schwarz gegangen ist und Tom auf eine Dur-Pause in die Küche einkehrt, macht er keine Anstalten, sich über den projektverursachten Besuch zu beschweren, sondern Tee. Summend. Misstrauisch frag ich ihn, ob er's denn gar nicht schlimm fand? »Nee, der war doch voll in Ordnung«, sagt er, setzt aber vorsorglich ein »Aber nicht, dass sich das jetzt häuft« hinzu. Dann stockt er und schaut mich prüfend an: »Du fandest es schlimm!«

»Und wie!«, bricht es aus mir heraus, »Mann! Er war hier drin!«

Tom versteht nicht. »Ja und?«

»Schau dich doch mal um, wie wir hausen!«

Tom sieht sich um. Er sieht die alterssiffige Pumpdusche in der Küche, in Ermangelung eines Badezimmers. Er sieht die hässlichen Überputzabwasserrohre. Die Bleileitungen zum undichten Wasserhahn. Sieht die undichten Fenster, das Loch in der Diele, die fehlende Heizung. Unseren abgeschrabbten Küchentisch. Die straßenkötrigen Küchenstühle. Er sieht das alles. Und zuckt die Schultern. »Ja und?« Es ist ihm wirklich egal. »Ist dir das peinlich? Wie wir leben?«

Ich winde mich. Ich weiß, dass er sich mit der Wohnung identifiziert. Und ja, ich habe mich erst, als ich in Toms Wohnung stand, endgültig in ihn verliebt. Aber für weniger romantisch Veranlagte sieht unsere Wohnung sicher aus wie ein Stachelschweinbau.

»Stepha«, sagt Tom, »dir sollte nicht immer so viel peinlich sein. Wir sind, *wer* wir sind. Nicht, *was* wir sind. Oder *wie*. Und, ganz ehrlich: Der ist doch auch kein unbeschriebenes Blatt.«

Ach, Tom hat immer so leicht reden. Wie macht er das nur?

Erst mal Kaffee trinken.

In dem Hinterhof, den ich mir für heute vorgenommen habe, sitzt ein Jungtyp in der Sonne und beobachtet mich bei meinem Seitenflügel-rein-und-raus-und-wieder-rein-und-wieder-raus.

Weil Jungtyp Kapuzenpulli trägt und so verdammt cool und lässig seine Selbstgedrehten raucht, dass Kaffeekranzprojektchen nur indiskutabel sein können, tu ich bei jeder Hofbegegnung so, als hätte ich ein ganz konkretes Ziel, oh ja! Mit zunehmend abnehmender Glaubwürdigkeit natürlich. Jungtyp grinst, und ich spioniere aus den Treppenhausfensterchen, in welche Wohnung er verschwindet, um seine Tür meiden zu können, als prangte auf ihr ein weißes Kreidekreuz. An allen, wirklich *allen* anderen Wohnungstüren aber sagt man mir heute, ich solle un-be-dingt, aber doch bitte wann anders wiederkommen. Ob heute der erste Tag sein sollte, an dem mich mal niemand reinlässt? Dann geht auch noch ein sommerlicher Platzregen nieder, und ich, vom Treppauf-Treppab und Schwüle ohnehin durchgeschwitzt, bin vollends bedient. Da kann ich mir auch noch bei Coolio meine Abfuhr abholen, jetzt, wo es eh schon egal ist. Ich mach das hier schließlich auch als Grenzüberschreitungsübung.

Schon die Art, wie Jungtyp die Tür aufmacht, ist von überwältigender Herzlichkeit. »Hab mich schon gefragt, wann du endlich klingelst«, sagt er zur Begrüßung. Er würde mich gern reinlassen, scheint Ehrensache zu sein, aber er zögert und zaudert und druckst herum. Ich linse ihm über die Schultern, was ihm wohl so im Nacken sitzt – Damen, gestohlene Autos –, und erkenne schon von Weitem und trotz Kurzsichtigkeit eine, nun, äh, ich nenn es mal »Unordnung«. Also erwähne ich, wie nebenbei und zudem ausnehmend diskret, dass es mir bei meinem Projekt nicht um den Grad der Sauberkeit, sondern um den der Gastfreundlichkeit gehe.

Da grinst er komplizenhaft und winkt mich rein.

Seine Wohnung hat zwei Zimmer – aber dann auch wieder nur eins, denn das vordere ist nicht betretbar: Es ist bis unter die Decke zugestopft mit prall gefüllten Müllsäcken. Schwarz, grün, grau und blau quellen sie aus dem Türstock, allesamt mit einer deutlichen Staubschicht. Wie praktisch, eine eigene Wohnungsmüllhalde! Nur ohne Verbrennungsanlage. Ich stakse hinter dem Jungtyp am Müllberg vorbei, ohne eine Wimper oder auch nur ein Nasenhaar zu verziehen. Vereinzelt (»vereinzelt« im Vergleich zur Müllhalde) Müllsäcke auch im glühbirneanstromkabeligen Flur. Ich bin in einer Installation. Nein, es ist natürlich keine Installation. Aber stünde diese Wohnung in Mitte und hätte ich 23 Euro Eintritt zahlen müssen, wäre es eine. Und eine verdammt gute. Auch wenn dieser eine humorlose Kritiker von der Morgenzeitung sie vielleicht als »kitschig« bezeichnen würde. Denn bis auf eine schmale Verbindungsgasse zu den wichtigsten Punkten der Wohnung (Bett, Tisch, Türe) ist die gesamte gelebte – und wahrscheinlich auch *be*lebte – Auslegware am Boden vollständig mit leeren Bierflaschen bedeckt. Keine liegenden Bierflaschen, nein, liegende nähmen zu viel Platz. Es sind stehende. Flaschenbauch an Flaschenbauch stehen sie zu Tausenden wie Stalagmiten in einer unentdeckten Tropfsteinhöhle, ein beeindruckendes Bodenmosaik aus Grün- und Braunglas. Gäbe sicher hübsche Lichteffekte, wenn das Sonnenlicht hereinfallen könnte. Aber die Vorhänge sind zugezogen – und so, wie der Staub liegt, schon seit Gründers Zeiten.

»Ich wohn hier eigentlich gar nicht mehr«, sagt der Jungtyp mit einem schiefschüchternen Lächeln, »deswegen ist das hier auch gerade nicht so … organisiert. Na gut«, er gibt sich geschlagen, »die Spinnweben waren schon da, als ich eingezogen bin.« Wir grinsen beide. »Ich bin Nils. Willste 'n Bier?« Er hält mir eine Flasche hin, eine volle, »was anderes hab ich leider nicht.«

»Ich hätte alles dabei«, ich hebe hoffnungsfroh meinen Korb mit den Schraubdeckelgläsern, »für einen Kaffee?«

Aber Kaffee ist nicht. Der Wasseranschluss in der »Küche«, wie Nils die Müllhalde nennt, ist schließlich verschüttet. Und Badezimmer gibt's keins, zum Duschen geht er immer zwei Stockwerke höher, zu einem Nachbarn. Er zuckt die Achseln. »Abgesehen davon hab ich sowieso keinen Wasserkocher.« Jetzt versteh ich, warum er so viele Biere trinken muss. Ich will aber trotzdem keins. Weil ich in der abgestandenen Staubsuppe aber in absehbarer Zeit etwas trinken müssen werde, ziehe ich vorsorglich mein Schraubdeckelglas mit der Milch hervor.

»Warte!«, ruft Nils, weil ihm etwas einfällt. Er zieht unterm Bett einen Becher hervor und überreicht ihn mir stolz: »Voilà! Der einzige saubere Becher des Haushalts. Na ja. Überhaupt der einzige Becher.« Dann macht er sein Bier auf, setzt sich auf einen Brockhausstapel, der aus dem Flaschenmeer ragt, und deutet fröhlich in die Runde: »Such dir einen Platz!«

Die Suche dauert nicht lang, denn es bleiben nur das schmuddelige Bett (auf dem will ich aber nicht sitzen) und ein Plastikklappstuhl, einer von denen, die üblicherweise auf Großveranstaltungen stehen – und auch bei dem hier habe ich das leise Gefühl, er vermisst seine Herde. Ich schenke mir aus Höflichkeit ein Schlückchen Milch in den »sauberen« Becher, schwenke es unauffällig und stürze es tapfer hinunter. So. Jetzt fehlt wirklich nur noch frisches Affenhirn auf meiner Liste.

Während ich verkrampft wie Queen Mum meine Außengrenzen zu sichern versuche, erzählt Nils mit einer Wärme und Aufgeschlossenheit, behandelt mich mit einer Selbstverständlichkeit, die mich in Grund und Boden stampft. Wir sind, wer wir sind. Und ich bin offensichtlich nicht halb so offen und nichts-Menschliches-ist-mir-fremd, wie ich bislang von mir dachte. Oder wäre ich beim Anblick dieser Wohnung jemals auf den Gedanken gekommen, der Mensch dazu könnte *nicht* asozial sein (und was ist das: asozial?), sondern witzig, interessant und zuvorkommend freundlich? Jura und Psychologie im Doppel studieren? Als Stipendiat der Hochbegabtenstiftung des Deutschen Volkes?

Eine Abrissbirne muss her, für meine Mauern im Kopf. Und zwar schleunigst.

Vereinbarung: Ich werde mich öffnen. Ich werde meine Tür öffnen. Und ich werde mir nicht länger peinlich sein.

Sauberste Wohnung: die von Dirk. Beruhigenderweise mit Abstand. An der Gegensprechanlage muss ich eine Viertelstunde (!) mit ihm verhandeln, weil er »so eine Unordnung« in seiner Wohnung habe, dass er mich »unmöglich reinlassen KANN«. Als ich ihn weichgeklopft habe, betrete ich, auf alles gefasst, eine Wohnung, die ohne weiteren Pinselstrich für »Schöner Wohnen« fotografiert werden könnte. Wo hier die Unordnung sei, frag ich irritiert. Zutiefst betrübt und ohne Koketterie deutet Dirk auf einen einzelnen roten Schal, der auf der Matratze liegt: »Hier! Ich habe gerade Besuch, und er ist schrecklich unordentlich.«

Versunkener Kirschkuchen

Man nimmt 5 Eigelbe, 180 g Zucker, 80 g weiche Butter, 180 g Mehl vermischt mit ½ Päckchen Backpulver – und rührt alles wahnsinnig lange. Dann bereitet man Schnee aus den 5 Eiweißen – nicht nur, um sich über ihn zu freuen (wer hat sich das nur ausgedacht? Eiweiß schlagen und schon wird es Schnee?), sondern auch, um ihn unterzuheben. Dann bäckt man das wunderbare Ding 50 Minuten bei 200°, bestäubt es mit Puderzucker – und wenn man einen guten Tag hat, hat man auch nicht vergessen, die 300 g abgetropften Kirschen vor dem Backen in den Teig zu drücken.

Marie ist meine Komplizin. Sie kiekst bei jedem Klingelschrill und strampelt wild mit den Beinen, wie um mich anzuheizen. Nur Tom, der leider gestern, als ich mein Handy zu Hause vergessen hatte und also für ihn nicht erreichbar war, einen empfindlichen nervösen Rückfall erlitten hat – (»Noch eine halbe Stunde länger und ich hätte die Polizei gerufen!«, hat er aufgelöst geschrien, als ich schließlich arglos die Treppe hochgestapft kam, »aber wo hätt' ich sie dann hingeschickt, bitte!? *Irgendwo in der Straße müssen sie sein*?!«) –, ist in großer telefonischer Sorge, ruft alle fünf Minuten an, ob wir schon irgendwo »drin« sind und dass ich mir ja und gefälligst die Leute »gut anschauen« soll, und zwar, *bevor* ich in ihre Wohnung gehe.

So ein Telefon ist laut im Treppenhaus.

Ich mache das Handy aus.

Die Frau, die mich heute zu sich hineinlässt, kann ich mir gar nicht anschauen vorher. Denn kaum, dass sie die Tür öffnet, entfährt ihr ein Schrei, und sie taucht wieder ab. »Jetzt sind mir die Katzen entwischt«, ruft sie von irgendwoher, »die wissen ganz genau, dass sie hier nicht reindürfen, weil hier die Wäsche hängt! Gehen Sie doch schon mal vor, den Flur entlang, ins Mehrzweckzimmer, ich muss sie erst einfangen!«

Ich tapse, während hinter einer Kammertür »Otto« und »Frau Mielke« unter Zirpen und Zwitschern zum Rückzug aufgefordert werden, den Flur entlang, linse in die Zimmer und schinde Zeit, tüdeltü, was ist denn bloß ein *Mehrzweckzimmer*? Vom Ende des Flurs gehen zwei Zimmer ab – beide sehen mir eindeutig nach Mehrzweckzimmer aus. Ich entscheide mich für das Mehrzweckzimmer mit etwas mehr Beinfreiheit. Ah, da ist ja auch der Herd. Ein Gefühl von Wärme und Geborgenheit. Fotos, Wörterbücher und Wurzelholz. Vor dem Lavendel am Fenster eine Esstischrunde, obenauf ein papiernes Millefeuille aus Zettel, Notizen, Blättern. Sehr sympathisch.

Als die Frau kommt, hab ich in einem Eckchen schon mal Babydecke samt Rasselspielzeug ausgebreitet, auf dass Marie sich dort fröhlich selbst vergnügen und mich in Ruhe Kaffee trinken lassen möge.

»Ach, da muss ich doch gleich mal … darf ich?« Die Frau hebt, weil sie darf, Marie hoch und gurrt und begrüßt sie und lobt ihre schon so wachen Augen, dass ich grinsen muss beim Gedanken an Toms Kidnappingfantasien. Jetzt schnuppert die Frau sogar an Maries Hinterkopf und seufzt: »Babys sind wunderbar.«

Ich mag die Frau. Sie strahlt eine Weichheit und Ruhe aus. Ich fühle mich … aufgehoben.

»Mir ist heute eher nach Tee als Kaffee, und Ihnen?«

»Oh, gerne Tee zur Abwechslung. Nein, bleiben Sie ruhig«, sag ich zu ihr, weil sie sich gerade erst hingesetzt hat und Marie auf dem Schoß hält, »ich kann ja das Wasser aufsetzen, wenn Sie mir sagen, wo alles ist?« Huch! Das ist mir ja noch nie passiert, dass ich mich bei einem fremden Menschen derart zu Hause fühle. Unter keinen Umständen würde ich jemals einen Fremdling in meiner Küche fuhrwerken lassen! Aber die Frau dirigiert gelassen und vom Sessel aus meine Schnitzeljagd nach Teekessel und Tassen. Sie ist hübsch und lacht ansteckend und sieht viel jünger aus als ihre Haare, die ihr weiß und offen auf die Schultern fallen.

»Ich weiß gar nicht, was in mich gefahren ist, dass ich Ihnen die Tür aufgemacht hab. Normalerweise geh ich nie an die Tür, wenn es klingelt. Deswegen stand auch schon mal ein Einbrecher hier im Flur, er dachte wohl, die Luft wär rein.«

»Um Himmels willen, wie gruselig! Und dann?«

Sie lacht. »Der ist natürlich sofort abgehauen. Der hat sich sicher mehr erschrocken als ich!«

Wir trinken Tee, und die Frau hält die ganze Zeit über Marie auf ihrem Schoß und füttert sie mit Kuchenkrümeln. Es sind die ersten Kuchenkrümel ihres Lebens. Marie ist sehr zufrieden. Dass das wohl ihre Kinder sind, tippe ich mit Blick auf ein Foto, auf dem ein Junge und ein Mädchen in Wanderschuhen und kurzen Hosen vor einem überwältigendem Panorama und einem Gipfelkreuz stehen und winken.

»Meine Tochter studiert in Göttingen.« Sie erzählt, wie es ihre Tochter nach Göttingen verschlagen hat, wie es ihr dort ergeht und gefällt.

Zu ihrem Sohn erzählt die Frau nichts.

»Und Ihr Sohn? Was macht der?« frage ich, ohne mir etwas dabei zu denken.

»Mein Sohn«, sagt die Frau ruhig, »ist ums Leben gekommen, als er zwölf war.«

Oh, sag ich, das tut mir leid. Aber weil die Frau den Punkt so deutlich hinter den Satz gesetzt hat, frage ich nicht weiter nach. Rede über unser Viertel und wie sehr es sich verändert hat in der letzten Zeit.

»Ja«, sagt die Frau, »zwischenzeitlich überlege ich auch schon mal, einfach abzuhauen.«

»Wohin?«, frage ich.

Sie macht eine Handbewegung in die Vagheit. »Ach. Ich könnte irgendwo in Mecklenburg-Vorpommern Lavendel anbauen. Oder etwas Ähnliches ... Kennen Sie Thomas Brasch?«

Ich nicke, auch wenn ich von ihm nur und auch eher zufällig *Engel aus Eisen* und ein paar Gedichte gelesen habe.

»Es gibt einen tollen Film von ihm, den werden Sie nicht kennen, der ist wahrscheinlich so alt wie Sie«, sie lächelt bei dem Gedanken, »*Domino*, da kommt eine Frau gar nicht mehr aus ihrer Wohnung, die Tür ist abgesperrt. Das Alte geht nicht mehr, und das Neue geht auch nicht mehr ... Damit hat auch der Zustand dieser Wohnung zu tun«, sie macht eine allumfassende Geste in die Unaufgeräumtheit hinein und sagt, mehr zu sich selbst als zu mir: »Es ist der Versuch, einen Zustand von früher einzufrieren ...«

Jetzt habe ich doch so ein Gefühl, dass ich nachfragen darf. Zögernd, weil ich nicht sicher bin, ob es mir wirklich zusteht, frage ich, *wie* ihr Sohn denn ums Leben gekommen sei?

Die Frau spielt mit den winzigen Fingern meines Babys. »Er ist hier vom Dach gesprungen.«

Wie schrecklich, entfährt es mir.

»Oh, ich wollte Sie nicht erschrecken!«, sagt die Frau schnell, weil mir plötzlich die Tränen laufen. Ich bin, seit ich eine Mama bin, dem Wasser so unkontrollierbar nah. Ich bin nicht erschrocken, sage ich weinend, es tut mir nur so unendlich leid. Mit zwölf!

»Ja. Das war damals gerade so eine Phase in seiner ... das war da gerade so ... was soll ich sagen. Eineinhalb Jahre zuvor war ein Freund von ihm aus dem Fenster gesprungen. Aber nur aus dem dritten Stock! Er hat überlebt.« Jetzt weint auch sie und hält dabei mein zufriedenes Baby auf dem Schoß. »Am Morgen nimmt er seinen Schulpack und geht. Da war ich hier, in der Küche. Ich war so lange in der Küche ... Irgendwann bin ich ins Zimmer nebenan, und da hör ich es so wimmern, von unten. Ich hab erst gar nicht geschaltet, ich dachte ja, er ist in der Schule. Erst als ich in das hintere Zimmer bin, wegen der Wäsche, hab ich gehört, wie es Mama, Mama wimmert, vom Hof unten. Und ich denke noch, komisch, das ist doch die Stimme von Jannick. Und hab aus dem Fenster geschaut. Und da lag er, da unten, ganz verdreht. Ganz verdreht.«

Wir weinen lange stumm, bevor sie weiterspricht.

»Er wollte mir noch etwas sagen. Aber er konnte schon nicht mehr sprechen. Und dann saßen wir alle im Krankenhaus, mein Chef und alle Kollegen saßen da, alle waren gekommen, dieses kleine Zimmer war voller Leute, und da lag er in diesen Laken, und ich habe ihm dieses wunderbare Kinderbuch von Astrid Lindgren vorgelesen, vielleicht kennst du es, *Die Brüder Löwenherz.*«

Ich schluchze auf.

»Zwischendurch hat ein Kollege das Vorlesen übernommen, er wollte mich ablösen, aber da gingen die Herztöne, er war ja angeschlossen an diese … Apparate, da gingen seine Herztöne mit einem Mal schneller, Bibibibibibib, und da hab doch wieder ich weitergelesen, und da wurden seine Herztöne wieder ruhig und gleichmäßig …«

Ich nehme ihre Hand und muss erst schlucken, bis ich wieder halbwegs sprechen kann: »Dann hat er dir doch noch etwas sagen können.« Ich zögere mit dem »Du«. Aber sie hat mich auch schon geduzt, seit wir weinen. Die Frau drückt meine Hand.

»Es ist schön, mit dir zu weinen«, sagt sie irgendwann. »Meine Tochter … Die konnte das damals gar nicht verarbeiten. Sie hat nie über ihn geredet. Sie war ja erst zehn. Jetzt erst fängt sie an, Fragen zu stellen. Jetzt erst!« Sie erinnert sich plötzlich an das Baby auf ihrem Schoß, das uns heulende Frauen die ganze Zeit über fasziniert und mucksmäuschenstill beobachtet hat, und lacht es durch ihre Tränen hindurch an: »Mensch, ja, und du wunderst dich, dass hier alle weinen, gell.« Sie wischt sich die Tränen aus dem Gesicht – und ich mir also auch.

»Er liegt hier auf dem Friedhof. Das ist der Grund, warum ich nicht von hier wegkann … auch wenn ich mich mittlerweile ganz schön als Fremdling fühle, manchmal. Aber was soll's! Jeden Tag geht die Sonne auf, und ich gehe zur Arbeit.«

Sie sieht ihren Worten nach. Dann lacht sie über eine Erinnerung. »Dabei war ich ja selbst ein Fremdling, als ich hierherkam, ich olle Westeule, das war hier ja noch richtig Osten! Ich kann mich noch an den einen Abend erinnern, mit den Kindern im Restaurant, da saß ein Ostjunge am Tisch mit seinen Eltern und hat sein Matchboxauto um sein Tischset fahren lassen. Aber tipptopp total artig, mit geradem Rücken saß er da wie festgebunden, und spielte leise und unauffällig vor sich hin, zickzack, immer im Karrée mit dem Auto. Ojemine, dachte ich, gleich legen meine los, aber kreuz und quer durchs ganze Lokal. Wir Wessis sind mit der Kindererziehung ja eher larifari. Da war es hier im Osten mit der Erziehung schon anders.«

Sie pickt wieder mit der Fingerkuppe nach Kuchenbröseln. Marie sperrt eifrig den Schnabel auf – in gieriger Voraussicht.

»Und die, die wunderten sich natürlich auch, als ich hierherkam. Warum zieht die alleinerziehende Wessitante mit ihren zwei Blagen denn in so 'ne große Wohnung, für die sie Kohlen schleppen muss? Und bleibt nicht da, in Kreuzberg, wo sie herkommt, in 'ner kleineren Wohnung zwar und für mehr Miete, aber dafür mit 'ner schicken Zentralheizung? Na ja«, sie lächelt, »ich musste mich auch erst eingewöhnen. Und ich wurde immer mal wieder enttarnt. Bei einem Picknick sagte ich *Gummitwist* – kennst du das auch als Gummitwist?«

Klar, Gummitwist.

»Ja, aber im Osten hieß es Gummi*hopse*. Und schon war ich wieder enttarnt. Und dann hieß es – und das war als Kompliment gemeint: *Ach, du kommst aus dem Westen? Hammwa gar nicht gemerkt*. Dabei sind das alles doch nur Begriffe! Ist doch egal, ob es jetzt *Kaisers* heißt oder früher ein *Konsum* war. Wir müssen nur mehr miteinander reden! Wie hieß das für dich, wie hieß das für mich, was wecke ich bei dir für Erinnerungen, und stehe ich selbst vielleicht ohne Assoziation daneben, nicht weil ich es so meine, sondern einfach nur, weil ich eine andere Geschichte habe?«

Zum Abschied umarmen wir uns. Lange. »Schade, dass du dir jeden Tag jemand Neues suchen musst zum Kaffeetrinken ...«, sagt sie an der Tür.

Ich finde es zum ersten Mal auch schade. Am liebsten wäre ich gleich am nächsten Tag wiedergekommen. Tatsächlich aber habe ich diese Frau erst vor Kurzem wieder getroffen, auf der Straße, zufällig, wir haben uns umarmt, ich war wieder unsicher, ob ich sie duzen oder siezen soll – und da wir beide in Eile waren oder, in stiller Übereinkunft, es zumindest vorgaben, stoben wir auch schon wieder auseinander wie Magnetteilchen gleicher Ladung. Ich weiß, dass es so sein muss. Obwohl ich seit damals, seit diesem so besonderen Tee, jeden Tag, wenn ich aus meinem Küchenfenster die oberen Wipfel des Kastanienbaums aus dem Hof der Frau sehe, an sie denke – wie es ihr geht, ob sie wohl auch gerade in ihrer Küche sitzt mit Blick auf die Kastanie, und dass ich ihr am liebsten einen Topf Lavendel vor die Tür stellen würde, ja, mir sogar oft und in allen Details ausmale, wie und wo ich welchen Lavendel besorge, ins Treppenhaus gelange, den Lavendel vor der Wohnungstür abstelle und wieder verschwinde, wie sie den Lavendel dann finden und, vielleicht, sofort ahnen würde, von wem er ist – obwohl das alles so ist, weiß ich, dass dieser Tee, diese Nähe nie wiederholt werden wird.

Ich habe dann, an diesem Tag, mit Marie noch einen sehr langen Spaziergang in den Park unternommen und mich mit Sonne volllaufen lassen. Bin auf einem fast leeren Spielplatz gesessen und habe versucht, gar nichts zu denken. Habe stattdessen mit Marie Sand verkostet, und auch Rindenmulch, zum Vergleich. Und bin irgendwann noch immer sehr nachdenklich nach Hause.

Nachts dann überlege ich, ob ich diese Geschichte wirklich auf meinem Blog beschreiben soll. Kann. Darf. »Du wirst schon das Richtige machen«, hatte die Frau gesagt, als ich sie gefragt habe, an der Tür, so, wie ich jeden frage, wie viel von dem, was er mir erzählt hat, ich auch veröffentlichen darf. Jetzt aber sitze ich hier und weiß nicht, was das Richtige ist. Schreiben? Oder bewahren als ein Geheimnis, das nur dem Küchentisch geschuldet ist – und dort zu bleiben hat?

Am nächsten Tag besuche ich wieder jemand anderen, Anda, die mir vom Rosenkrieg ihrer Scheidung erzählt und von ihrem Bald-Exmann, der jahrelang keine Kinder wollte und plötzlich, als es für Anda zu spät war, mit einer schwangeren Geliebten auftauchte. Am Tag darauf bin ich bei Laura, die kurz vorm Abi steht, meinetwegen Sport sausen lässt und mir pantomimisch vormacht, wie sich Axolotl paaren. Und am Tag darauf bin ich bei Eva, die eigentlich auf ihren Freund wartet, aber ihren Geburtstag in der Zwischenzeit auch mit mir feiert. Am Tag darauf bin ich bei Ivan, der Maler ist und früher, als Kirchenmaus, in einer Kellerwohnung mit Abflussrohren an der Decke gehaust und auf nichts so sehr geachtet hat, als darauf täglich mindestens sechs Stunden draußen am Licht zu verbringen. Ich bin bei Lukas, der nach zu vielen Drogen wieder in die Spur zu kommen versucht. Ich liebe meine Wette. Meine Lupe, mein Kaleidoskop. Ich liebe es, dass jeden Tag, für genau die Dauer eines Tages, ein anderer Mensch, mit einer anderen, eigenen Geschichte, im Mittelpunkt steht. Während dieses Tages ist er die Hauptperson, seine Geschichte ist die wichtigste, die einzige. Und schon am Tag darauf ist er ein Mensch in einer Reihe von vielen und seine Geschichte eine unter vielen. Ich fange an, die Menschen hemmungslos zu lieben.

BROMBEERKUCHEN

Man sollte sich vielleicht vorher überlegen, ob man unbedingt mit einem Sahnekuchen zwei Stunden lang durch die pralle Augusthitze tigern will – aber ich kann versichern, dass er auch mit dieser gewissen Frischkäsenote außerordentlich gut schmeckt: 4 Eier mit 4 EL heißem Wasser, 200 g Zucker und 1 Päckchen Vanillezucker schaumig schlagen, 80 g Mehl mit 70 g Speisestärke und 1 TL Backpulver mischen, über den Eierschaum sieben und unterheben. Biskuitmasse in eine mit Backpapier ausgelegte Springform füllen und 30 Minuten bei 175° backen. 250 g Sahne mit 2 EL Zucker steif schlagen (Sahnesteif ist vielleicht auch eine gute Idee), gut 300 g Brombeeren unter die Sahne heben und die Brombeersahne auf dem Biskuit verstreichen.

Merkwürdige Dinge passieren seit dieser Wette. Nicht nur, dass ich wundervolle, wundersame Menschen kennenlerne. Nicht nur, dass die Straßen auf einmal *heller* sind und ein Trampolin. Nicht nur, dass Tom seine Telefonate neuerdings mit einem herzlichen Und-komm-vorbei-bei-uns-gibt's-jetzt-immer-Kuchen beendet – und sie vorbei sind, die Zeiten, in denen ich nur einen Kuchen pro Tag gebacken habe.

Andere Dinge passieren.

Mit mir.

Vorhin, beispielsweise, mit Marie auf dem Weg zum Backzutatennachschubkauf: eine Theaterkollegin, die gerade ihr Fahrrad anschließt. Früher hätte ich mich reflexartig versteckt, Richtung oder Straßenseite gewechselt, aus Angst vor dem kommunikativen Zusammenstoß, der unweigerlich mit einem Vollschaden auf meiner Seite geendet hätte, ich rede mich nach vorne flüchtend ja gerne mal um Kopf und Kragen. Aber heute? Heute, da ich sogar ohne aufwendige Manöver an der Kollegin vorbeigehen und unerkannt hätte entkommen können, so vertieft, wie sie in ihre Zahlenkombination war, heute rief ich: »Hey, hallo, Kollegin! Schön, dich zu sehen!«

Und tatsächlich: Es war schön, sie zu sehen!

Und dann holte ich Luft und erzählte ihr mutwillig von meinen Hausbesuchen – nicht weil sie gefragt hätte, nur, um mich endlich zu einem offiziellen Selbstbekenntnis zu zwingen.

Und als meine Kollegin sagte: »Das ist ja ein Ding, das musste mir genauer erzählen, haste grad Zeit, trinken wir 'nen schnellen Kaffee?«

Wir sind den schnellen Kaffee trinken gegangen, nicht in irgendjemandes Wohnung, sondern in einem Café, dafür sind sie ja da, die Cafés, und ich dachte die ganze Zeit über: Mensch, mit ihr hätte ich wirklich schon früher mal einen Kaffee trinken können.

Als ich meinen Zutatennachschubweg fortsetzte, kam eine beleibte, grauhaarige Frau auf dem Fahrrad vorbeigefahren, die, sich um Zuhörer nicht scherend, lauthals »Danke für diesen guten Morgen« sang. Danke für diese gute Szene, dachte ich, eins zu eins mein Lebensgefühl. Ich sah ihrem dicken Hintern nach, der sich im Strampeln mal links, mal rechts gemütlich hob, und wurde immer fröhlicher. Oh, ich *mag* die Menschen!, dachte ich. Wie macht es Spaß, sie anzulächeln, bis sie zurücklächeln! Wann macht man das denn schon? Oder, wie eine letztens besuchte Brasilianerin sagte: »Die Menschen hier könnten wirklich ein bisschen mehr flirten, auf der Straße. Nicht das Mann-Frau-Flirten, das mein ich gar nicht.

Ich meine alle, untereinander. Ein bisschen mehr … Spaß und Lockerheit, ein bisschen mehr Samba, verstehst du?«

Ich verstehe nicht nur, ich praktiziere jetzt auch. Es ist nichts Aufregendes, nur ein kleiner Satz in der S-Bahn hie, ein Zuzwinkern im Wartezimmer da. Aber es hat Effekt! Und wenn man erst einmal das Probetraining überstanden hat und in voller Montur in dieses Hobby einsteigt, bemerkt man auf einmal, wie groß die Community ist! Nein, man steht nicht allein auf weiter Flur, als Flirter. Da sind auch noch andere. Andere mit einem Zwinkern in den Augen und Verständnis in freundlichen Worten, andere, die die gleichen Dinge beobachten. Es ist ein Geheimbund, bei dem jeder mitmachen darf.

```
Menschen, die in dem gleichen Haus leben wie ich,
vor der Wette (geschätzt): Tom und ’n paar Nachbarn.
Menschen, die in dem gleichen Haus leben wie ich,
seit der Wette (verifiziert): 52.
Davon mir vornamentlich bekannt, vor der Wette: 2.
Davon mir vornamentlich bekannt, seit der Wette: 29.

Menschen aus vergessenen Jugendtagen, die sich bei
mir melden, weil sie von meinem Blog gehört haben: 8.
Menschen aus vergessenen Jugendtagen, die sich bei
mir melden, weil sie von meinem Blog gehört haben,
und bei denen ich mich freue, dass sie sich melden: 8.
```

SACHERTORTE

Was haben die Leute nur immer mit dieser Sachertorte? Trocken ist das, schokofrei und trotzdem viel zu süß. Was, zugegeben, vielleicht nicht am Rezept liegt, sondern daran, dass ich diese … Sitzunterlage mit einer extra Portion Aprikosenmarmelade wieder zurück ins Leben holen wollte. Dabei hab ich es schriftlich, schwarz auf weiß, dass man die Torte vor dem Füllen »mindestens« drei Tage ruhen lassen soll! (Was, bitteschön, ohnehin schon eine logistische Meisterleistung an vorausschauendem Backen ist!)

8 Eier trennen.
Die Eigelbe mit 100 g Zucker schaumig rühren.
120 g geriebene Schokolade mit 120 g Mehl darüber sieben und zusammen mit 100 g zerlassener Butter unterheben.
Den achtfachen Eischnee und 50 g Biskuitbrösel unterheben.
Einer Springform den Boden fetten, Teig einfüllen, 40 Minuten lang bei 200° backen.
Den Kuchen nach mindestens 6 Stunden Ruheze… äh? Da stand doch vorhin … ich schwöre, da stand vorhin noch »mindestens drei Tage«!!
Füllen! Das Ding! Durchschneiden! Quer! Aprikosenmarmelade! Erwärmen! Eine ganze Tasse voll! Rauf damit! Torte wieder zusammensetzen! Rundherum noch mehr Marmelade! Und überziehen! Mit Glasur! Mann, acht Eier! Für nix!

Als überzeugte Geheimbündlerin bin ich allerdings etwas unvorbereitet, als man mich plötzlich durch eine geschlossene Tür hindurch anfaucht: »Ich lasse niemanden herein, den ich nicht kenne! Was wollen Sie denn von mir?«

Zack! Dahin ist all meine Klingeleuphorie. Stattdessen akuter Schweineohrrückfall im Beckenboden. Krächzend stammle ich einen Satzanfang.

»Hä?!«, schreit es durch die Tür, »ich hör Sie nicht!«

Kein Wunder, ich könnte auch versuchen, durch kilometerdicken Stahlbeton zu sprechen, so massiv wie sich diese Wohnungstür vor mir aufbaut. Ob ich einfach wieder davonschleichen kann? Ich schleiche einen Probeschritt. Natürlich knarzt die Diele.

»Hallo!? Ist da wer?« Von innen wird jetzt mit Fingerknöcheln gegen die Tür geklopft, hart und laut. Mich gruselt. An diesen einen Film muss ich denken, in dem Kiefer Sutherland seine verschwundene Freundin sucht und plötzlich in einem Sarg zwei Fuß unter der Erde aufwacht. Auch diese Tür hier sieht verdammt nach Sargdeckel aus. Schnell abhauen, bevor die Untoten aus der Gruft steigen! Aber schon wird der Sargdeckel aufgerissen.

Ähe.

Eine Hexe.

Sie schreit mich ungebremst an: »ICH BRAUCHE MEINE RUHE!«

»Oh, das wusste ich nicht«, stammle ich, »tut mir leid, ich dachte nur, Sie könnten mir etwas über die Straße hier erzählen.«

»JA, ABER SO IST DAS LEBEN NICHT!«, schreit sie mir weiter direkt ins Gesicht, »SO IST DAS LEBEN NUN MAL NICHT!«

»Ach so«, ich weiß überhaupt nicht, wie ich mich verhalten soll, ich wurde noch nie von einem Fremden angeschrien, »ja … tut mir leid … wie gesagt … Entschuldigung.« Ich will gehen.

Die Hexe aber kneift ihre Augen zusammen, zielt mir mit einem zitternden Zeigefinger auf die Nasenwurzel und zischt: »Außerdem sehen Sie so aus, als würden *Sie* was brauchen!«

»Äh, nein!« Ich weiß ja selbst, dass ich in meinen ausgetretenen Turnschuhen und den ausgeleierten Nachgeburtsklamotten nicht unbedingt zum Vorstellungsgespräch für die Vorstandsetage gehen sollte – und ja, mit der babydeckchengestopften Tasche in der einen und Kaffeekorb und Kuchentüte in der anderen Hand erwecke ich durchaus den Eindruck, ich sei Asyl suchend, zumal ich ja auch noch mein kleines Mäusekind vor dem Bauch trage – aber hier in der Tüte ist doch nur ... selbst gebackener Schokokuchen ... mit dieser besonderen Schokolade, der besten, für die ich extra in ein anderes Stadtviertel fahre, um sie zu besorgen!

Die Hexe fummelt hinter ihrer Türe, ich nehme an, sie räumt etwas beiseite, um die Tür aufmachen zu können, der Kuchen hat schließlich schon einige Male den entscheidenden Ausschlag gegeben. Doch weit gefehlt. Plötzlich fuchtelt mir die Hexe mit einer Plastiktüte voll Bananen vorm Gesicht herum. »Da!«, schreit sie, »da! Da! Nehmen Sie! Das ist alles, was ich habe!«

»Äh. Nein, danke«, (also, jetzt reicht es mir langsam), »ich sammle kein Essen, sondern nur Geschichten.«

»UND WARUM KOMMEN SIE DA AUSGERECHNET ZU MIR?? **ICH! BRAUCHE! MEINE! RUHE!!!**«, brüllt sie – und knallt die Tür zu.

Wumm.

Ich stehe schockstarr. Rieche nur das beißende Braun des Teppichläufers. Irgendwann greift ein Reflex, und ich wippe und schuggere Marie, singsange: »Alles gut, Mäusespeck, alles gut, so was passiert, wir gehen jetzt einfach diese Treppe wieder runter, alles gut, alles gut ...« In Wahrheit singsange ich nur für mich. Denn Marie, völlig unbeeindruckt von Lärm und Gezeter, strahlt mich fröhlich an, selig die Kinder. Ich aber stakse deutlich flau die Treppen abwärts. Wenn man vom Pferd fällt, muss man gleich wieder rauf, denke ich, wenn ich jetzt nicht sofort irgendwo klingle, geh ich nie, nie wieder los! Wie fremdgesteuert klingle ich also in irgendeinem Stock, taumle in irgendeine Wohnung.

»Ich musste mich gerade anschreien lassen«, sage ich, etwas fahrig.

»Ich hab's gehört«, sagt eine junge Person, die sich als »Paula« vorstellt und Rock und Pferdeschwanz und Make-up trägt, auch wenn sie eindeutig ein Mann ist. »Dabei ist Frau F. doch immer so liebenswert und freundlich!«

Paula legt mir beruhigend seine Hand auf die Schulter, und ich spüre augenblicklich, dass er überhaupt nicht »eindeutig ein Mann«, sondern tatsächlich eine »Sie« ist. »Du trinkst jetzt erst mal ein Glas kaltes Wasser«, sagt sie und bringt es. Dann schneidet sie mir fürsorglich ein Stück von meinem Kuchen ab. Schnuppert. Sagt verträumt: »Ach, ich mag dieses verkokelte Aroma«, und fügt, als ihr Blick auf meine Totalzerstörung fällt, schnell hinzu, »also nicht, dass der sonderlich verkokelt wäre, nein. Aber beim Grillen sag ich auch noch bei einem Fleisch, das ein anderer schon nicht mehr essen würde: *Lasst es noch zwei Minuten drauf, dann nehm ich's.*« Sie mustert mich scharf. »Du kannst gern ein bisschen die Füße hochlegen, wenn du willst.«

Ich will. Aber weil Marie jetzt auch noch gehörig aus der Windel stinkt und es mir sowieso schon so unangenehm ist, wie ich hier schwitzend, zitternd und konfus zwischen Paulas Seilen hänge, mach ich das lieber zu Hause.

Das also war es, denke ich, während mein Puls noch immer zwischen Bergwerk und Segelflug hin und her springt, das war es, wovor ich mich in meiner Anlaufkuchenphase so sehr gefürchtet hatte: nicht mit Respekt behandelt zu werden, egal, mit welchem Ideechen man anmarschiert kommt. Dass die Angriffsfläche, die ich biete, tatsächlich für eine spontane Truppenübung genutzt wird. Und, Himmel, es ist unangenehm, von einem fremden Menschen angeschrien zu werden! Nicht, dass ich in meinem Leben noch nie angeschrien worden wäre. Aber bisher nur von Freunden. Familie. Kollegen. Da weiß man, sich zur Wehr zu setzen. Mehr oder weniger. Aber hier und heute? Wie verhält man sich, wenn eine Kommunikation dermaßen aus dem Ruder des guten Geschmacks läuft? Vor allem, wenn man, eingelullt von lauter wunderbaren Erfahrungen, sein Kettenhemd zu Hause gelassen hat – und auch sein Schwert? Hätte ich sie etwa zurück anbrüllen sollen? Das wäre mir, ehrlich gesagt, zu intim gewesen (Wow. Mein Anschreien eine Form der Intimität? Intimität gleich Liebe? Großartig. Notiz: diesen Gedanken gleich allen Betroffenen mitteilen. Schreiend natürlich.)

Aber, wenn ich diese sehr interessante und vor allen Dingen sehr philosophische Gedankenspur für einen winzigen Moment weiterverfolge und umgekehrt annehme, dass diese Frau mit Anschreien *auch* Intimität verbindet – dann war das gerade doch nichts anderes als der gleiche Über-den-Grenzbach-Hüpfer, den ich jeden Tag mit frechem Lachen mache, oder? Ich verlange doch von jedem Hausbesuch so etwas wie eine Ad-hoc-Intimität. Ohne Vorwarnung, ohne Annäherung. Sind die Hexe und ich also … Verbündete im Geiste? Und ob dann, die Parallelen weiterverfolgend, jemand auch so schockiert von *meiner* Übergriffigkeit ist, nachdem ich in seinem Wohnzimmer gesessen und ihn zur Intimität gezwungen habe?

Welches Recht habe ich, mich selbst einzuladen, einbrechen zu wollen in den einzigen Rückzugsort, den ein anderer haben kann, in einer Großstadt, in der man sich ständig mit anderen auseinandersetzen muss, sobald man nur den Fuß aus der Wohnungstür lässt? Bin ich schuld, dass diese Frau mich angeschrien hat? Oder, schlimmer noch … geschieht es mir recht?

Solches und Ähnliches denke ich, während ich durch Hefeteigschlagen meine Nerven zu beruhigen versuche. Der einzige Gedanke, der mich an diesem bescheuerten Tag tröstet: dass diese Frau sicher schon seit Jahren einmal mit der Tür knallen wollte – und ich ihr wenigstens zum Durchbruch verholfen habe.

(Und dass mir zum ersten Mal ein Hefeteig gelungen ist.)

Wahrscheinlichkeit, hineingelassen zu werden, wenn …
… an der Tür Aufkleber kleben: 89%.
… an der Tür ein Türklopfer ist: 50%.
… die Tür keine Klinke, sondern nur einen Knauf hat: 2%.
… mir im Dekolleté noch ein Rest von Maries Spinat hängt: 0%.

Spontane Truppenübungen auf meiner Angriffsfläche, in 200 Tagen: 2. (Die Hexe und eine Hebamme, die mir extra im Treppenhaus entgegenläuft: Wie ich es mir erlauben könne zu klingeln, wenn doch Frau Trallala gerade ihr Kind gebiert! Dass ich das von der Straße aus nicht ahnen kann, wollte sie partout nicht mit mir wegatmen.)
2 Truppenübungen in 200 Tagen sind zwar 2 zu viel, aber machbar.

Häufigste Abfuhr: von diesem einen Mann, bei dem ich jetzt, glaube ich, schon fünfmal vor der Tür stand, weil ich mir einfach nicht merken kann, wo ich schon überall geklingelt und eine Abfuhr kassiert habe.
»Ach, Sie schon wieder!«, sagt er dann.
Und ich, gespielt hoffnungsfroh: »Heute vielleicht?«
»Nein, immer noch nicht«, sagt er dann, gleichbleibend freundlich, und schließt wieder die Tür. So läuft das ab zwischen uns. Mittlerweile grüßen wir uns auch schon auf der Straße.

HASELMARZIPANZOPF

Der Trick: den Teig so lange mit Wucht auf den Tisch schlagen, bis die Nachbarin von unten klingelt.

500 g Mehl, 30 g Hefe und ¼ l lauwarme Milch mit ein, zwei Prisen Zucker nach dem üblichen Verfahren zu einem Vorhefeteig rühren. Dann 80 g zerlassene Butter (lauwarm), 50 g Zucker, 1 Prise Salz und etwas Zitronenschalenabrieb dazu geben, alles sehr lange kneten, schlagen, puffen, knuffen. Mindestens, bis der Teig Blasen wirft. Dann mit einem Tuch abdecken und ein halbes Stündchen regenerieren lassen, man ist schließlich noch nicht mit ihm fertig. Zwischenzeitlich 200 g Marzipan-Rohmasse mit 2 Eiweißen, 100 g Zucker, 150 g geriebenen Haselnüssen und einem guten Schuss Rum verkneten.

Den Hefeteig auf 50 x 40 cm ausrollen. Keine Sorge. Nach der Vorbehandlung wird er sich nicht weigern. Das Haselmarzipan auf dem Teig verteilen, Teig längsseitig aufrollen. Teigrolle halbieren, die beiden Stränge zu einem Zopf drehen und auf dem gefetteten Backblech noch mal ein halbes Stündchen gehen lassen.

Dann 40 Minuten bei 220° backen.

4 EL Puderzucker mit 2 EL Zitronensaft und etwas Wasser verrühren und den noch heißen Zopf damit bestreichen.

Am nächsten Tag trete ich mariebepackt und kuchengespornt aus der Haustür. Sehr zuversichtlich und wild entschlossen. So eine Hexe ist zwar in etwa so angenehm wie eine Pilzinfektion, aber sie bringt mich ganz sicher nicht aus dem Tritt. Im Café vor unserem Haus sitzt Brigitte in der Sonne: »Na, wohin bist heut unterwegs?«

»Ach, mal sehen, ich lass mich anschwemmen.«

Aber ich kreuze nur nach Art der kopflosen Hühner von einer Straßenseite zur anderen und wieder zurück. Dorthin? Nein, lieber dorthin. Oder vielleicht besser da?

Ich weiß nicht, wohin.

Also, nicht so wie sonst, ich weiß ja nie, wohin. Aber üblicherweise trägt mich spätestens auf der Straße ein freundlicher Impuls vor eine ganz bestimmte Anfangstür. Heute taucht kein Impuls auf, auch kein kleiner. Ich bin müde und verunsichert. Ich *will* heute nirgends klingeln und mich zum Kaffeetrinken anbieten. Ich setze mich mit Marie und Haselzopf lieber zu Brigitte auf einen Schnack in die Sonne.

Es ist das erste Mal, dass ich mit einem Hausbesuchten auf der Straße sitze, als wäre hier mein natürlicher Lebensraum. Bislang war diese Straße nur Mittel zum Zweck, etwas, das man notgedrungen und mit Tunnelblick passieren musste, um von der Wohnung zur Arbeit zu gelangen oder zurück oder zum Inder oder zu Diskokaisers. Das Leben aber, das richtige Leben, fand woanders statt. Jetzt könnte dieses Leben, zumindest ein Teil davon, auch direkt vor meiner Haustür stattfinden. Wenn ich wollte. Hm. Mit den Nachbarn auf der Straße ein Schwätzchen halten? Die Cafébesitzerin gegenüber mit Namen kennen? Dem Paketboten zuwinken und ihn fragen, ob er krank war, ich hätte ihn jetzt so lange schon nicht mehr gesehen?

Heikles Thema. Denn so sehr diese Straße nur Mittel zum Zweck war, so sehr war sie auch mein geliebter geschützter Ort. Meine Pause. Meine Kommunikationspause. Und ja, auch meine Rollenpause.

Wer weiß, dass ein durchschnittlicher Regieassistent von morgens neun Uhr bis abends gegen Mitternacht mit nichts anderem als Kommunikation beschäftigt ist, der freundlichen, bisweilen witzigen, stets vermittelnden, offenohrigen, achtsamen, aufmerksamen, an alles denkenden, erfüllenden und vor allem: immer verfügbaren Kommunikation, ja, wer vielleicht in einem ähnlichen Kommunikationskarussell seine fröhlich winkenden Runden dreht, kann sicher nachvollziehen, wie wertvoll so ein kleiner Lebensraum des Inkognito ist. Irgendwo muss man ja auftanken, sich ohne kommunikatives Hab-acht bewegen können.

Aber warum sitze ich, Stepha-kommt-mir-nicht-zu-nah, dann hier, in der Sonne, mit einer Nachbarin, die ich doch hausbesuchlich bereits abgehakt habe, und *genieße* es?

Ist das noch mein Projekt oder ist das schon privat?

Oder … werde ich das am Ende gar nicht trennen können?

Zu meiner Beruhigung sitzt neben mir die Hemmschwelle, seit der Hexe strahlend und braun gebrannt zurück aus dem Zwangsurlaub, und wispert: »Keine Sorge, du bist nicht auf der Suche nach einem ›mehr‹. Du machst das hier nur als Übersprungshandlung, du kleiner Schisser.«

Aber wenig später bekomme ich einen Anruf von Volker und Dani, bei denen ich letzte Woche zu Besuch war und einen sehr herzwarmen Tee getrunken habe: eine Rassel wäre aufgetaucht, die wahrscheinlich Marie gehöre? Ich könne sie abholen, man setze schon mal das Teewasser auf, ohnehin hätte man mich einladen wollen.

Hm. Ich mochte die beiden. Ich freue mich darauf, sie wiederzusehen. Ich glaube, ich muss langsam die Möglichkeit in Erwägung ziehen, dass meine Hausbesuche vielleicht tatsächlich der Anfang von etwas sein können, von etwas, das ich mich noch nicht traue, es zu benennen.

Von etwas, das *zurück*kommt.

»Oh Rotkapi, oh Rotkapi!«, jubeln bei Volker und Dani die beiden Töchter, die sich mir schon letzte Woche ins Herz gebohrt haben – allein an der Art, mit welcher Wertschätzung sie sich ihre Murmeln ausgesucht haben. (Ich habe mir eine Wundertüte mit Gummitieren, Murmeln und anderen Kleingeschenken zugelegt, aus der sich jedes Kind, das ich beim Hausbesuchen treffe, etwas aussuchen darf – auf dass es sich – hoffentlich mit Freude – an den Tag erinnern möge, an dem ein Fremder zu Besuch war. Vielleicht kann man es als Nachwuchsförderung bezeichnen.)

Volker fragt, wie ich mit meiner Wette vorankomme, und ich berichte, dass ich gerade in einem kleinen Klingeltief stecke. Und dann, einer plötzlichen Idee folgend, behaupte ich, ich hätte überlegt, ab sofort einen Schritt weiter zu gehen und als neues oder vielmehr erweitertes Projekt mich bei den Leuten nicht mehr nur einmal zu Kaffee und Kuchen einzuladen, sondern mich auch gleich noch zur besten Freundin zu machen. Zur besten Freundin und fürsorglichen Nachbarin. Ungefragt natürlich. Ständiges Sich-Kümmern. Stündliches Klingeln. *Jeden Tag reinkommen wollen*. Auch gerne schon um sieben Uhr morgens, schließlich wären da ja auch noch andere, die ich besuchen und bekümmern müsste, ach, es gäb' ja so viel zu tun!

»Ja, aber wir sind ja jetzt erst mal in Urlaub …«, wendet die ältere Tochter zaghaft ein.

»Macht nichts«, spinne ich weiter, »ich würde trotzdem jeden Tag kommen, und dann beispielsweise jeden *Tag* einen Zettel an die Tür hängen: dass ich schon wieder da war, aber keiner wäre zu Hause gewesen, und dass ich es einfach morgen noch mal versuchen würde. Und so weiter. Bis zum Ende des Urlaubs wär dann die ganze Tür voll Zettel. Ich bin gespannt, ob ihr mich dann noch reinlasst!«

Da sagt sogar Volker »Uff« und sieht mich mit einem verstohlenen Seitenblick an, ganz so, als wär er sich plötzlich doch nicht mehr so sicher mit mir und meinem Geisteszustand.

»Also tschüss, danke für Tee und Rassel«, sage ich und rolle ein bisschen freak-like mit den Augen, »und bis mooorgen!«

Volker und Dani lachen. Aber nicht besonders überzeugt.

Hehe. Zartes Pflänzchen Freundschaft.

Selbstverständlich bin ich weit entfernt davon, mich zur Persona non grata der Straße machen zu wollen – obwohl es mich, vom künstlerischen Aspekt her, wahnsinnig reizen würde. (Meine Hemmschwelle fällt, Handrücken-an-Stirn, lautlos in Ohnmacht.) Nein. Ich werde natürlich nicht zur Personifizierung meines persönlichen Mitarbeiter-des-Monats-Albtraums. Was, wenn das jemand mit mir machte? Jeden Tag vor der Tür stünde? In mein Leben wollte, ohne Zutrittsberechtigung?

Welches ist das richtige Mischungsverhältnis von Distanz und Nähe in einer Großstadt? Kann aus einem Nebenan wirklich eine Freundschaft werden? Und wie viel »Nebenan« hält so eine Freundschaft überhaupt aus?

Als wollte mir das große Drehbuch einen kleinen Hinweis geben, laufe ich, von Volker und Dani kommend, zufällig Ivan in die Arme. Und weil ich mich ungemein freue, ihn zu sehen – und er sich offenbar auch freut, mich zu sehen –, setzen wir uns mit einer im Späti gekauften Limo auf ein Bänkchen in die Abendsonne. Und während Marie friedlich den Bürgersteig erkundet und elsternhaft Kronkorken sammelt und Ivan mir wilde Abenteuergeschichten aus seinem Leben als zweiter Caspar David Friedrich erzählt, denke ich, still und heimlich: Ich kann es ja mal darauf ankommen lassen. Oder?

Durchschnittliche Dauer für den Weg Wohnung – Supermarkt, vor den Hausbesuchen: 3 Minuten.
Durchschnittliche Dauer für den Weg Wohnung – Supermarkt, nach den Hausbesuchen: 30 Minuten.
(Nur der Straßenschwatz, spontane Abbiegungen auf längere Heißgetränke von der Rechnung ausgenommen.)

Wahrscheinlichkeit, Ivan auf der Straße zu treffen, pro Woche: 14,29%.

Schönstes Bild beim Reinkommen in eine Küche: der Junge, der, ein großes Handtuch um die Schultern, gerade von seiner Mama die Haare geschnitten bekommt.

SCHOKOTARTE MIT WEICHEM KERN

Ich sollte mich auf Schokoladenkuchen spezialisieren. Die Schokokuchen und ich, wir verstehen uns. Wir halten zusammen, gegen den Gasherd. Sitzen es aus, im Wasserbad. Gehen entschlossen durch dick und dünn. Bald nur noch dick.

200 g Schokolade mit 70 % Kakaoanteil
200 g Butter
250 g Zucker
5 Eier
2 EL Mehl

Das Prozedere ist bestechend simpel, das Ergebnis: eine Sensation. Die Schokolade hacken und im Wasserbad sachte schmelzen. Topf dem Wasserbad entheben, die weiche Butter hinzufügen und unter Rühren in der Schokolade schmelzen lassen. Zucker dazugeben und rühren, bis es schmilzt. Mischung etwas abkühlen lassen, dann die Eier einzeln unterrühren. Zum Schluss das Mehl über die Schokomasse sieben (ja, auch wenn es nur 2 EL sind) und schnell unterheben.
Alles mit Ehrfurcht in eine Springform und das Wunder bei 170° exakt 20 Minuten lang backen, damit es innen auch ja noch halb flüssig ist.

»Warten Sie«, ruft mir auf der Straße ein Mann hinterher und ist ganz außer Atem, »ich muss Ihnen ein Kompliment aussprechen!«

Ein Kompliment? Ich bin sofort misstrauisch, die alte Stepha in mir mag es ganz und gar nicht, wenn sie von Männern angesprochen wird. Aber die neue Stepha in mir bekennt sich leidenschaftlich zur Neugier, will unbedingt hören, was der Mann sagen will, und plädiert für Wenigstens-erst-mal-Abwarten, die alte Stepha könne ja auch später noch in die Waffenkammer marschieren. Wir einigen uns auf ein halbernstes »Aha, ein Kompliment, soso, welches denn?«.

»Sie sind die einzige Mutti auf der Straße, die immer ein Lächeln im Gesicht hat und auch immer freundlich zu ihrem Kind ist.«

Damit haben beide Stephas und auch ich nicht gerechnet. »Oh. Danke, das ist ja wirklich sehr freundlich, aber wissen Sie, das mag ich Ihnen jetzt gar nicht glauben.«

»Doch, glauben Sie mir«, er nickt nachdrücklich, »ich sitze ja jeden Tag hier vorm Café, ich sehe die Leute, und Sie sind wirklich die Einzige.«

»Aber«, will ich ihn vorsichtig zur Einsicht bewegen, »meinen Sie nicht, dass das nicht ein bisschen zu traurig wäre für so eine Wirklichkeit?« Seine Augen füllen sich tatsächlich mit Tränen. »Dazu möchte ich lieber nichts sagen!«, sagt er und lässt so verlassen die Schultern hängen, dass ich ihn beinah in den Arm genommen hätte – hätte er nicht in dem Moment über die Straße gezeigt und angekündigt: »Und hier kommt meine Mutti, die war auch immer ganz wunderbar zu mir!«

Mir sinkt das Herz in die Hose.

Die Mutti ist die Hexe.

Ich habe befürchtet, dass ich ihr eines Tages wieder begegnen würde, hatte aber gehofft, im Falle eines Falles wenigstens hinter einem Müllcontainer in Deckung gehen zu können. Jetzt steuert sie direkt auf mich zu und legt sofort los.

»Es tut mir so leid«, sagt sie aufgebracht.

Sie greift nach meiner Hand, um sie lange zu schütteln: »Ich habe Sie, als Sie vor meiner Tür standen, so ungerecht behandelt, wissen Sie, aber ich bin jetzt zweiundsiebzig, und gerade, bevor Sie bei mir geklingelt haben, stand ein Spund bei mir vor der Tür ... der ist doch eben erst eingezogen – hat sich vorgestellt und gesagt, dass er sich ab sofort um mich kümmern will! Stellen Sie sich vor! ›Ich kümmere mich um Sie!‹ Das hat der einfach so beschlossen, dass man sich um mich kümmern muss! Dabei bin ich doch selbstständig! Und dann klingeln auch noch Sie, und wissen Sie, da bin ich einfach explodiert.«

»Aber Sie müssen sich doch gar nicht entschuldigen, ich bitte Sie, ich muss mich bei Ihnen entschuldigen«, sage ich mit diesem schlechten Gewissen, dass ich seit unserer Begegnung mit mir herumschleppe. »Ich wollte doch bei *Ihnen* eindringen!«

Aber sie redet einfach weiter: »Und dann unterhielt ich mich mit einer Frau, bei der Sie auch schon waren, und die meinte: ›Ja, die war auch schon bei mir, und sie war sehr sympathisch‹ – und ich fand Sie ja auch sehr sympathisch ...«

Herrje, ist mir das unangenehm. Sie redet und redet und erklärt und entschuldigt sich über und über. Ich fühle mich mies, weil ich sie heimlich »Hexe« getauft habe. Schon wieder habe ich einem Menschen vorschnell unrecht getan. Dass es aber auch immer eine Vorgeschichte zu allem geben muss! Und hätte ich so viel Mumm besessen, mich bei jemandem zu entschuldigen, den ich nicht kenne und dem ich auch einfach und in Zukunft aus dem Weg hätte gehen können? Wäre ich für jemanden wie mich quer über die Straße gegangen?

Ich bin beschämt.

Was ist das nur für ein anmaßendes Vorhaben, fremde Menschen *kennen* lernen zu wollen?

Die Frau und ich, wir begegnen uns auch heute noch oft auf der Straße. Ich habe keine Müllcontainerspringimpulse mehr. Wir halten an. Sie erzählt mir etwas, eine Episode aus ihrem Leben, Gedanken. Und mit jeder neuen Geschichte, jedem neuen Gedanken wird mir klar, dass es zu viele Mosaiksteinchen sind, zu kleine Mosaiksteinchen bei so einer Straßenbegegnung, als dass ich diese Frau je *kennen* oder auch nur greifen können werde. Wie viele Geschichten schlummern in uns, ohne dass sie jemals in ein Mosaik eingebaut werden dürfen? Nein, es gibt nicht nur die eine Lesart zu einem Menschen. Es kommt einzig und allein darauf an, was man in ihm lesen *will.*

»Bla, bla, bleibt etwa schon wieder alles an mir hängen?«, mault sofort mein Menschenbild.

»Ja!«, jauchzt fröhlich meine Hausbesuchserkenntniszentrale, »ganz genau!«

»Da war vorher aber besser«, mault mein Menschenbild weiter.

»Na, na, na, ›besser‹ nicht – nur einfacher! Aber einfach ist für Anfänger, und zum Glück bin ich ja jetzt da. So!«, die Erkenntniszentrale spuckt in die Hände, »und jetzt bringen wir hier mal wieder ein bisschen Grund rein! Füße hoch! Es wird gewischt! Du wirst sehen, die Arbeit geht einem gleich viel flotter von der Hand, wenn es rundherum ein bisschen blitzt und glänzt und glitzert.«

CARAMEL CUPCAKES

80 g weiche Butter
250 g Rohrzucker
½ TL geriebene Vanille
1 Prise Salz
2 Eier
250 g Mehl
1 TL Backpulver
250 ml Milch
150 g Dulce de leche

Ich weiß nicht, wie man sie zubereitet, da ich sie nicht zubereitet habe – aber ich gehe schwer davon aus, dass man die Zutaten zu einem Teig rührt. Den füllt man in Muffinförmchen und bäckt ihn 20 Minuten lang bei 180°.
Dann bereitet man aus 150 g Butter, 300 g Puderzucker, 50 ml Milch und 100 g Dulce de leche noch etwas zu, das neuerdings »Frosting« heißt – ein Wort, das herrlichste Assoziationsketten mit Michael Keaton, Zahngänsehaut und russischer Taiga eröffnet und einen darüber hinaus davor bewahrt, die Dinge beim Namen nennen und etwa »Buttercreme« sagen zu müssen – und toppt damit kunstvoll (!) die ausgekühlten Cupcakes.

Wie soll ich nicht singen wie ein Zeisig, wenn mich jeden Tag, an dem ich klingeln gehe, ein Mensch zu sich hineinlässt? Jeden Tag? Mal drücke ich nur eine einzige Klingel und bin drin, mal muss ich mich erst ein, zwei Stunden wie Raupe Nimmersatt durch mehrere Häuser inklusive Seitenflügel und Hinterhaus fressen, bis ich mit dem Menschen belohnt werde, der es für diesen Tag offenbar sein soll. Ja, ich ertappe mich dabei zu glauben, das Große Drehbuch halte jeden Tag eine ganz bestimmte Begegnung für mich versteckt und ich müsse sie einfach nur finden. Vielleicht ist es diese klinglerische Zuversichtssturheit, vielleicht auch ein mit der Erfahrung gewachsenes Projektbewusstsein (oder sollte man gar schon von einer gewissen … *Routine* sprechen?), jedenfalls bin ich in den Treppenhäusern nicht mehr ganz so herzschlaggefährdet wie zu Anfang meiner Wette. Die Speckschwartendicke meines Klingelfells fällt mir allerdings erst auf, als ich eines Tages plötzlich wieder sehr, sehr aufgeregt bin, vorm Losgehen: Es ist zwar viel Wasser nicht nur die Seine hinabgeflossen, aber doch nicht so viel, als dass Okka darüber ihre Einladung vergessen hätte. Es war keine Laune und auch keine Floskel. Jetzt soll ich kommen. Mit Marie.

Mein Zwerchfell zupft virtuos ein mehrhändiges Harfensolo, als ich mich auf den Weg mache. Ich bin wahnsinnig neugierig auf diese Frau. Was für ein cooler Hund muss sie denn bitteschön sein, mich einzuladen? Ich hoffe nur, dass sie nicht auch eine gewisse Hundigkeit bei mir voraussetzt.

Vorsichtshalber kaufe ich, weil ich keinen Kuchen mitbringen soll, wenigstens einen Begrüßungshibiskus und auch eine kleine Rassel für ihr Kind. (Woran man erkennt, wie hilflos ich in der Kanalisation meiner nervösen Vorfreude bin: als ob ein Kind im Alter von acht Monaten nicht schon genug Rasseln angesammelt, geschweige denn noch Interesse an ihnen hätte.)

Aber schon als Marie und ich von Okka und Peter und der kleinen Fanny, die sich höflich über meine Doofrassel freut (hinter sich werf nach bester Wodkamanier), unter großem Hallo und mit herzlicher Fröhlichkeit an der Tür begrüßt werden, fühlt sich nichts mehr nach Bewährungsprobe an. Wie kann man nur von Fremden empfangen werden, als wäre es ein Wiedersehen?

Und als ich ins bücherpralle Wohnzimmer trete, freue ich mich, dass offenbar auch Okka so etwas wie Kanalisationsprobleme kennt: Sie hat ungefähr fünf Kuchen und drei mal zwölf Cupcakes gebacken, allesamt schimmernd und duftend, als würden sie atmen.

Was in uns entscheidet, ob ein Mensch ein Freund wird? Hab ich es wirklich schon gespürt, als ich im Schneidersitz bei ihnen auf dem riesigen Sofa saß und unsere Kinder an und um uns herumkletterten? Oder es erst gewusst, als wir beim Abschied ein Wiedersehen verabredeten, diesmal ein echtes?

Ich erinnere mich aber zuverlässig, dass ich mich, als ich in meiner Raumkapsel wieder nach Hause geschwebt bin, bereits so verknallt gefühlt habe, dass ich mich am liebsten noch selber angeschoben hätte. Sollte es das Leben wirklich so gut mit mir meinen? Sollte ich einfach so Menschen kennenlernen dürfen, die eine Lücke füllen? Eine Lücke, von deren Existenz ich bis gerade eben noch gar nichts gewusst hatte.

SÜSSE SCHNEEBÄLLCHEN (von Manuela)

Ich spüre so einen gewissen … Übermut, seit ich klingeln gehe. Das Gefühl, ich könnte einfach alles in Angriff nehmen. Ein Gefühl, das sich vorerst zwar nur darin ausdrückt, dass ich zum ersten Mal Süße Schneebällchen mache – aber das ist symbolhaft genug und für einen Anfang nicht schlecht. Denn Süße Schneebällchen habe ich mit 13 Jahren zum ersten und einzigen Mal gegessen und war von ihnen so beeindruckt, dass ich mir, sehr ladylike, von der Freundin meiner Mama das Rezept habe geben lassen und es sorgfältig auf Seite 1 meines eigens dafür angelegten »Backbuchs« übertragen habe. Aber gemacht hab ich sie nie. Nur von ihnen geträumt. Komisch, oder? Wie lange man Dinge mit sich herumträgt, bis sie an die Oberfläche dürfen?
(In diesem Fall ist es vielleicht nur meine Amour fou zu Amaretto, aber im übertragenen Sinne!)

7 Eiweiß mit einer Prise Salz und 5 EL kaltem Wasser steif schlagen.
1 Päckchen Vanillezucker und 200 g Zucker einrieseln lassen.
Die Eigelbe einzeln darunterschlagen.
200 g Mehl mit einem TL Backpulver mischen, auf die Eimasse sieben und unterheben.
Teig auf ein mit Backpapier ausgelegtes Backblech streichen, 25–30 Minuten bei 150° backen, herausnehmen, auf ein Tuch stürzen und Papier abziehen.
250 g Magerquark mit 150 g Crème fraîche, 1/8 l Amaretto, 50 g Zucker und einem Päckchen Vanillezucker glatt verrühren.

400 g Schlagsahne mit 2 Päckchen Sahnesteif schlagen und unter den Quark ziehen. Die Biskuitplatte zerzupfen, Brocken zur Quarkcreme geben und mischen. Aus der Masse mit feuchten Händen ca. 18 Bällchen formen, in 150 g Kokosraspeln wenden und in Papiermanschetten setzen.
Kühlen.
Göttlich.

Ich klingle heute beim Swingerclub. Jawoll. Ich mache heute neugierbedingt eine Kein-Gewerbe-Ausnahme. Schließlich komme ich jedes Mal, wenn ich mit Marie auf dem Weg in den Park bin, an diesem Klub vorbei und denke jedes Mal an Houellebecq und seine *Elementarteilchen* (ein Buch, das mich seinerzeit deprimiert hat wie kein zweites). Ob so ein Swingerclub tatsächlich eine derart triste Angelegenheit ist?, frage ich mich jedes Mal. Und wie oft ich wohl noch an diesem Club vorbeigehen und mich das fragen werde, frage ich mich auch. Also warum schau ich's mir nicht einfach mal an? Ich will mir doch ab sofort die Dinge anschauen! Mich der Wirklichkeit stellen. Ja, ich schleiche jetzt nicht mehr um die heißen Breie, das ist Zeitverschwendung und spaßlos.

Dem Schild nach hat der Club erst ab 18 Uhr geöffnet. Aber die Rollläden sind nicht, wie sonst, blickdicht verschlossen, sondern ein Stück hochgezogen – und dahinter stehen die Fenster auf, als würde gelüftet. Sieht klar so aus, als wär zwar kein Betrieb, aber trotzdem jemand da. Und tatsächlich öffnet mir eine Frau in Trägertop und Leggings, aus einem quietschrosa Haargummi wächst ihr ein strähniger Pferdeschwanz. Sie trägt gelbe Gummihandschuhe. Sie linst nach links und rechts ins Treppenhaus und flüstert diskret: »Wir haben noch geschlossen.«

»Ich weiß«, sag ich, »ich komme wegen was anderem.«

Wieder mal preise ich mein Backwerk.

»Wir sind aber ein Pärchenclub«, wendet die Frau ein, und weil sie ein bisschen sächselt, klingt der »Pärchenclub« wie »Bärchenclub«.

»Das weiß ich«, sag ich, »darf ich trotzdem rein?«

Ich darf.

Braun gefliest ist es. In den Zimmern, an denen wir vorbeikommen, stehen Doppelbetten ohne Laken, sanitärblau gummiert. Die Frau führt mich in einen fensterlosen Raum ohne desinfizierte Matratzen, dafür mit zwei trüben Yuccapalmen, ein bisschen Aktfotografie hinter Glas, irritierend bieder, und einer mit vertrockneten Palmblättern im Karibikhüttenstil überdachten Hausbar. Hinten in der Ecke steht Houellebecq und tippt mit zwei Fingern an die Stirn zum Gruß. Ja, das habe ich mir tatsächlich etwas aufregender vorgestellt. (Vielleicht muss ich noch einmal nach 18 Uhr vorbeikommen.)

Die Frau ist, wie sie mir mitteilt, nicht der Chef, gehört aber trotzdem »sozusagen zum Inventar« und reinigt gerade durch. Sie streift sich die Handschuhe ab. »Na, setz dich doch!«

Ich klettere folgsam auf einen der Barhocker.

»Also – was willste trinken?« Sie deutet mit einer ausladenden Bewegung auf die Schnapssammlung. Es ist eine ernste Frage, kein Schäkern wie bei Schwarz. Äh. Abgesehen davon, dass es in der Welt da draußen erst zwei Uhr nachmittags ist: Ich stille noch.

Mitleidig betrachtet sie meine Schneebällchen. Überlegt. »Ich könnt dir 'n Kaffee machen?«

»Auch entkoffeiniert?«

Sie schaut mich nur an. Aber dann fällt ihr was ein, und sie wühlt in verschiedenen Schubladen, bis sie von irgendwoher einen labbrigen Teebeutel an seinem Schwänzchen hervorzieht. Erst hält sie ihn – tadaa! – stolz hoch, als wär es eine tote Maus, dann zuckt sie entschuldigend mit den Achseln. »Na ja. Der liegt hier schon 'ne

Weile und ist auch nur Kamille, weil ich mal krank war – aber besser als nix, oder?«

Weil ich nicht nur sehr gerührt bin von ihrer Opferbereitschaft, ihren medizinischen Notvorrat betreffend, sondern noch dazu nicht wie eine Mysophobikerin wirken will, verschweige ich, dass in meinem Korb eine Krämerladensammlung an Schraubdeckelgläsern voll Pülverchen und sauberer, abgepackter, duftender Teebeutelchen wartet, schiebe den Korb mit dem Fuß tiefer unter meinen Hocker und hebe einen Daumen und zwei Mundwinkel. Was sie aber gar nicht mitbekommt, denn sie sieht sich bereits Rat suchend um. »Jetzt hab ich hier gar nichts zum Wasser heiß machen … Aber warte, ich lass dir das Ding einfach durch die Kaffeemaschine laufen!«

Sie legt den Beutel wie ein Tab in die Maschine. Drückt sehr zufrieden auf den Knopf. Dann schneidet sie sich ein Scheibchen von einem Schneebällchen ab, ein dünnes nur. »Ich muss nämlich gleich noch Abendessen, ich bekomm heut' von einem älteren Herrn Krautwickel gekocht. Weil ich ihn immer zum Grab seiner Frau begleite.«

Mein Tee schmeckt nach Spüli und Kaffeebrackwasser. Keine Ahnung, warum ich nicht einfach auf ein Glas Leitungswasser gekommen bin.

»Kannst schon deine Fragen stellen«, fordert sie mich auf und steckt sich eine Zigarette an. Ich mach erst mal betont auf journalistisch. Ob sich denn hier drin auch die Gentrifizierung bemerkbar macht?

»Oh ja!« Sie kinndeutet Richtung »Sauna-Aufzug-Südterrasse«. »Seit drüben gebaut wird, haben wir echt ein Problem.«

Ah, weil der Immobilientycoon versucht, gerichtlich gegen den Club vorzugehen? Auf dass er ausziehen müsse und nicht länger die Wohngegend abwerte?

Sie zieht die Augenbrauen hoch. »Nee! Weil die Gäste nicht mehr parken können! In die Tiefgarage kommen sie ja nicht mehr rein wegen der Baustelle! Und den dunklen Weg zum öffentlichen Parkplatz da drüben will keiner gehen, vor allem allein als Frau nicht, da wird man sonst leicht mal überfallen.«

Jetzt bin ich es, die ihre Augenbrauen hochzieht.

»Ja! Du glaubst ja gar nicht, was hier für ein Gesocks rumrennt! Möchte man gar nicht meinen, wenn man die schnieke Straße hier sieht, was?«

Sie steckt sich die nächste Kippe an. Die vorige hatte sie in drei Zügen erledigt. »Und seit es jetzt auch noch Parkuhren gibt, kommen noch weniger Gäste.«

»Das kann doch keine Frage von Parkgebühren sein, oder?«

»Doch«, sie zuckt die Achseln, »man spürt ja auch, wenn im Januar die Steuerrückzahlungen fällig sind. Und schau, wenn man ohne Damenbegleitung kommt, zahlt man schon 110 Euro Eintritt.«

Mir bleibt die Spucke weg.

Sie findet es völlig gerechtfertigt. »Getränke sind schließlich alle inklusive! Und Sauna! Und Büfett! Der neue Chef kocht selber, *das* wenigstens macht er ganz gut.«

Sie betont das »das« so abfällig, dass ich nachfragen muss.

»Ach weißt du, der vorige Chef und ich, wir waren sehr gut befreundet, das war ein prima Typ.«

Ich bin schon ganz betroffen, weil sie in der Vergangenheitsform vom prima Typen spricht, stelle mir vor, wie ihn die Swingerclubmafia erst gefoltert, dann brutal ermordet hat. Liege auch nur knapp daneben. »Jetzt lebt er ja auf Mallorca. Und der neue …«. Sie bläst den Rauch aus, lange. Drückt die Kippe aus, lange. Dann winkt sie ab. »Wenn er das alles nicht hauptsächlich aus Eigennutz machen würde! Man kann doch nicht als Chef im eigenen Club … Also, ich finde, das geht nicht! Aber auf mich will er ja nicht hören! Sexsucht nennt man so was!« Sie fingert sich aufgebracht die nächste Kippe aus der Schachtel. »Wenn der nicht aufpasst, rockt er hier noch alles runter. Der kann von Glück sagen, dass mittwochs jetzt immer ein Bärchen den Club mietet, privat, und mit Freunden Herrenüberschusspartys feiert.«

Sicherheitshalber frage ich nach.

»Ja, an so einem Abend würde ich jetzt einer Frau, die vielleicht nicht so sehr drauf steht oder zum ersten Mal in einen Bärchenclub geht, auch nicht unbedingt empfehlen, zu kommen.« Sie sagt es, als würde sie mir Ausflugstipps für die barocke Altstadt geben. »Aber sonst gilt natürlich: Alles kann, nichts muss. Auch wenn das hier jetzt einige nicht mehr so auf der Pfanne haben.«

»Und was sind das so für Leute, die kommen?«

»Das sieht man doch nicht, die haben ja keine Klamotten an.«

»Ach so, ja klar, äh – alle nackt?«

»Nee! Das willst du bei einigen auch echt nicht sehen, sag ich dir! Die Frauen tragen Dessous, und die Herren, na ja, meistens Handtücher, aber Liebestöter sind auch einige dabei.«

»Glaub ich ja jetzt nicht!«

»Kannste aber wissen«, versichert sie, Kippe zwischen den Lippen, »allein schon die vielen Ehemänner … Aber jetzt muss ich weitermachen, ich will ja vorher noch zu meinen Krautwickeln.«

Abends, als Tom und Marie und ich von einem Spaziergang im Park zurückkommen, steigt vor uns ein Pärchen aus einer weißen Karosse. Sie: blondiert mit Strickjäckchen, in sehr engen weißen Jeans. Er: älter, mit breiten Schultern und Armbanduhr, das schwarze Hemd sehr weit aufgeknöpft. Zu rausgeputzt, um von hier zu sein, sagt mir mein Scannerblick, ein Tick zu viel Solarium und Vorstadtitalienercalzone. »Die beiden da gehen jetzt in den Swingerclub«, raune ich Tom zu.

»Die?!«, raunt er zurück. »Glaub ich nicht.«

Ich bringe ihn dazu, mit mir um ein Malzbier zu wetten. Wir lungern weiter oben rum, wo wir uns vorgeblich detailliert für die Radieschenpflanzweise in einem Guerillagartenbeet interessieren. Wie sie auf ihn wartet, während er das Parkticket löst! Sonnenklar, dass sie was Außerordentliches vorhaben. Sie nehmen sich an der Hand, lächeln einander zu und spazieren geradewegs – hinein in den Swingerclub! Ha!

Tom ist ergebenst beeindruckt von meinen Kassandrafähigkeiten: »Woher wusstest du das bloß?«

Na ja. Ich habe natürlich einen kleinen Vorsprung. Morgen, wenn er den Artikel über meinen heutigen Gewerbeausflug gelesen hat, wird er das Malzbier wohl zurückfordern. (Wir sind nämlich dazu übergegangen, dass ich ihm nichts mehr über meine Hausbesuche erzähle – als Konfliktvermeidungsstrategie, denn es birgt enorm viel Streitstoff, wenn der eine nicht angemessen beeindruckt von Abenteuern ist und der andere keine Lust hat, sich stundenlang Abenteuer anhören zu müssen mit einer nahezu unanständigen Begeisterung. Jetzt also liest Tom von meinen Hausbesuchen erst am nächsten Morgen im Blog, solange ich noch vom Nachtdurchschreiben auf Halbmast hänge und seine schauspielerische Leistung nicht kritisieren kann. Danach bringt er mir manchmal einen Kommentar ans Bett oder auch nur ein Im-zweiten-Absatz-hast-du-ein-«und«-zu-viel. In jedem Fall aber fragt er, ob ich Kaffee trinken möchte – »also: *hier*. Mit *mir*. Nicht mit anderen.«)

Nein, Kassandrafähigkeiten sind mit der gewissen Filterbrille natürlich keine Kunst. Und wenn man einen entsprechenden Wortschatz an Kombinationsmöglichkeiten hat. Zumal für Hobby-Menschenbeobachter wie mich. Ich liebe es, die Menschen zu lesen. (Zumindest es zu versuchen.) Wenn ich mit einem Freund im Café sitze, mit einem Freund, bei dem ich mir meine Leidenschaft erlauben darf und nicht mit aller Konzentration die Tische um mich herum ausblenden muss, kann es – so oder anders – vorkommen, dass ich ihn mitten im Satz unterbreche: »Sei doch mal still, die da drüben streiten gerade!«

Wenn sich der Freund daraufhin unauffällig nach dem Pärchen umdreht, wird er sich mit hoher Wahrscheinlichkeit wundern:

»Aber die reden doch gar nicht! Und wenn du mich fragst, sehen die total zufrieden aus!«

»Er wird gleich aufstehen und gehen. Sie wird sitzen bleiben und stumm ein bisschen weinen. Wetten?«

Vielleicht werde ich jetzt meinen Wortschatz vom Café auch auf die Straße erweitern können. Oh, ich kann gar nicht abwarten, zu lernen! Ich spüre schon jetzt eine andere Tiefenschärfe in meiner Straße.

Entdeckungen:
Das betreute Wohnen für minderjährige Mütter in einem Hinterhof (hineingelassen).
Die Graszucht im Wohnzimmer von F. (mit Blau- und Rotlicht für den gesteigerten Ernteertrag).
Ein Wohnungsbordell (nicht hineingelassen).
Die kutschpferdhufschonenden Holzfliesen im Hauseingang (ein Tipp von Schwarz).

Menschen, die vom Krieg berichten: 5.

TARTE AU CITRON

Jetzt habe ich endlich auch die eine Person angesprochen, die mir schon so oft Fahrrad aufsperrend im Hof begegnet ist und bei der ich nie über ein gepresstes »Hallo« und ein gedachtes »Sieht nett aus, sollte bei Gelegenheit mal fragen, wie sie heißt« hinausgekommen bin.

Jetzt weiß ich, dass sie Tina heißt, bei Greenpeace arbeitet, ein ausgeprägtes Faible für Frankreich sowie ein garantiert funktionierendes Rezept für Zitronentarte hat. Was ich noch nicht weiß: dass sie eines Abends unangemeldet vor meiner Wohnungstür stehen wird mit einer Flasche Cidre, weil sie bei meiner diffusen Hofanquatschaktion nicht verstanden hat, dass ich in IHRE Wohnung will – und dass aus diesem Missverständnis eine Tradition erwachsen wird, bei der Tina, wenn nebenan Marie schläft und Tom unterwegs ist, des Abends in meiner Küche sitzt auf ein Boeuf oder auch nur einen Blanche –, und es nichts Schöneres geben wird als eine Freundin, die gleichzeitig Nachbarin ist.

Für den Mürbteig 200 g Mehl, Saft und Schalenabrieb einer halben Zitrone, 50 g Zucker, 100 g Butter, 1 Prise Salz und 1 Eigelb kneten, eine Tarteform damit auslegen, in Folie packen und 30 Minuten ins Tiefkühlfach damit.

Backofen auf 180° vorheizen.

4 Eier mit 200 g Puderzucker und Mark einer Vanilleschote schaumig rühren, 125 g Sahne steif schlagen und unterheben, dann erst (!) Saft und Schale zweier Zitronen dazugeben.

Backofen auf 150° zurückdrehen, Masse in die Teigform füllen und 40 Minuten backen, dann Tarte mit Puderzucker und Pinienkernen bestreuen und noch ca. 10 Minuten weiterbacken, bis die Creme fest ist.

Gut. Okay. Ich seh es ein. Jetzt hab ich es übertrieben, mit meinem Interesse für die Straße. Aber weil ich dachte, so jemand muss es wissen, so jemand weiß Geschichten zu erzählen, kann eventuell auch die ein oder andere Verknüpfung herstellen, so jemand kennt schließlich das ganze Viertel, dachte ich: Gut, dachte ich, was ordentlich in die Materie eindringen will, macht auch das.

Geht zum Friseur.

Natürlich undercover. Aushorchen unterm Haarschneidekittel, das war der Plan.

Bescheuerter Plan.

Zwar war der Friseur unglaublich nett. Wusste auch von einem älteren Herrn, der jetzt nach 50 Jahren in seiner Wohnung Luxussaniertem weichen muss – und den ich, wenn es mich doch so brennend interessiert, morgen einfach treffen könne, am besten wie zufällig, um zehn hätte er seinen Termin zum Haareschneiden. Aber als Tom vom Marienspaziergang kommt, um mich abzuholen, werfe ich schon von Weitem flehende Blicke. »Sag nichts«, flehen sie, die Blicke, »lass dir nichts anmerken.«

Tom schlägt sich großartig. Auf die (durchaus gewagte) Frage des Friseurs, wie ich denn allseits so gefiele, im neuen Federkostüm, behauptet er glatt, er würde mich »sowieso immer« lieben, »egal«, wie ich aussähe.

Draußen dann, nach Überschreiten der Friseurladenbannmeile, prustet er los: »Du siehst ja aus wie *Playmobil*!«

»Ja, ich weiß«, sage ich zerknirscht und vermeide jeden Blick in die Schaufenster, »aber dafür treffe ich morgen einen älteren Herrn, der mir was über Immobilienhaie erzählen wird!«

»Höchstens, wenn du dir ein Kopftuch drüberziehst. Warum hast du sie nicht wenigstens ganz kurz schneiden lassen?«

»Weil ich dann wie ein Vogel aussehe! Hast du zumindest beim letzten Mal gesagt!« (Noch ein Friseur, zu dem ich nicht mehr gehe.)

»Na, jetzt siehst du aus wie ein Vogel mit langen Haaren.«

Wenigstens kann ich noch über mich lachen, ich Undercoveragent. Tom legt mir tröstend den Arm um die Schultern. »Ich bin auch mal zu einem Friseur gegangen«, erzählt er, »der sollte mir einen Iro schneiden – und hat mir doch tatsächlich eine Tolle frisiert! Eine Tolle! Eine nach innen geföhnte Tolle! Aber er hat so hingebungsvoll geföhnt, dass ich einfach nichts sagen konnte!«

Na gut. Ganz so peinlich wie vor der Punkerclique mit Föhntolle aufzukreuzen, ist mein Playmobilgewächs dann doch nicht.

Denke ich.

Aber zwei Meter weiter sitzt Brigitte in der Sonne, nickt langsam und sagt, mit ihrem Wiener Dialekt, der ja von Haus aus schon so ironisch klingt: »Warst beim Friseur?«

Und wieder zwei Meter weiter fragt Michael besorgt, ob es mir gut gehe, ich sähe so … er-weiß-nicht-wie-soll-er-sagen aus?

Und wieder zwei Meter weiter kommt uns Astrid entgegen, stemmt schon von Weitem die Hände in die Hüfte und ruft: »Nee jetzt, ist nicht dein Ernst, oder?!«

Ja, das war früher anders. Früher hatte ich noch keine Clique auf der Straße.

Wenigstens darf ich jetzt erklären. Früher hätten die sich nur ihren Teil gedacht und in sich hineingegrunzt. Jetzt grunzen wir wenigstens zusammen – die mehr, ich weniger, aber wir grunzen.

»Ich kann gar nicht glauben, dass du das zulässt«, sagt Tom.

»Dass ich was zulasse?«

»Na, dass dich jetzt so viele kennen. Auf der Straße. Ich meine: *du.*«

Tom weiß, dass ich in meiner niederbayerischen Kleinstadt wie ein Lindwurm mit Neurodermitis gelitten habe, weil immer jeder jeden kannte – und fremde Menschen mich jederzeit ansprechen konnten: »Du bist die vom Quitterer, gell?«

Keine Sekunde konnte man sich so bewegen, wie man wollte. Jedes Vergehen, jeder noch so kurze Aufenthalt am oh-so-verbotenen Busparkplatz, jeder Knutscher unter der Birkenbrücke war in Buschtrommeleile den Eltern zugetragen.

Es blieb nur die Flucht in die Großstadt. Und jetzt zerschmelze ich mir mutwillig meine jahrelang gehegte Großstadtanonymität im Wasserbad – und finde es auch noch schokotartelös. Nein, gerade mag ich nicht mit geschlossenem Visier herumlaufen. Vielleicht liegt es an Marie, diesem Wunderwesen, die mir so viel von ihrer Wärme und ihrer Weichheit, ihrer Neugier und ihrem Staunen gibt.

Ich mag meine Clique. Meine über die Straße verstreute Clique, die voneinander nichts weiß. Ich bin ein Kopfbahnhof! Ob ich mal versuchen sollte, die Gleise auch untereinander zu verbinden?

Schließlich sprechen mich so viele, die ich besucht und inzwischen wieder getroffen habe, darauf an, wie schön es doch wäre, über meinen Blog ein paar von ihren Nachbarn vorgestellt zu bekommen.

Astrid sagt: »Kannst du nicht auch mal bei meinem Nachbarn klingeln? Ich würd' echt gern wissen, was das für einer ist.«

»Klingel doch selber bei ihm!«

»Wie denn? Hallo-ich-will-dich-kennenlernen?? Hat ja nicht jeder ein Projekt im Rücken wie du!«

Ich verstehe sie.

Der einzig vertretbare Zeitpunkt, um sich einem Nachbarn vorzustellen, ist – abgesehen von dem Zeitpunkt, an dem man dem Nachbarn nahelegen muss, seine Schamanentrommel doch bitte nicht um fünf Uhr morgens in Betrieb zu nehmen – eigentlich nur der des Einzugs in die neue Wohnung. Und auch das wird eher als grenzwertig empfunden. Vor allem in der Großstadt. In einer Umgebung, in der man Blickkontakt vermeidet, um nicht angemacht oder angepöbelt zu werden, in der man einen *Unberührbar*-Modus finden muss, um unbehelligt durch eine Menschenmenge gehen oder eingequetscht neben hundert anderen in einer U-Bahn stehen zu können, ist jemand, der sich annähern will, grundverdächtig. Sozial anpassungsgestört. Was *will* dieser Mensch von mir? Irgendwas will er auf jeden Fall. Irgendwas mit »zu viel«.

Steht der jetzt jeden Abend vor meiner Tür mit selbst gemachten Suppen, die nicht schmecken, und erzählt stundenlang und nach traurigem Sekt riechend von der Schiefe seines Leben? Ist der … einsam, und ich muss es ausbaden? Oder öffnet sich ab sofort jedes Mal, wenn ich nach Hause komme, ein Türspalt, und man linst, mit welchen Einkäufen oder Männern-Schrägstrich-Frauen ich nach Hause komme? Nachbarschaft ist potenziell Kontrolle. Kontrolle ist gut, keine Frage, schlägt aber auch gern mal in Bespitzelung um. Historische Beispiele gibt es genug.

Und in so einem bunten Strauß der Nachbarschaft finden sich ja nicht nur die Einsamen und die Freizeitblockwarte. Da finden sich auch noch die Gefährlichen. Vielmehr finden sie dich. Die Frau, bei der ich gestern zu Besuch war, hat mir die Briefe gezeigt, die ihr ein Stalker geschrieben hat. Ein Stalker von gegenüber.

Und trotzdem scheint es ein Bedürfnis nach Nachbarschaft auch in der Großstadt zu geben. Warum sonst würden diese onlinen Nachbarschaftsinitiativen gerade aus dem Internet schießen wie die Schwammerl aus dem Herbstwaldboden?

Ob sie eine Alternative zum Klingeln sind?

Bei der Anmeldung kann man zwischen den Rubriken »Kennenlernen (z. B. für gemeinsame Unternehmungen)«, »Tauschen/Verkaufen«, »Biete/Suche (z. B. handwerkliches Geschick oder ›Tennispartner‹)« wählen.

Ich bin skeptisch.

Abgesehen davon, dass diese altbekannten Rubriken schon an anderer Stelle und dort sehr gut funktionieren – Nachbarschaft, also »Nachbarschaft« als Wert, baut sich ja eben nicht dadurch auf, dass der eine vom anderen etwas *will*. Und auch nicht dadurch, dass ich jemanden finde, der mit meinem Profil *matcht* oder zu meiner Suchanfrage die passende Antwort parat hat. Ist das Potential von Nachbarschaft nicht gerade, neben jemandem leben zu können, der ganz *anders* ist als ich?

Jemanden finden können, ohne ihn gesucht zu haben?

Männer, die sich nach Singlefrauen in der Straße erkundigen: 9.
Frauen, die sich nach Singlemännern in der Straße erkundigen: 0.

Leute, die mir ihre Fotoalben zeigen: 13.
Leute, die mich fragen, welche Tasse ich gerne hätte: 8.

Menschen, die fragen, ob ich beim Hausbesuch etwa heimlich ein Aufnahmegerät mitlaufen hatte: 43.
Hausbesuche, bei denen ich ein Aufnahmegerät mitlaufen hatte: 0.

LACHSQUICHE

Man schrieb mir eine E-Mail: »Ich lade dich hiermit zu mir ans andere Ende von Berlin ein! Bring dein Baby mit, aber lass den Kuchen zu Hause, ICH backe – zur Abwechslung was Pikantes! Was hältst du davon?«
Was hält man davon, nach 100 Tagen Kuchenteig?

300 g Mehl
½ TL Salz
175 g Butter und 1 Ei … werden geknetet, bis sie mürbe sind, dann kalt gestellt.
300 g hautloses Lachsfilet, in Mundhappen geschnitten
½ Bund Thymian
1 kleiner säuerlicher Apfel in Mundhappen
1 Bund Lauchzwiebeln, in Ringen oder Mundhappen
150 g Zuckerschoten
Wer mag, dünstet zwei, drei Handvoll frischen Blattspinat an und gibt ihn dazu.
Eine Tarte- oder Springform mit dem Mürbteig auslegen, Boden mehrmals mit einer Gabel einstechen.
2 Eier mit 200 g Crème fraîche verrühren, mit Salz und Pfeffer, Muskat und abgeriebener Zitronenschale gut würzen, mit Gemüse und Fisch mischen und auf den Mürbteig in der Form geben.
Eine halbe Stunde backen bei 200°.
Hach, war das ein entspannender Hausbesuch. Fast schon ein kleiner Urlaub in einem anderen Viertel. Danke, Maria!

Hundegekläff hinter geschlossener Tür kann einem ganz schön ins Knochenmark fahren. Als dann aber auch noch der Hundehalter seinen Kopf aus der Tür streckt, wird mir vollends blümerant. Überlebensreflexartig will ich mich entschuldigen, was von einem »falschen Stockwerk« stammeln. Aber bevor ich auch nur den Mund aufmachen kann vor Schreck, hat der Hundehalter den Kuchen erblickt und sagt mit sanfter Stimme: »Warte mal. Da muss ich mir erst eine Hose anziehen.«

Der Hundehalter ist offenbar weiblich.

Drei Sekunden und eine Alibileggings später (sie besteht hauptsächlich aus Löchern) führt Line mich in ihre kleine Küche, die Dusche darin nimmt den meisten Platz ein. Ein Union Jack verhängt das Fenster, ich halte den Kaffeekocher auf dem Schoß, damit das Kabel zur Steckdose reicht und trotzdem ich und nicht der Kaffeekocher auf dem Klappstuhl Platz nehmen kann. Es gibt keinen Tisch. Der riesige Köter, der mir vorhin so eindringlich die Rhythmusstörungen ans Herz gelegt hat, ist in Wirklichkeit ein niedliches, schwarzes Hündchen, das mir kaum bis an die Wade reicht, unentwegt mit dem Schwanz wedelt und kleine Plastikteile anschleppt. Und alte Tubendeckel. Und abgerissene Lederreste. Und Filzklumpen. Und Tetrapackfetzen. Und anderes. Alles legt uns das Hündchen abwechselnd und voll Stolz in den Schoß.

»Die muss irgendwo ein Nest haben, ich weiß nicht, wo sie die Dinger immer findet!«, behauptet Line.

Ich hätte diesbezüglich eine kleine Ahnung, denn auf dem lose verlegten Nadelfilz geht es sich wie auf Waldboden. Ich mustere Line verstohlen.

Wäre sie mir in der Dämmerung und auf einsamer Straße begegnet, hätte ich sicherheitshalber und unauffällig die Straßenseite gewechselt. Ihre rasierten Schädelseiten sind blondiert, die Mohawk-Resthaare pechschwarz gefärbt, anstelle von Augenbrauen trägt sie zwei schwarze Schrägstriche, die Augen sind schwarz umrandet (»umrandet« klingt so nach feiner Linie und *»10 Schminktipps fürs*

Büro«. Eher also: umwaschbärbrillt. Sollen wohl Katzenaugen sein, denn aus der Waschbärenbrille stechen scharfe Zacken bis zu den Schläfen und hinein in den blondierten Stoppelwuchs), um den Mund herum klüngelt ein dichter Kranz aus Piercingknödeln, auch beide Ohren sind vollständig bepierct – und nicht zu vergessen die heimeligen Stacheldrahttätowierungen, die sich um ihren Hals und auf den Fingerrücken winden.

Den Stacheldraht um die Gurgel hat sich Line legen lassen, nachdem ihr Vater sie verprügelt hatte, weil sie ihn nicht heiraten wollte. Nicht ihr richtiger Vater. Nein. Ein Schnorrerkollege, mit dem sie sich zusammen als »Vater und Tochter« ausgegeben hat, »das war 'ne ganz gute Masche, 'ne Zeit lang. Bis er sich halt in mich verliebt hat.«

Ihr richtiger Vater hat Line, als sie zwölf war und gerade »mit jemandem zusammenkam, der auf dem Bauwagenplatz lebte«, vor die Wahl gestellt, sie könne entweder ohne diesen Freund nach Hause kommen – oder gar nicht mehr.

»Da hab ich meine Sachen gepackt und bin auf den Bauwagenplatz. Aber das mit dem Freund hat nicht lang gehalten.«

Fünf Jahre lang lebte Line auf der Straße.

»Ich bin echt froh, dass ich in der Clique einige Sachen nicht machen musste, Raubüberfälle beispielsweise. Als Mädchen war ich zum Glück nur fürs Klauen zuständig. Und fürs Schnorren natürlich. Irgendwann erkennt man schon von Weitem, wer einem was gibt und wer nicht. Das hat gar nicht so viel damit zu tun, was einer anhat, eher mit einer Haltung, mit … ja, Arroganz. Wir haben uns immer schon den Spaß gemacht, Typen mit Anzug und Aktentasche anzusprechen. Die zum Beispiel geben *nie* etwas, egal, wie freundlich man sie fragt. Und weißt du, was auffällig ist? Es sind immer nur die Leute, die selber wenig haben. Die geben trotzdem immer was ab. Aber die, denen man ansieht, dass sie Geld haben, die rücken nichts raus. Manchmal denke ich, man sollte einfach mal allen für eine kurze Zeit ihr Geld wegnehmen, damit sie nachvollziehen können, wie das ist, wenn man nichts hat und wenn es einem schlecht geht.«

»Erzähl mir von der Straße«, bitte ich.

Sie erzählt. Viele Geschichten. Zum Beispiel die von dem seriösen Familienvater, der Line die Ausziehcouch in seinem Büro als Schlafplatz zur Verfügung stellte. »Da war ich natürlich froh. Aber dann bin ich mitten in der Nacht davon aufgewacht, wie jemand an mir rummacht. Da lag der hinter mir! ›Was ist denn‹, hat er gesagt, ›ich mach doch gar nichts, nur mal 'n bisschen anfassen!‹ Da hab ich aber schreiend die Flucht ergriffen!« Die Bürotür hatte der Daddy zwar abgeschlossen, aber sie war nur aus Glas. »Wie er seiner Frau die eingetretene Tür erklärt hat, weiß ich nicht. Einbrecher, wahrscheinlich.« Sie nimmt den Kopf ihres Hundes in beide Hände, schaut ihm eindringlich in die Augen und sagt, als solle er sich's einprägen: »Das sind so Dinge, die man lernt, auf der Straße: dass du besser niemandem vertraust«. Dann gibt sie ihm einen Kuss auf die Schnauze.

»Und dabei werden es immer mehr, die auf der Straße leben wollen. Wirklich, es gibt einen regelrechten Straßenkindertourismus. Alle wollen nach Berlin. Letztens erst wurd' ich von drei Mädchen angesprochen, wo denn *die Straßenkinder* wären. Die waren irgendwo aus dem Heim abgehauen. Aber das ist kein Spaß! Mag sein, dass es ihnen im Heim schlecht ging, aber die Straße ist echt noch mal was anderes. Gott sei Dank war da grade der Streetworker-Bus, zu dem hab ich sie dann erst mal gebracht.«

Bei Line war es auch ein Streetworker, der ihr geholfen hat.

»Ich wusste nur eins: dass ich nie Berber werden wollte. Berber sind bei uns die Alten, weißt du, die, die es geschafft haben zu überleben und nicht zwischenzeitlich den Substanzen zum Opfer gefallen sind. Oder sonst wie gestorben wurden. Älter als vierzig, fünfzig wirst du nicht auf der Straße. Und mit achtzehn stellt sich die Frage, ob du noch irgendwas erreichen willst oder auf der Straße hängen bleibst.«

Line kam erst in ein betreutes Wohnen. Von dort hat sie sich die Wohnung hier gesucht. Und jetzt ist sie Goldschmiedin.

»Anfangs, als ich hier einzog, hatte ich noch Angst, dass mich die Zeit von damals nicht mehr loslässt. Und dass ich, wenn ich vielleicht mal Familie habe, trotzdem immer wieder daran denken muss und vielleicht nicht klarkomme.«

Was für eine warme, weiche Person, denke ich.

Danke, Projekt, dass du mich solche Menschen kennenlernen lässt. Menschen, bei denen ich im Dunkeln lieber die Straßenseite gewechselt hätte. Menschen, bei denen ich nie im Leben geklingelt hätte, wenn ein Foto von ihnen an der Tür gehangen hätte.

(Wann nur, wann endlich habe ich mein Oberstübchen von diesen Schubladen entrümpelt?!)

Menschen, die mich fragen, wie ich mich finanziere: 1. Menschen, die mich fragen, ob ich gar keine Angst hätte: 62.

Schönster Kommentar auf meinem Blog: von meinem Chef. Er freue sich, wenn wir ab Januar wieder mehr miteinander zu tun hätten. Bis dahin könne ich ihn übrigens auch gerne mal in seinem Viertel besuchen kommen.

APFELKUCHEN

Seit ich produktionstechnisch auf Apfelkuchen umgestiegen bin, empfinde ich nicht nur Tiefes für Sisyphos, ich verstehe jetzt auch, warum sich im Eheratgeber meiner Schwiegermutter, den sie mir schweigend, aber vielsagend, zur Hochzeit vererbt hat, ein Kapitel über »Essen« findet.
Denn Tom LIEBT Apfelkuchen.
Ich könnte Apfelkuchen in eine tomgroße Mäusefalle legen – er würde sich höflich per Handschlag von mir verabschieden, Marie einen Kuss auf die Stirn geben und sehenden Auges hineinspazieren.
Aus …
250 g Mehl
20 g Hefe
30 g Zucker
⅛ l lauwarme Milch
30 g Butter
1 Ei
und 1 Prise Salz
einen Hefeteig zubereiten, ihn zwischendurch ordnungsgemäß gehen lassen und schließlich ein Backblech damit auslegen.
1 kg Äpfel schälen, spalteln und den Hefeteig dachschindelig decken.
350 g Mehl, 200 g Zucker und 200 g Butter verkneten und über die Äpfel streuseln.
Nach Belieben noch 150 g Rosinen heiß waschen und auch über die Äpfel streuseln.
Bei 210° eine halbe Stunde lang backen.
Wegsperren.

So zieht der Sommer ins Land und unweigerlich einen Herbst nach sich, einen Herbst, so prachtvoll, dass mir die Tränen kommen wollen. Ist es zu früh zu sagen, dass dies der beste, aufregendste und lehrreichste Sommer meines Lebens war? Ich möchte niederknien vor diesen Menschen. Und ganz besonders vor Marie. Mein fantastisches Kind, das sich jauchzend von mir unter den Arm klemmen und mit zum Pferdestehlen schleppen lässt. Was hab ich mit ihrem Wesen für ein Glück?

Es wird nur langsam ein bisschen schwierig, mit ihr Hausbesuche zu machen. Nicht weil sie keine Lust dazu hätte, ganz im Gegenteil, ich glaube, sie liebt fremde Wohnungen noch mehr als ich.

»Fremdelt sie gar nicht?«, hat eine erfahrene Mutter gefragt, als ich ihr Marie zum Halten gegeben habe, damit ich uns den Tee aufsetzen konnte, die Mutter hatte nämlich den Fuß im Gips.

»Nein«, hab ich gesagt, »ich glaube, sie überspringt die Phase wegen der Hausbesuche.«

»Das glaub ich nicht«, hat die Mutter gesagt, »wart ab, das kommt schon noch.«

Ich habe gewartet. Aber gekommen ist es nicht.

Marie war die Fremdelphase über viel zu sehr mit Feiern beschäftigt: Yeah! Fremde Menschen! Sie heben mich hoch, duziduen mich an, füttern mich mit hausgemachter Hühnersuppe, fahren Spielzeug auf, ausgedientes, aktuelles, zweckentfremdetes, egal, sie schenken mir Dinge, schmecken nach Kuchen, singen Lieder oder haben sogar Kinder, die noch krasser drauf sind, mich durch die Gegend schleppen oder sich mit mir auf Langflorteppichen in Kuchenkrümeln wälzen – fremde Menschen sind: toll.

(Eine Einstellung, die Marie übrigens bis heute noch nicht abgelegt hat. Und ich hoffe, sie erhält sie sich. Zu einem gewissen Grad, natürlich.)

Nein, was uns – oder, genauer gesagt, *mir* – das Hausbesuchen erschwert, ist, dass Marie jetzt krabbelt. Sich hochzieht. Und Schubladen ausräumt. Auch fremde, da macht sie keinen Unterschied. Sie lässt zwar mit sich reden, was das Ausräumen von Schubladen betrifft – aber nur, wenn sie zum Ausgleich das Altglas sortieren (ist da etwa noch ein Schlückchen in der Bierflasche?) oder den Müll fleddern darf. Wahlweise auch eine Plattensammlung. Und was ist das hier Abgefahrenes, zu dem alle *Katze* sagen?!

Wenn ich ihr nahelege, fremde Haustiere bitte in ihren Körbchen und fremdes Eigentum in seinen Regalen zu lassen, krabbelt sie kurzerhand in ein anderes Zimmer, und ich lerne: je stiller das Kind, desto Alarm. Die Zeiten, in denen der Saum eines anderthalb Quadratmeter großen Babydeckchens das Ende ihrer Welt war, sind eindeutig vorbei.

Worauf ich natürlich sagenhaft stolz bin.

Was aber zu Auseinandersetzungen mit Tom führt.

Die Elternzeit sei dazu da, dass ich mich um meine Tochter kümmern könne, nicht um meine Selbstverwirklichung, ich solle also nicht ständig ihn für die Kinderaufsicht belangen wollen, nur weil ich mir zusätzlich einen Fulltime-Job aufhalsen muss, ohne Geld, er für seinen Teil müsse nämlich *wirklich* arbeiten. Geld verdienen.

»Aha! Arbeit zählt also nicht als Arbeit, wenn es kein Geld dafür gibt? Und ein Baby ist natürlich auch keine Arbeit, sondern pures Mutterglück, deswegen braucht *Mutti* auch kein Päuschen zwischendurch?«

»Du bist doch selber schuld! Niemand zwingt dich zu deinem Hausbesuchszeug.«

Er reißt schwungvoll die Kühlschranktür auf und meckert, weil ihm meine im Tetrisprinzip angeordneten Butterpakete und Eiergebinde die Sicht auf seine Kaffeemilch versperren.

»Milch ist leider aus«, sage ich, extra fröhlich, weil ihn gute Laune vor dem ersten Kaffee fertigmacht – und gieße mit arabischer Tee-eingieß-Eleganz das letzte Achtel weißen Flüssiggolds in meinen Kuchenteig, »aber du kannst gleich noch geriebene Mandeln und drei Tafeln Blockschokolade mitbringen!«

»Ich bring dir überhaupt nichts mit! Hausbesuche! Und das alles ohne Geld!«

Oh, ich hasse es, wenn wir beim Geld anlangen. Ja, wir sind gerade ein bisschen klamm. Ja, mit Geld wäre es natürlich ein Leichtes, sich einen Babysitter zuzulegen.

Mist. Jetzt hat er auch noch die neuen Polaroidpackungen auf der Waschmaschine gesichtet, die ich noch nicht in mein tomsicheres Polaroidfilmversteck geschleppt habe.

»Und was ist das hier? Acht Filme für zweiundzwanzig Euro – sag mal, weißt du, wie viel das macht mal zweihundert!?«

»Danke, aber ich kann rechnen.«

»Erzähl mir du noch mal, dass du kein Geld hast! Weißt du, wie viel du davon wiedersehen wirst? Nichts. Null. Nada. Niente.«

»Tom«, sage ich, ruhig und bedacht, und meine jedes Wort, wie ich es sage, »ich bekomme so viel, was mir kein Geld jemals kaufen kann.«

Wie auf's Stichwort klingelt es an der Tür.

Ich reiße sie auf.

Draußen steht der Paketbote, der nette, Traum der weiblichen Straßenpopulation, bass erstaunt: »Frau Quitterer? Das ist das erste Mal, dass ich Sie an der Tür hab!«

»Ja, ich wundere mich auch gerade. Sagen Sie, wie heißen Sie eigentlich? Sie schleppen mir hier immer die schweren Pakete hoch, und ich weiß nicht mal Ihren Namen.«

»Wollen wir nicht »Du« sagen? Ich bin Mustafa.«

»Freut mich sehr, ich bin Stephanie.«

»Ich weiß.« Er überreicht mir ein dickes Paket, der Absender sagt mir nichts.

Ich hieve das Paket in die Küche und öffne es unter Toms kritischem Blick. Darin sind: Backzutaten. Gemahlene Mandeln. Kuvertüre. Kokosflocken. Nougat. Marzipan. Rosinen. Zitronat. Orangeat. Geriebene Haselnüsse. Schokolade.

Dabei liegt eine Karte, auf der mein aktuelles Wochenhoroskop, ein paar Engel und sehr eckig ausgeschnittene Rosen mit viel Glitzer kleben: »*Liebe Frau Quitterer, herzlichen Dank, dass Sie mich auf Ihre Hausbesuche mitnehmen.*«

(Es war, wie sich nach einem späteren Anruf herausstellt, eine ältere Patientin meines Papas, die nur noch mittels Internet ihr Bett verlassen kann und ihren BuFDi genötigt hat, mir Zutaten zu besorgen, einzupacken und zur Post zu wuchten.)

Da stehe ich nun, donnergerührt.

Wie können fremde Menschen nur manchmal so unglaublich toll sein – und mein Mann gleichzeitig so ein Stinkstiefel.

Wenigstens bin ich heute ausdrücklich *mit* Baby eingeladen, eineinhalb Tramstunden weiter ostwärts. (Wie viele Menschen mich zu sich einladen, weil sie meinen Blog gelesen oder sonst wie von meinem Projekt gehört haben! Ich muss sie mir schon direkt einteilen, die außerstraßigen Ausflüge, um meiner »Hood« nicht allzu untreu zu werden – wozu ich aber, zugegeben, verleitet bin, angesichts der überbordenden Brunches und selbst gebackenen Köstlichkeiten, die für mich aufgetischt werden.)

Zum Glück war die *Mit Baby*-Einladung kein bloßes Lippenbekenntnis: Der gutmütige Carsten verzieht tatsächlich keine Miene, als Marie erst all seine Fernsehzeitungen fetzt, dann seine Aida-Schnitte im Wasserglas versenkt, den arglosen Terrier zum Teufel jagt und schließlich die Spitzendeckchen samt internationaler Schneekugelsammlung vom Sideboard und ins Verderben reißt. Auch als sich beim Abschied herausstellt, dass sie klammheimlich den sehr alten Gummibaum in mühsamer Handarbeit vollständig entlaubt hat, bleibt er noch freundlich.

Ich aber bin schweißgebadet.

Und am Abend dann etwas gereizt.

Gut, es mag anstrengend sein, erst Vater zu werden und dann auch noch plötzlich mit einer Wette zusammenzuleben. Ich sehe aber trotzdem nicht ein, warum ich ausbaden soll, dass dem Gesetzgeber offenbar in Unkenntnis manch männlicher Einstellungen entgangen ist, so etwas wie Arbeitsschutz auch für Mütter in Elternzeit einzuführen. Vor allem für Mütter, deren Mann *Musiker* ist. Denn ein Musiker kennt kein Wochenende. Keinen Sonntag. Und auch keinen Feierabend, an dem man sich um ein Kind kümmern könnte. Was nicht nur bedeutet, dass er, der Musiker, keine Rücksicht auf ein Familienleben oder gar mein ganz persönliches Entlastungsbedürfnis nehmen kann, leider, sondern auch, dass man zusätzlich noch ganz besonders viel Rücksicht auf *ihn* nehmen muss.

Denn wenn Tom, der gerade das Banjo für sich als Fünft-Instrument entdeckt hat, ausnahmsweise mal kein Dängeldängeldingdängeldängeldoing übt, nimmt er mit einem Freund zusammen ein Hörspiel für Kinder auf. Seit zwei Wochen. Von früh bis spät. In unserem Wohnzimmer. Großer Spaß. Ich sitze in der Küche, während nebenan zwei erwachsene Männer mit verstellten Stimmen sprechen, singen, rülpsen, auf allen möglichen zweckentfremdeten Küchengeräten herumschlagen (schepper, däng!), sich zwischendurch grölend kaputtlachen und sich die Wänste mit meinem Kuchen vollschlagen, da steht ja immer einer, wie praktisch!

Nein, es ist super. Wirklich. Ich mag volle Hütten und auch die CD ist toll, das Buch großartig geschrieben und überhaupt: für Kinder!

Aber wenn man »Kotzgurke, Hühnerkacke, dreifach dumme Sabberbacke« über Stunden hinweg in Endlosschleife mit anhören muss, weil ein Räuberbandenchor nun mal aus mindestens 20 Räubern besteht und jede Stimme davon separat aufgenommen werden muss, dann kann es auch einem grundtoleranten, den Künsten eher zugeneigten Wesen wie mir zu viel werden. Vor allem, da der musengeküsste Musiker an sich ja auch keine Abendstunde kennt. Wenn er mal drin ist, dann ist er drin. Dann arbeitet und singt und fidelt er, dass es ihm eine Freude ist. Ihm. Nicht mir. Es ist also unausweichlich, dass ich, die ich friedlich in der Küche zu schreiben versuche, vom heutigen Disput ermuntert, schließlich höflich gegen die Durchreichtür klopfe.

Hinterher zwar wird Tom behaupten, ich hätte »wie eine Irre« gegen die Läden gehämmert und hysterisch nur immer wieder »Ruhe, Ruhe, Ruhe!« geschrien, ich aber bin der Meinung – *falls* dem denn wirklich so gewesen sein sollte –, in Anbetracht der Vorgeschichte trotzdem noch immer von »höflich« sprechen zu können.

Jedenfalls stürzt Falk, der Musikerfreund, keine zwei Minuten später hastig und auffallend grußlos an mir vorbei und hinaus aus der Wohnung. Tom kommt knirschend in die Küche. »Das *wäre* der beste Take geworden.«

»Es tut mir leid«, sag ich, und es tut mir wirklich leid, jetzt, wo ich mich schon an der Durchreiche abreagiert habe, für eine Regieassistentin wie mich ist das mutwillige Stören einer Probe oder gar Aufnahme absoluter Frevel, »aber es ist ... Mitternacht. Könntet ihr nicht ein bisschen ... ich weiß auch nicht ... Rücksicht nehmen?«

»Aber Marie schläft doch!«

Seufz.

Es ist wieder einmal das Gleiche: Ich versuche, seinen Standpunkt zu sehen, er versucht nicht, meinen zu sehen – und also streiten wir.

»Jaja«, sagt er irgendwann und winkt entnervt ab, »das wird alles besser werden, wenn du nur endlich erst wieder im Theater bist.«

Dolchstich.

Zum Glück lässt sich mit Okka babyspazierend ganz hervorragend über Frischväter, Emanzipation und andere gesellschaftliche Großbaustellen reden. Aber auch über eigene Projekte, das Babyglück und die Sehnsucht nach Nur-eine-Nacht-mal-wieder-Durchschlafen.

Ja, ich bin ein bisschen müde, in letzter Zeit. Und natürlich hat Tom recht: Ich wäre weniger müde, wenn ich mich ausschließlich auf Maries Fieberzähne konzentrieren würde.

Aber dann wäre ich auch weniger glücklich. (Falls sich Glück überhaupt auf einer linearen Skala messen lässt. Bei meinem Glück müsste man eher das Farbspektrum bestimmen, denn es setzt sich aus sehr unterschiedlich beschaffenen Glücken zusammen.)

Warum begreift er das nur nicht? Warum sieht dieser mir nächste Mensch nicht, was mir meine Hausbesuche bedeuten? Und was sie mit mir gemacht haben?

Menschen, die die Gretchenfrage stellen (Ob ich dieses Projekt nur mache, um mich mit meiner Herkunft auseinanderzusetzen): 2.
Menschen, die mich beim Hausbesuch in die Zwickmühle nahmen: 2.
Davon zu Recht: 1.
Hausbesuche, die so besonders waren, dass ich heute noch täglich an sie denke: 2.

MEHR APFELKUCHEN

Hypothese 1: Irgendwann kann Tom keinen Apfelkuchen mehr sehen.
Hypothese 2: Es gibt eine Apfelkuchenzubereitungsart, die Tom nicht *mag.*
Hypothese 3: Es gibt eine Apfelkuchenzubereitungsart, die Tom nicht ganz so sehr *mag.*

750 g säuerliche Äpfel schälen und spalteln, zusammen mit 75 g Zucker, Schale einer Zitrone, 5 EL Zitronensaft und 1 Zimtstange in 300 ml Wasser kurz aufkochen, vom Herd nehmen und im Sieb abtropfen lassen.
300 g weiche Butter, 225 g Zucker, geriebene Zitronenschale und 6 Eier mal wieder richtig schaumig rühren, 300 g Mehl mit 1 bis 2 TL Backpulver mischen und kurz unterrühren. Äpfel in den Teig geben, alles in eine gebutterte und mit Semmelbröseln ausgestreute Kranzform füllen und bei 175° 40 bis 50 Minuten lang backen.

Jetzt ist es passiert. Jetzt bin ich doch einmal an den Falschen geraten. Denke ich, als der Mann mit den wilden Haaren die Wohnungstür hinter mir zu- und mich damit *ein*schließt.

Er zieht den Schlüssel ab. Und steckt ihn in seine Hosentasche.

Ich müsste ihn bitten, die Tür wieder aufzuschließen. Jetzt. Aber ich kann nicht. Ich bin Klaustrophobiker, so extrem, dass sich meine Reaktionsfähigkeit bereits in einer Gummizelle befindet.

Ich bekomme ein merkwürdiges Unterwassergefühl. Nehme von außen wahr, wie ich automatisch, sehr artig und vor allem sehr *schaf*artig dem Mann hinterhergehe. Das erschreckt mich.

Der Mann wirkt wirr wie sein Haar. Haken schlagend erklärt er nuschelnd, warum sein Wasserkocher nicht funktioniert und überdies auch der Boiler und die Heizung nicht, und verschwindet. Ich stehe starr und allein in einem Zimmer, dessen Fenster hermetisch mit Rollläden verschlossen sind. Warum liegt ausgerechnet heute mein Handy nicht in meinem Kaffeekorb, sondern zu Hause auf dem Küchentisch? Tom, denke ich und könnte heulen, Tom, Marie.

Es ist kühlschrankkalt. Auf dem blanken Estrich liegen abgewetzte Perserteppiche in mehreren Lagen übereinander, aber sie können die aus dem Keller kriechende Kälte nicht abhalten. Deswegen trägt der Mann Schal und Mantel und Handschuhe. Er war nicht auf dem Weg nach draußen. Etwas rumpelt. Unter Gemurmel wird eine Türe aufgesperrt.

Der Mann kommt zurück. Mit einem Messer. Und mit … mit Sprühsahne?

»Ich *muss* ihn einfach mit Sahne essen!«

Ihn, den Kuchen. Nicht mich.

Armer Mann, ich tu ihm so unrecht. Ich weiß, dass ich ihm unrecht tue. Aber … tu ich ihm *wirklich* unrecht?

Er ist so fröhlich und beschwingt und redefreudig, er ahnt sicher nicht im Traum, dass ich ihn, als er sich genießerisch seine Sprühsahne auf meinen Kuchen spritzt, verstohlen auf geeignete Körperzuschlagstellen hin begutachte – nur für den Fall.

Er ahnt auch nicht, dass es *nicht* die schiere Bewunderung ist, die mich ihn keine Sekunde aus den Augen lassen lässt.

Und ganz sicher ahnt er nicht, dass ich nur allein deswegen keinen Schluck von meinem liebevoll über dem Campingkocher gebrauten Tee hinunterbekomme, weil er, als er ihn mir überreicht, darin *umrührt*. Ist es wirklich nur die Gewohnheit eines Mit-Honig-Trinkers – oder hat er mir etwas hineingerührt? Ich halte diese bescheuerte Tasse ungefähr eine Stunde lang in der kalt schwitzenden Hand und warte vergeblich auf den einen unbeobachteten Moment, in dem ich ihren Inhalt in meinen Kaffeekorb kippen könnte.

Ja, meine Alarmanlage dreht etwas durch im Wüstensand meiner nervlichen Sahara. Dabei ist dieser Mann so witzig, skurril und abgefahren, ich könnte, glaube ich, viel Spaß haben in den drei Stunden, in denen er mir von seinem sehr abenteuerlichen Leben erzählt.

Wäre da nur nicht diese abgeschlossene Tür.

Als ich mich nach drei Stunden innerer Vorbereitung endlich in der Lage sehe, meinen Aufbruchswunsch unverfänglich anzubringen, sperrt mir der Mann völlig selbstverständlich die Türe auf und umarmt mich zum Abschied.

»Mensch«, sagt er, »früher war das viel üblicher, mal zu schwofen, wie der Berliner sagt, sich im Hinterhof zu treffen, der eine brachte Kartoffelsalat, der andere Buletten, der nächste Spreewaldgurken, und dann saß man zusammen und schwofte. Heutzutage kommt keiner mehr mal eben so vorbei wie du.«

Ich flitze nach Hause wie ein Hase.

Zu Hause umarme ich Tom. So lange und so fest, dass er schließlich leise fragt: »Was ist dir denn passiert?«

»Nichts«, sage ich, noch immer ihn umarmend, »das ist es ja gerade.«

Ja, es ist eine Mutprobe, zu fremden Leuten zu gehen. Das sagen viele, immer wieder: »Boah, ganz schön mutig.« Oder: »Das würde ich mich nie trauen.« Ja, sicherlich braucht man für fremde Menschen Mut.

Aber, um die Wahrheit zu sagen: Die größere Mutprobe bestehen für mich diejenigen, die mich zu sich hineinlassen. Ich wüsste nicht, ob ich mich hineingelassen hätte, wenn ich bei mir vor der

Tür gestanden wäre. Ich weiß es auch jetzt noch nicht, obwohl ich seit hundert Tagen das umgekehrte Experiment durchführe und mir beweise, wie harmlos ich bin. Hätte ich so viel Mut gehabt, einen Fremden zu mir hereinzulassen? Noch nicht einmal, um ihn zu verstecken. Nur, um mit ihm Kaffee zu trinken?

Und was, wenn heute, indem ich dies schreibe, jemand vor meiner Tür stünde mit einem schiefen Kuchen in der einen und einem merkwürdigen Korb voll Zeug in der anderen Hand? Würde ich ihn hereinlassen?

Ich glaube … ich meine … ich denke … – ich weiß es noch immer nicht. (Was gelogen ist.)

Beschämend, ich weiß. (Das wenigstens kann ich offiziell wissen.)

Vor allem, da mich jetzt neunzig (!) Menschen zu sich hineingelassen haben, ohne dabei auch nur ins Hyperventilieren zu geraten. Nur ein einziger Mensch hat gefragt, ob der Kuchen vergiftet sei – und sicherheitshalber doch noch schnell meinen Blog gegoogelt, bevor er sich ein Stück genehmigt hat.

Woher kommt meine Angst vor den Menschen?

Erstaunlicherweise war ich kurz nach meinem Einschlusserlebnis am Alexanderplatz. Nein, das ist noch nicht das Erstaunliche an sich, es passiert schon mal, dass ich mich für Besorgungen oder zum Umsteigen am Alexanderplatz bewege. Aber normalerweise bewege ich mich *um* den Alexanderplatz herum. Weil ich nicht durch Menschenmengen gehen kann. Fußgängerzonen mit ihrem Gewimmel kreuz und quer gehender, völlig unberechenbarer Menschen machen mich panisch, ich werde zum Zitteraal, wenn ich nur daran denke.

Aber dieses Mal ging ich *auf* den Platz.

Einmal quer rüber. Mitten durch die Leute. Es war machbar. Ich glaube, den ein oder anderen Menschen lächelte ich sogar an.

Ich weiß nicht, ob es mir wegen der inneren Höllenachterbahnfahrt beim Sprühsahnemann möglich war. Oder wegen der unermüdlichen Teamarbeit neunundachtzig beherzter anderer. Ich weiß nur, dass dieses Ja-Gefühl immer stärker wird. Hoffentlich ist es ein Gefühl von Dauer.

NOCH MEHR APFELKUCHEN

Ja, was soll ich denn sonst mit den 30 Kilo Gartenäpfeln machen, die mir meine Mama extra und projektgebunden aus dem niederbayerischen Streuobstgarten nach Berlin gekarrt hat? Von den 30 Kilo Gartenäpfeln, die mir meine Schwiegermutter extra und projektgebunden aus dem Bremischen nach Berlin karren ließ, noch gar nicht zu reden.

200 g Mehl mit einem Eigelb, 1 Prise Salz, 1 bis 2 EL Zucker, 100 g kalter Butter und 2 EL Wasser zu einem geschmeidigen Mürbteig kneten. Mindestens eine Stunde ruhen lassen.

In der Zwischenzeit 1,2 kg Äpfel schälen, entkernen und dickspalteln. (Säuerliche Äpfel sind zu bevorzugen. Sonst weniger Zucker nehmen.)
Äpfel in eine feuerfeste Form geben, mit 100 g Butterflöckchen und 175 g Zucker gleichmäßig bedecken.
Bei mittlerer Hitze die Äpfel für ca. fünf Minuten auf dem Herd anbraten.
Den Teig so ausrollen, dass er den Durchmesser der feuerfesten Form hat, die Äpfel mit dem Teig komplett zudecken – und ab damit für ca. 20 Minuten in den 180° heißen Ofen!
Anschließend stürzen.

Aber Achtung: Diese Tarte ist auch ohne einen Tom im Hause schon nicht besonders ergiebig. Besser eine zweite in Reserve haben!
(Ich kann Tom verstehen. Sie ist wirklich unendlich gut. Am allerbesten schmeckt sie noch warm. Werde die nächste Fuhre noch

ungebacken zum Hausbesuch schleppen und bitten, sie schnell in den Ofen schieben zu dürfen, bis der Kaffee durchgelaufen ist.)

Und dann liege ich krank im Bett. Was kein Problem wäre, es hat sich schon so genügend Wettverzug angesammelt, als dass ein Tag mehr oder weniger mich aus meiner inneren Balance reißen könnte (alles im Griff). Aber ausgerechnet heute ist ein Fotograf in der Anreise begriffen, extra aus der Schweiz, um für ein Magazin ein paar hochglänzende Fotos von hausbesuchten Menschen und mir zu machen. Wir werden Schwarz besuchen. Martina, die vielleicht letzte noch lebende Paradiesvogelin dieser Straße. Christoph, der seit Afghanistan an posttraumatischer Belastungsstörung leidet. Frau M., die mir extra das Silberbesteck aus der Samtschatulle aufgedeckt hat. Und Ivan. Und Astrid. Alle mit Kaffee. Und Kuchen. Stilecht.

Allein von Stil keine Spur, wenn Seekuh-im-Herbarium die einzig passende Bezeichnung für ein Körpergefühl ist: Ich liege platt und geplättet. Platt und geplättet ist aber leider auch der Kuchen, dem gestern Abend zu allem Überfluss ein spontaner Musikerbesuch mal wieder zur Historie verholfen hat. Dabei brauche ich doch ausgerechnet heute repräsentatives und vor allem ausreichend Backwerk! Aus der Napfform, nicht vom Bäcker-Flachblech! Ich weiß, ich muss, ich sollte backen und das schleunigst – allein: Die Schwerkraft triumphiert (mir doch alles egal).

Tom, der auch an normalen Tagen vor mir aufsteht, während ich um jede Sekunde Liegenbleiben feilsche, tigert vorm Bett herum und weiß nicht recht, wie er meinen Zustand einschätzen soll.

Wirklich kritisch, wirklich krank? Oder nur, wie gewöhnlich, bleigegossen von der Nachtschreiberei? Schließlich kam ich auch gestern wieder erst gegen drei mit kreislaufkalten Füßen ins Bett gekrochen. Tom weiß so gut wie ich, dass der Fotograf im Flieger sitzt und bald schon vor unserer Tür stehen wird.

Tom schaut auf die Uhr.

Geht.

Kommt wieder.

Kratzt sich im Nacken.

Und dann schreitet er zur Tat.

Er, der in seinem ganzen Leben noch nie auch nur ein Rezept in Händen gehalten, geschweige denn umgesetzt hat, er, der einen persönlichen Hass gegen die Tonlage von Handrührgeräten hegt und sich bei aus der Küche ziehendem Kuchenduft über seinen Flügel wirft, um ihn vor haftenden Gerüchen und thermidorischer Verunreinigung zu schützen, er, der meine Hausbesuche kategorisch ablehnt – backt. Blind, sozusagen. Marmorkuchen, weil ich den auswendig kann, auch als Seekuh. Alle zwei Minuten kommt er treu ans Bett und erfragt das weitere Vorgehen. »Die Eier sind einzeln verrührt, was kommt jetzt?«

Ich, die ich ungläubig bin, mag das Wunder in der Küche nebenan nicht stören – und bleibe andächtig länger liegen, als es für meine Fotogenität empfehlenswert gewesen wäre. Zwei Minuten nachdem mich die Vernunft (ganz sicher nicht mein Bauchgefühl) schließlich doch aus dem Bett kraxeln lässt, stürzt – oh erhabener Moment – Tom den ersten Kuchen seines Lebens. Im Alter von 46 Jahren. Ja, das ist ein Marmorkuchen.

»Hab noch 'n paar Kirschen mit reingemacht«, sagt er lässig und klingt, als er die Backhandschuhe zurück an den Haken hängt, tatsächlich ein bisschen zufrieden, »du solltest echt öfter mit Kirschen backen.«

Am nächsten Tag gehe ich nicht klingeln. Obwohl ich genesen bin. Ich bleibe zu Hause und gröle, während Tom mich am Flügel in Gassenhauermanier begleitet, alle Kinderlieder unserer Kinderliederbücher rauf und runter und auch, sehr häufig und sehr schief,

Probier's mal mit Gemütlichkeit. Mit pantomimischer Untermalung. Wegen Marie natürlich, nur wegen Marie.

Marie ist, glaube ich, ein sehr weises Kind.

Sie lässt uns machen.

Später dann hockt sie zwischen uns und teilt Toms Plektrensammlung aus. Mal drückt sie ihm eins in die Hand. Mal mir. Jedes Mal sagt sie: »Da!«

Jedes Mal sagen wir: »Danke.«

Und grinsen dümmlich. Uns an und vor uns hin.

Was juckt mich eine Wette?

BLITZKUCHEN

Ich brauche etwas, das schnell geht. Schließlich ziehe ich gerade zweimal am Tag los, um meinen Wettrückstand ein bisschen wettzumachen. Fertig-Blätterteig, etwa mit Früchten drauf, kommt ja leider nicht infrage. Nein. Kommt er nicht.

Tatjana hat mich eingeladen – und bei Kirschwaffeln erzählt sie mir plötzlich lachend, dass sie mit meiner Schweineohrbegegnung befreundet ist!

»Sie war so geschockt von dir! Sie hat nur immer ›Schweineohren, Schweineohren‹ verstanden und vor lauter Panik ihren Freund angerufen, dass er sofort nach Hause kommen soll, weil vor der Tür eine Irre steht und nicht mehr weggeht! Dann hat sie sich im Schlafzimmer versteckt!«

Klingt, als wären sie und ich uns ähnlich in Sachen Türaufmachen.

»Ich soll dir aber ausrichten, dass du jetzt gerne noch mal bei ihr klingeln darfst!«

Oh Gott. Ich werde mich hüten! Wer wird schon gern an seinen ersten Arbeitstag erinnert?

Und mit Blätterteig will ich nie wieder etwas zu tun haben!

Aber ich habe eine Schnellkuchenalternative gefunden:

100 g weiche Butter mit 150 g Zucker und 1 TL Vanillezucker schaumig rühren.

So viel Zeit, 2 Eier einzeln unterzurühren, muss sein.

Dann 3 EL Kakaopulver einrühren.

125 g Mehl mit 1 TL Backpulver mischen, zügig unter den Teig rühren, anschließend noch 50 g gehackte Haselnüsse.

In eine hohe Tarteform (oder einfach in eine Springform) geben, ab in den 175° heißen Ofen für 25 Minuten.

Nur ganz schnell, zwischendurch: Ich befinde mich unmittelbar vor dem Gipfelkreuz, noch eine Biegung und es gibt ein Bergfest! Wenn ich das nächste Mal aus dem Haus gehe, treffe ich den einhundertsten Kaffeebesuch. Den einhundertsten!

Ich bin zwar nicht mehr ganz im Zeitplan, ja, wenn ich mich trauen würde, nachzurechnen, würde ich sogar auf einen ziemlich blass bis hintüberkippend machenden Wettrückstand kommen – aber deswegen rechne ich einfach nicht mehr nach. Schließlich ist diese wettliche Disziplinlosigkeit nicht meine Schuld! Der Herbst war so schön! Die Blätter so bunt! Und dann rufen, bevor man losgehen will, die neuen Freunde an und haben einen ganz anderen, sehr überzeugenden Programmvorschlag für mich und Marie und den Tag. Und dann mussten Tom und ich auch noch unseren neuen guten Willen bekräftigen und mit dem Hörspielgeld ein Wochenende ins Watt fahren, unseren ersten Hochzeitstag feiern, das versteht man doch, jeder, der einen Sinn für Romantik hat, versteht das. Zu allem Überfluss hielt ich es dann, pflichtbewusst, wie ich nun mal bin, auch noch für einen guten Vorschlag von meinem Chef, zum »Schon-mal-wieder-bisschen-Reinkommen« – und weil außerdem und hauptsächlich kein anderer Regieassistent konnte – vier Tage mit meiner Lieblingsproduktion auf Gastspiel zu fahren. *Mutti macht Urlaub*! Oh, es war wirklich schön, alle wiederzusehen. Aber auch sehr seltsam, so nahtlos plötzlich wieder »drin« zu sein. Drin in der Blase. In der gewohnten Kommunikation. Auf den Schienen. Es flutscht auf den Schienen, keine Frage, ich mag sie, meine Schienen. Aber mit dem ICE hält man eben nur selten an, um einen Blick ins Umland zu wagen. Wie viele meiner Kollegen *kenne* ich eigentlich? Wann habe ich aufgehört, sie *entdecken* zu wollen? Seit wann nehme ich sie nur so selbstverständlich?

Notiz: Nie aufhören zu fragen. Nie aufhören zu graben. Nie aufhören zu polieren. Zum Dauertrüffelschwein werden, auch bei Stress.

Und jetzt gehe ich ein Vogelhäuschen kaufen, ein kleines aus Holz, als Geschenk für meinen hundertsten Hausbesuch. Auf dass noch viel Besuch ins Haus flattern möge. (Ja, ich kann metaphorisch.)

I proudly present: die neuesten, verifizierten Untersuchungsergebnisse nach 100 gesammelten Hausbesuchen!

Bisher habe ich 1193mal auf Klingeln gedrückt (hab mir extra so einen Drückzähler gekauft). 44 Klingeln in unserer Straße sind defekt, oder die Wohnungen zu den Klingeln stehen leer.
An Gegensprechanlagen gesprochen habe ich mit 103, an Wohnungstüren mit 169 Personen. Von diesen insgesamt 272 menschlichen Kontakten waren 21 beim Öffnen nur spärlich bekleidet und 100 so freundlich, mich reinzulassen. 71 baten mich, an einem anderen Tag noch mal vorbeizukommen, 5 schlossen lachend die Tür. Von den 100, die mich reinließen, waren 42 Wessis (darunter 2 Schwaben und 1 Badenser), 46 Ossis, 12 Ausländer.
Ich klingle mich stets von unten nach oben: 9 wohnten im Erdgeschoss (was die These, dass mich Erdgeschosslebende nie reinlassen, widerlegt, trotzdem sind sie verhältnismäßig unterrepräsentiert), 18 im 1. OG, 24 im 2. OG, 18 im 3. OG, 18 im 4. OG, 11 im Dachgeschoss (plus 2 Hochhäuser).

Und ich klingle mich stets von vorn nach hinten: Die Vorderhäusler haben mittlerweile stark aufgeholt, trotzdem lassen mich mit 29, die im Vorderhaus, 32, die im Seitenflügel, und 37, die im Hinterhaus wohnen, immer noch Hinterhäusler häufiger hinein (plus die 2 Hochhäuser).
Von den Hausbesuchten verlangten 26 nach einem Pseudonym, ernährten sich 16 nach einer besonderen Diät, schenkten mir 9 ein Buch, litten 12 an einem Verlegenheitstick wie Haare-hinter-die-Ohren-Streichen oder Sich-mit-der-rechten-Hand-ans-linke-Ohr-Fassen.
In 34 Haushalten wird ein Instrument gespielt.
Geträumt habe ich bisher von 4 Begegnungen.
Von den 163 Kuchen, die bislang gegessen wurden, waren …
… selbst gebacken: 150.
… von anderen gebacken: 10.
… angebrannt oder sonst wie missraten: 39 (da besteht Hoffnung!)
… gekauft: 3.
Häufigster Kuchen: Marmorkuchen (32).
Dicht gefolgt von Käsekuchen (30) und Apfelkuchen (29).
Was ich nicht genauer ausrechnen will: meine Gewichtszunahme in Kilo.

NUSSTORTE

250 g Butter, 200 g Zucker, 1 Prise Salz, 1 Ei und 450 g Mehl zu einem Mürbteig kneten. Zugedeckt 2 Stunden im Kühlschrank parken.
Dann $^{2}/_{3}$ des Teiges dünn ausrollen und eine Springform so damit belegen, dass der Rand noch großzügig übersteht.
30 g Butter in einem Topf zerlassen, 250 g Zucker dazugeben und unter Rühren hellbraun karamellisieren lassen. 350 g Walnüsse grob hacken und zusammen mit 375 g Sahne zum Karamell geben, einmal kurz aufkochen und dann abkühlen lassen.
Restlichen Teig zu einer springformgroßen Platte ausrollen. Nusskaramellfüllung auf den Tortenboden streichen, die Teigplatte darauf legen. Teigplattenrand mit 1 Eigelb bestreichen, den überstehenden Teigbodenrand über den Teigplattenrand klappen und festdrücken.
Oberfläche mit restlichem Eigelb bestreichen und mit der Gabel mehrmals einstechen. Bei 200° für ca. 35 Minuten backen lassen.
Hätte mir auch schon mal früher einfallen können, dass Tom gegen Nüsse allergisch ist.

»Du kannst jetzt nicht mehr klingeln gehen!«, ruft Tom entsetzt, als ich am frühen Abend meinen Korb packe, »ich muss in ’ner halben Stunde los!«

Tom hat heute »Session«: fröhliches Musizieren mit Freunden in

Halböffentlichkeit, respektive illegalem Jazz-Club, andernorts sagt man auch einfach »Männerabend«.

»Halbe Stunde?« Ich fülle weiter frische Milch um und komme nicht mal ins Verschüttzittern dabei, »kein Problem!« (Man notiere meine klinglerische Zuversicht!)

»Und wie, bitteschön«, hebt Tom in Männerabend-fällt-ins-Wasser-Panik an, »willst du in nur einer halben Stunde ...«

Ich aber deute nur lässig mit dem Daumen nach nebenan.

»Du willst zu ...«, er verstummt ehrfürchtig ob meiner Genialität.

Nebenan haust Mike, ein fröhlicher Teenager, der stilecht nie ohne Skateboard und Kifferwolke aus dem Hause geht. Weil zu jeder Tages- und Nachtzeit fremde Menschen an Mikes Wohnungstür auftauchen, einen bestimmten Code an die Türe klopfen und nach zwei gewisperten Minuten an der nur spaltbreit geöffneten Tür wieder verschwinden wie der Sommer im Herbst, haben Tom und ich einen eindeutigen Verdacht, das Betäubungsmittelgesetz betreffend.

Trotzdem haben wir Mike in der kurzen Zeit, in der er jetzt neben uns wohnt, kompromisslos ins Herz geschlossen. Tom in Reminiszenz an seine eigenen Jugendsünden – ich, weil Mike jedes Mal, wenn er mich mit Baby und Einkaufstaschen beladen auf der Straße antrifft, darauf besteht, mir die Taschen nach Hause zu tragen. Selbst wenn er gerade mit seiner Clique auf dem Weg zum Kicken im Park ist. Wortlos lässt er dann die Clique stehen und auf sich warten. Manchmal bestellt er sogar einen seiner Kumpane zum Taschentragen ab, der dann schleppend hinter uns herdackeln muss, während wir uns vornweg unterhalten. Fühle mich jedes Mal wie irgendwas zwischen Mamma Corleone und Lollobrigida, sehr italienisch jedenfalls.

Tom grinst. »Na da bin ich gespannt, wie's bei dem aussieht. Aber, hey – wirklich nur 'ne halbe Stunde!«

»Jajaja«, murmle ich, »im Übrigen würde es helfen, wenn du

nicht immer so viel Kuchen futtern würdest, dann müsste ich nicht vorm Losgehen jedes Mal einen neuen backen. Würde meine Losgehzeit deutlich nach vorn verschieben, du verstehst?«

»Wieso?«, Tom fingert an dem bedenklich angefressenen, von hinten »unauffällig« ausgehöhlten Restachtel eines Apfelkuchens herum, »der geht doch noch!«

Es ist hoffnungslos. Ich glaube, Tom kann wirklich nichts dafür, er scheint apfelkuchen*manisch* zu sein. Mir meine frisch gebackene, sehr ansehnliche und vor allem absolut tomabweisende Nusstorte unter den Arm klemm.

Mikes Wohnungstür ist überwuchert mit Aufklebern à la »Fuck the Pussy«. Oh Boy. Ich klingle.

Man schleicht an den Spion heran. Man guckt. Man guckt lange. Man macht nicht auf. Man ist ratlos. Es trippelt und trappelt. Noch jemand kommt. Man raunt. Da der Rauner aber offenbar auch beim Raunen noch immer ungläubig in den Spion starrt, muss ich es trotz geschlossener Tür deutlich raunen hören: »Hey, da draußen steht so 'ne alte Frau …«

»Alte Frau«!? Da geht mir aber spontan die Hutschnur hoch! Nichts mehr von wegen hallo und Rotkäppchen und nett und fidirallalla! Fast hätte ich gegen die Tür getreten. *Alte Frau*! Ich bin frische Ende zwanzig und krieg allenfalls ein bisschen wenig Schlaf zurzeit! Aber das geht alles wieder weg! »Was glaubst du, wie deine Mutter ausgesehen hat, als sie *dich* stillen musste, nachts, alle zwei Stunden, als du noch in die Windeln gekackt hast!«, keife ich in den Spion und kann es mir dann doch nicht verkneifen, erbost mit der Hand gegen die Tür zu schlagen.

Seltsamerweise macht man mir daraufhin auf.

Zwei Jungs, vielleicht 15 (ich wünschte, ich könnte mich rächen und »vielleicht zehn« schreiben. Aber das wird ihnen kaum etwas ausmachen. Für den unwahrscheinlichen Fall, dass sie das hier jemals lesen werden: Sie sind in Wahrheit 17), schauen mich wie Siebenschläfer aus ihrer dunklen Höhle an. Rötliche Augen und ein gewisser … Duft. Ich kombiniere beides und variiere zum ersten Mal meinen Spruch, nehm eine gewaltige Abkürzung, spare jede Andeutung von Feindbildern, Vorurteilen oder Gentrifizierung und steige gleich mit der Wette ein. »Ich hab 'ne Wette laufen, lasst mich rein, dafür gibt's Kuchen.«

Man berät sich.

»Weißt du«, druckst der eine hervor, »das ist gar nicht unsere Wohnung. Und der, dem sie gehört, der ist grad nicht da.«

»Aha, jaja«, ich gebe mich forsch, »ich kenne Mike, ich bin seine Nachbarin, wann kommt er denn wieder?«

Man ist sich nicht sicher, vielleicht in 'ner Stunde oder so, Fragezeichen hängen im Raum und Schulterngezucke.

»Macht nichts«, sag ich und nutze den Altersvorsprung für einen sagenhaften Ey-kommt-mal-runter-Ton, »wir brauchen Mike gar nicht, und ich bleib auch nicht lang. Und hier, seht mal … lecker *Kuuuchen.*«

Man schwankt angesichts des prangenden, matt schimmernden, noch backofenwarmen Bilderbuchkuchens, überlegt mit sabbernden Lefzen aber trotzdem, Mike wenigstens erst mal anzurufen. »Weißt du«, heißt es, »er ist einfach der Boss – und das ist seine Wohnung.«

»Jetzt macht euch mal locker, ich bin doch harmlos.«

Ich darf rein.*

In der winzigen Nische einer phänomenalen Schmutzwäschegebirgslandschaft dümpeln ein derangierter geblümter Sessel und ein derangierter geplüschter Zweisitzer. Auf dem Zweisitzer wiederum lümmeln drei Jungs, die auf dem riesigen Flachbildschirm vor sich offensichtlich gerade Playstation gespielt haben oder Nintendo oder was auch immer man in diesem Alter (noch ein Versuch der Altfrauenrache) so spielt. Jetzt aber glotzen sie mich an, als

* Es kann auch sein, dass ich die Jungs zur Seite geschoben habe und einfach in die Wohnung spaziert bin.

wär ich eine Marienerscheinung. Der Flachbildschirm ballert gnadenlos weiter. Die beiden Türjungs heben hilflos entschuldigend die Achseln und quetschen sich zu den Sofajungs. Da hocken sie nun wie die Kröten im überbevölkerten Krötenteich zur Paarungszeit und starren mich und sich (gegenseitig) ziemlich entgeistert an.

»Jaha«, sage ich und setze mich ungerührt auf den Sessel, aus dessen Reißwunden an mehreren Stellen der Kunststoff quillt, »hier also bin ich – aber das Ding hier [auf den Flachbildschirm deut] müsst ihr mal leiser machen. So. Und jetzt unterhalten wir uns. Wie man das bei einem Kaffeekränzchen so macht.«

Man schaut, soweit es überhaupt möglich ist, noch entgeisterter. Auf dem Couchtischchen liegen so Utensilien. Für entgeisterte Blicke. »Ich glaub, ich bin im komplett falschen Film«, stößt eine der Kröten hervor, »Kaffeekränzchen hab ich vielleicht *einmal* in meinem Leben gemacht: bei meiner *Oma*!«

»Genau«, lobe ich und ignoriere die erneute Anspielung auf mein fortgeschrittenes Alter, immerhin ist das Wort »Kaffeekränzchen« mit einer Bedeutung verknüpft, und ich muss es nicht erläutern. »Und bei einem Kaffeekränzchen gibt es praktischerweise auch das hier«, sage ich und platziere meinen Prachtkuchen mitten auf den Utensilienhügel, »jetzt muss nur noch einer heißes Wasser machen, für den Kaffee im Kränz…« – doch noch ehe ich den Satz zu Ende sprechen kann, ist der Kuchen, wie die Kuh im Piranhaschwarm, *weg*.

Verschluckt. Eingeatmet.

Man glotzt mit trächtigen Backen und Kuchenbröcklein um Schlundrüssel. »Kaffee?«, pfofft es, und es wird deutlich, dass Kaffee nicht zu den hier üblichen Begleitgetränken zählt. Dennoch wird einer zum Heißeswassermachen geschickt, sieht klar so aus, als würde er immer geschickt werden. Er ist Franzose und gibt sich schweigsam. Sagt, sein Deutsch wäre »noch nicht so« – aber als ich meine Polaroid aus dem Kaffeekorb ziehe, erklärt er mir in flammendem Französisch, mit Samtwimperngeklimper und unter viel »chérie« hier, »chérie« da (*flirtet* er etwa mit mir?!), warum ich in der Wohnung kein Foto machen darf. Also, Monsieur erklärt nicht, warum, er erklärt nur, dass. Jedes Verhandeln ist zwecklos. Ich kombiniere wieder, diesmal die Utensilien – vor allem ihre Menge – und auch die Waffen, die – ob echt oder nicht, weiß ich nicht, und es ist auch egal – jetzt mal so nebenbei hervorgeholt werden und wieder griffbereit verschwinden. Ach Jungs, denke ich. Ach Jungs. Und versenke die Polaroid wieder. Also Kaffeeklatsch. Räusper.

Immerhin erfahre ich, dass einer ein Praktikum gemacht hat, aber geflogen ist und jetzt erst mal »chillt«. Ferner erfahre ich, dass ein anderer erst in England »gechillt« hat und jetzt hier weiter »chillt«. Dass der Dritte nicht weiß, was er nach dem Abi machen will und deswegen erst mal »chillt«. Und dass der Vierte in die zehnte Klasse geht und, da er ein wenig plauderfreudiger ist als seine Kollegen, dass man mit Drei-Jahre-lang-gar-nichts-Tun ganz entspannt über die Runden und bis zum Abi komme und dass sie von der Schule aus »so Bäume pflanzen müssen« – aber da bemerkt der Plauderfreund die mauloffenen Blicke der anderen und kürzt sich umgehend selbst den Vortrag, indem er nur noch anfügt, dass das Baumgepflanze »voll behindert« sei, »*so* behindert«, dass er gar nichts weiter dazu sagen könne.

Na denn chillt mal weiter, Jungs! Ich für meinen Teil hege die fröhlichsten Hoffnungen, was die Zukunft unseres Landes betrifft. Immerhin bedankt man sich für den Kuchen und befindet, falls ich mal wieder einen übrig hätte, dürfte ich ihn gern vorbeibringen.

»Schon zurück«, staunt Tom, als er mir die Tür öffnet. Ich war keine Viertelstunde weg. Sein Blick fällt auf die leere Kuchenform. »Krass«, entfährt es ihm, dann grinst er väterlich: »Mitten im Fressflash, was?«

Kann man wohl sagen. Ich gehe schnurstracks ins Badezimmer und durchstöbere es gründlich. Irgendwo hier war doch …

Tom schaut, vom Stöberlärm beunruhigt, durch die Tür: »Äh, suchst du was?«

Ich präsentiere anglerstolz eine Probepackung Hyaludingsbumswasweißichnichtallesgesichtsmaske.

Er zieht irritiert die Augenbrauen hoch. Er war Punk, früher, jahrelang, mit Iro, Ratte und Sicherheitsnadeln, das volle Programm – standesgemäß hält er nichts von Kosmetik: »Das brauchst du doch gar nicht.«

Üblicherweise finde ich es romantisch, wenn er so redet. Heute find ich es einfach nur geistesgestört. »Tom«, sage ich, langsam, mit Bedacht, »hast du dich jemals in deinem Leben fünfzehn Minuten lang wie die Mutter von 17-Jährigen fühlen müssen? Obwohl du rein biologisch nicht die Mutter von 17-Jährigen sein kannst? Nein? Dann glaub mir einfach: Ich. brauche. das.«

Später, als ich vom Hydro-Booster-Schock ein etwas aufgedunsenes Gesicht habe, wird mir erst klar, was es bedeutet, vor einer Horde 17-Jähriger *Muttergefühle* zu kriegen (auch wenn es die Muttergefühle mit dem Augenverdrehen und dem innerlichen Stöhnen sind): Eine Horde Jungschnösel kann mich nicht mehr ins Bockshorn jagen.

Sollte es passiert sein, denke ich und horche in meinen Bauch, sollte ich endlich über diese Weiche geruckelt und *nicht* entgleist sein? Ja, in mir scheint etwas gewachsen zu sein, unbemerkt wie ein edles Rosengehölz: Ich bin jetzt eine Mama. Eine *alte Frau.* Mit Löwenmähne. Und gerne, sehr gerne auch eine Kiezmama. Ja, mich sollte noch mal jemand auf das Kiezmamatum ansprechen! (Warum tut es nur niemand mehr?) Dann würde ich ihm aber einen flammenden Vortrag halten über »die Mütter« hier, die mit Geld und die ohne Geld, die mit Mann und die alleinerziehenden, die mit behindertem Kind, die mit dem gesunden, die mit dem adoptierten Kind, die mit dem künstlich befruchtet wordenen, die arbeitslosen und die mit Karriere, die minderjährigen und die Mitte-vierzig-jährigen! Ich würde ihm aber nicht nur die Vielfältigkeit der Mütter – hier wie andernorts – vor Augen führen, sondern auch ihre Gemeinsamkeiten: die Müdigkeit, die Sorgen, die Ängste, das Jeden-Tag, das Möglichst-gut und die Suche nach dem Wonder-Woman-Umhang, der würde doch so vieles einfacher machen. Höchstwahrscheinlich würde ich dann noch kurz auf die Metaebene abbiegen und auf Das-Kleine-im-Großen verweisen – und damit schließen, dass er es nicht verstehen muss, aber das nächste Mal einfach mit anfassen soll, wenn eine Mutter versucht, ihren Kinderwagen in die Tram zu hieven. Egal, ob hier im Viertel oder an jedem anderen Ort dieser Welt.

Ach nein, damit hätte ich es ihm zu einfach gemacht, das gehört ja zum guten Reflex. Ich würde damit schließen, dass er in Zukunft einfach nicht die Augen verdrehen soll, wenn ein Kind in der Schlange an der Supermarktkasse zu quengeln anfängt – sondern die Mutter einfach vorlassen.

`Menschen, die sich abfällig über die Mütter hier`
`im Viertel äußerten: 66.`
`Davon waren selbst Mütter: 59.`

PSST!

November. Endlich. Jetzt ist wieder alles erlaubt. Selbst …
Schokobrot.
Schokobrot ist gefährlich.
Sehr gefährlich.
So gefährlich, ich würde nicht davon sprechen – wäre es nicht des Junkies höchstes Vergnügen, andere mit hinabzuziehen in den süßen Strudel der Abhängigkeit …
Psst! 250 g geriebene Schokolade, 250 g Butter, 250 g Zucker, 250 g geriebene Mandeln, 6 Eier, 100 g Mehl! Ein schneller Rührteig, auf ein Backpapierblech gestrichen, bei 200° in 17 Minuten gebacken, sodass die Oberfläche gerade noch glänzt. Stürzen. Ah, da liegt es, hilf- und wehrlos! Schnell mit dem Messer die Ränder abschneiden. Mampf. //: Ach, welch Unglück, die Ränder sind schief. Schnell die Schräge korrigieren. Großzügig korrigieren. Mampf.://
Dann mit dunkler Schokoglasur überziehen und, solange die Glasur noch weich ist, in mundgerechte Rauten schneiden. Rauten schneiden ist sehr kompliziert. Man hat leider sehr viel Verschnitt, wenn man aus Schokobrot anständige Rauten machen will.
Mampf. Mampf. Mampf.

Der Frieden mit mir und mit der Welt da draußen ist phänomenal.

Nur eines zwickt noch.

Seit sich überdeutlich zeigt, wie viele und welcherart Türen sich mir öffnen, nicht nur die holzigen, auch die bildlichen, und ich jeden Morgen schon vorm Aufwachen jubeln will vor Glück und Freude und Erlebnissen, erinnere ich mich bisweilen irgendwo in Nierengegend an Toms »bescheuerte Idee«. (Ja, ich habe eine Dickhäuter-Menagerie in meinem Oberstübchen.)

Hätte er nicht einfach an mich glauben können? An mich glauben müssen, qua seines Amtes als Ehemann? Wäre ich dann nicht früher losgegangen? Wie viel lässt man sich vom Anderen im Keim ersticken?

»Du hättest zu mir stehen sollen!«

Wir haben beide einen Kaffee vor uns und rühren darin.

Er sagt: »Das wirst du mir ewig vorwerfen, oder?«

»Ja.«

»Aber ich kannte dich doch noch gar nicht! Ich wusste nicht, was du für eine bist. Dass du losgehst und das tatsächlich machst! Und – du kennst mich, ich bin *Musiker*!«

»Ich-bin-Musiker, was soll denn das immer heißen, ich-bin-Musiker, ist das etwa eine Entschuldigung? Ich-bin-Musiker-ich-bin-vom-Cheerleaderdienst-befreit?!«

»Das war doch nur aus einer Angst heraus! Ich konnte mir das doch überhaupt gar nicht vorstellen, *irgendwo klingeln* und da dann *einfach Kaffeetrinken*. Ich meine …«, er tippt sich mal wieder an die Stirn, »das kannte ich doch gar nicht! Also, ich hab von noch niemandem gehört, der so was gemacht hat!«

»Ja, und genau darum hättest du sagen müssen: klingt abgefahren, ich kenn mich überhaupt nicht damit aus – aber: Wenn du das unbedingt machen willst, dann geh los und mach es! Probier es aus! Und wenn du auf die Schnauze fliegst, stehst du wieder auf und probierst es noch mal! Und wenn du wieder auf die Schnauze fliegst, stehst du eben *wieder* auf und probierst es *noch einmal*! Und das machst du so lange, bis du entweder stirbst, keine Lust mehr hast – oder den unwiderlegbaren Beweis dafür, dass das, was du dir ausgedacht hast, nicht funktioniert! *Das* hättest du sagen müssen!«

Er senkt den Kopf. »Ja, das hätte ich wohl sagen müssen.«

Und dann rühren wir wieder in unseren Kaffees.

Bis mir ein junger Kerl mit Strubbelhaar verpennt die Tür öffnet.

Also, er *sieht* zumindest verpennt aus, ich bin ja jetzt vorsichtig geworden in Sachen Sein und Schein.

»Klar kannst du reinkommen«, sagt er sofort, nachdem wir uns auf Englisch als Verkehrssprache geeinigt haben. Im Flur begrüßt mich vornehm eine junge Katze, wobei sie keine Zweifel lässt, dass sie es ist, die hier das Sagen hat. Als ich die Geruchsüberprüfung ihrerseits bestanden habe, zeigt mir Uri gleich sein Zimmer. Darin steht: ein Flügel. Am Rand, halb unter dem Flügel, liegt: eine Matratze. Punkt.

»Ich seh schon«, sag ich (mein Verstand arbeitet mal wieder messerscharf), »du bist Pianist.«

Uri nickt. »Das ist hier ein Musikerhaus, hier sind einige. Mein Mitbewohner ist Bassist, aber der ist gerade auf Tour. Willst du vielleicht einen Tee?«

Wir gehen in die Küche. Uri öffnet als Erstes die Backofentür und zündet den Ofen an. Also, natürlich zündet er nicht den Ofen an. Er macht ein Feuer im Ofen, politisch korrekt ausgedrückt. Das kenn ich, dieses Ofen-Anzünden, das ist eine Küche ohne Heizung.

»Meinetwegen musst du nicht einheizen«, sag ich schnell, denn wer keine Heizung in der Küche hat, hat keine Heizung in der Küche, weil er klamm ist, »um Himmels willen, ich hab eh so eine Hitze.«

»Ach, ich mach es auch wegen der Katze, die ist doch noch so klein«, sagt er und lässt die Ofentür auf.

Wie man es halt so macht.

Eine gemütliche und ein kleines bisschen auch wehmütige Küche ist es. An den Wänden sind alte Tapeten, türkis mit goldenen Streifen. Am Fenster steht ein schöner, dunkler, alter Holztisch. Darauf, am Rand, eine kleine silberne Menora.

»Gehört die Menora zu dir oder zu deinem Mitbewohner?«

»Zu mir, ich komm aus Tel Aviv – sag mal, spielst du Schach? Hast du Lust auf 'ne Partie?«

Ich habe, natürlich. Uri zückt aus der Schublade, in der sich in anderen Küchen üblicherweise das Besteck findet, einen hölzernen Schachkoffer.

»In Tel Aviv ist es überhaupt nicht mehr möglich, als Musiker zu leben, Immobilienspekulation ist da praktisch ein eigener Wirtschaftszweig. Ach, du kannst deine Miete nicht mehr zahlen? Tja, Pech gehabt. Irgendjemand kommt schon, für den ist es billiger als anderswo, der wird das zahlen. Ich war dann noch in New York – aber in New York ist es genau dasselbe. Und außerdem sind da die Leute auch überhaupt nicht so toll und cool, wie man immer meint. Also kam ich nach Berlin. Und Berlin ist die einzige ... Bastion, in der man als Musiker noch existieren kann. Aber«, er zuckt mit den Schultern, »auch das wird sich ändern. Der, der die Wohnung hier eigentlich gemietet hat, will jetzt den Mietvertrag kündigen. Na ja, mein Mitbewohner und ich, wir sind nicht so gut im ... Pünktlich-Zahlen. Stört es dich?«

Er meint nicht seine finanzielle Unpünktlichkeit, sondern kinnnickt auf seine Papers.

»Nein, nein, natürlich nicht«, sage ich abwesend, weil er schachtechnisch ein rasantes Tempo vorlegt. (Wie viele Züge können Schachprofis im Voraus berechnen? Ach, ich frag nur. Ich kann nämlich jetzt schon, nach nur drei Zügen, berechnen, dass ich in x Zügen verlieren werde.)

Uri dreht sich eine. »Bei uns im Tourbus ist jetzt ein kleines Baby mit dabei, ein halbes Jahr alt, da wird natürlich nicht mehr im Bus geraucht. Wir sind gestern Abend erst zurückgekommen, drei Wochen Frankreich ... Wir sind sechzehn Leute in der Band und schlafen alle zusammen im Bus ... Und jeden Abend woanders, jeden Abend ein Gig.«

»Na, aber dann läuft es doch ganz gut, oder?«, frag ich vorsichtig.

»Ja. Eigentlich bin ich Jazzer, aber seit ich in dieser trashigen

Punkband spiele … Wir machen echt verrückte Sachen. Und wir spielen auch in Berlin, schau es dir mal an!«

Ja, ja. Vorerst schau ich mir an, wie er mich abzieht. Die Katze streift mir um die Beine und hüpft dann auf Uris Schoß, wo sie sich, den Blick auf mich gerichtet, hemmungslos von ihm kraulen lässt. (Angeberin.)

»Ich hab mit fünfzehn angefangen Klavier zu spielen«, erzählt Uri weiter, »das ist eigentlich recht spät – aber ich hab zehn Stunden am Tag gespielt. Und dann hatte ich das Glück, dass ich ein Jahr später schon aufgetreten bin, und einer, so ein Superstar, hat mich gesehen und gedacht, da wär Potenzial. Aber ich hab nicht studiert. Man sagte mir, ich solle nicht studieren. Denn wenn man studiert, ist man immer ›gut im Vergleich zu dem und dem‹, oder Freunde sagen einem, dass man gut ist, oder: ›Das ist aber schwer, was du da machst‹. Und das glaubt man dann und gibt sich damit zufrieden und entwickelt sich nicht mehr weiter, denn man ist ja schon gut. In *deren* Begrifflichkeiten. So aber hatte ich niemanden an meiner Seite, mit dem ich mich hätte vergleichen können. Ich hatte nur Miles Davis, und zu dem hin«, er deutet eine Obergrenze weit über seinem Kopf an, »war immer ausreichend Platz, um sich nie ausruhen zu können.«

Als ich Uri zum Abschied (ja, ich habe verloren) meine Adresse und Telefonnummer aufschreibe, stutzt er: »Ach, du wohnst in der Zwanzig? Dann kennst du vielleicht Simon, der ist Komponist?«

»Ja«, sag ich, »den kenn ich, ich hab letztens bei ihm Kaffee getrunken, sehr sympathisch.«

Uri wundert sich.

Ich wundere mich auch. Die Musikerwelt ist ja genauso klein wie die Theaterwelt. »Wenn du Simon kennst, kennst du vielleicht auch meinen Mann?« Ich nenne ihm Toms Namen.

»Klar kenn ich den, mit dem hab ich doch schon zusammen gespielt. Und der hat hier auch mal gewohnt!«

»Was?!« Ich weiß zwar, dass Tom schon seit Jahren hier in der

Straße wohnt, aber ich dachte bisher, er wäre immer im gleichen Haus durch die verschiedensten Wohnungen gezogen.

Uri zeigt mir gleich Toms ehemaliges Zimmer – und obwohl er weiß, dass der Mitbewohner tourtechnisch in Japan weilt, klopft er erst an, bevor er die Tür öffnet: drei Kontrabässe. Ein Bett. Punkt.

Ich sehe Tom in diesem Zimmer hausen und muss grinsen. Der banausenbeigefarbene Teppichboden über den Dielen ist sicher von ihm, wegen der Akustik.

»Der Teppichboden ist noch von ihm«, sagt Uri jetzt tatsächlich in einem Ton, als würde er mir bei der Ahnenforschung helfen, »und den Boden in der Küche und im Bad hat er auch verlegt.«

Er leitet mich eine Station weiter auf unserer Führung »Toms Spuren im Kiez«. Und das Badezimmer ist tatsächlich ein Stück Zeitgeschichte, ein kleines Stück Hinterhausmoskau (und ich bin dostojewskibedingt hoffnungslos slawophil): die dunkelgrüne Tapete blättert und entblößt tiefer liegende, mattgoldene Jugenstiltapeten, die Badewanne ist eingemauert und mit dem gleichen Schachbrettlinoleum verkleidet wie der Fußboden (eine Mimikrybadewanne also), an der Decke sind bunte Plastikwäscheleinen kreuz und quer gespannt, in der Ecke steht ein hochwangiger Badeofen. Ich bin hilflos, solchen Orten gegenüber. Mich überkommt eine Romantik, die gleichzeitig tröstet und viel verspricht, vergleichbar also nur mit der Wirkung, die Butter auf einer Scheibe frischen Brotes hervorzurufen vermag. Es ist vielleicht etwas sonderbar, seinen Mann in einem Schachbrettlinoleum zu erkennen – aber es fällt mir doch wie ein Heuschreckenschwarm in der Magengegend ein, wie verknallt ich in Tom bin.

Da hab ich es, schwarz auf weiß.

Daran ändert auch eine »bescheuerte Idee« nichts. Oder?

Abends, zu Hause, zieh ich das Schachbrett aus der Versenkung. Komisch. Wir haben früher jeden Abend gespielt.

Tom hat jedes Mal gewonnen – bis zu dem Tag, an dem er mir gedankenlos gezeigt hat, wie er gegen den Schachcomputer spielt.

Am Abend dann, bei unserem Spiel, hat Tom zum ersten Mal gegen mich verloren – ich hatte mir die computerliche Eröffnung gemerkt (oder auch nur etwas Wesentliches begriffen).

Seither wollte er nicht mehr spielen. Ich würde ihn ja noch mal gegen mich antreten lassen. Wenn er damit klarkommt, dass ich jetzt stärker bin. Vielleicht nicht *als er*, aber *als vorher* …

Tom lächelt, als er das Schachbrett auf dem Küchentisch sieht, den dampfenden Tee in der Kanne und die Erwartung in meinem Blick. Aber er schüttelt den Kopf. »Ja, das hab ich auch schon überlegt«, sagt er, »aber schwarz-weiß – das geht doch nicht mehr, mit deinen Hausbesuchen.«

»Schisser.«

Er grinst. »Ich hab da was anderes.«

Er verschwindet in sein Abstellkammerversteck und kommt mit einem Tausend-Teile-Puzzle wieder.

»Ist nicht dein Ernst, oder?«

»Wieso? Ja, okay, der Strand ist viel zu kitschig. Aber sei froh, ich hätte auch *Star Wars* als Motiv nehmen können.«

Während wir uns schweigend und sehr konzentriert Barbados annähern, frage ich mich, warum mir Uri und sein Miles Davis wie Tintenfische im Hinterzimmer meines Oberstübchens sitzen. *»Freunde sagen einem, man ist gut, und dann glaubt man das.«*

Was will dieser Satz von mir?

Hundert Puzzleteile später kapiere ich etwas. Vielleicht sogar etwas Wesentliches. Die Tintenfische verlangen, ich solle Tom nicht länger dafür verantwortlich machen, dass ich etwas von ihm haben wollte, was nur ich selbst mir geben kann: Selbstvertrauen.

Ich sage Tom nichts von meiner Erleuchtung. Ich sage nur: »Ich kann nicht glauben, dass wir hier sitzen und *puzzeln*.«

»Dass es dir *Spaß* macht, wolltest du sagen.«

`Unaufgeräumteste Wohnung: meine.`

ALICES SCHOKOLADENTORTE

180 g Blockschokolade im Wasserbad schmelzen.
150 g Butter mit 100 g Zucker schaumig rühren, die abgekühlte Schokolade, 3 Eigelbe und 100 g gemahlene Mandeln unterrühren.
Die 3 Eiweiße mit 50 g Zucker steif schlagen und unterheben.
50 g Roggenmehl und 50 g Weizenmehl über den Teig sieben und unterziehen.
Teig in eine gefettete und mit Semmelbröseln ausgestreute Springform füllen, bei 180° 40 Minuten backen.
200 g Marzipan-Rohmasse mit 50 g Puderzucker verkneten und zur Tortendecke ausrollen – was eine Riesensauerei ist und nicht wirklich funktioniert, aber ich wollt's ja unbedingt wissen und keine fertige Marzipandecke kaufen.
250 g Schokoglasur zerlassen, den Kuchen dünn bestreichen, die Marzipandecke irgendwie darüberlegen (glatt?) und schließlich auch noch mit Schokoglasur überziehen. Weil es mir jetzt doch allmählich reicht mit dem Chichi, spar ich mir nicht nur, den Hintern von 12 Dekomandeln erst in Schokoglasur und dann in Hagelzucker zu tauchen, sondern leider auch 12 Tortenstücke vorzuschneiden, solange die Glasur noch weich ist.

Am Fenster sitze ich, die Füße auf der Schokobrotschatulle, und sehe dem Tag beim Abendwerden zu. Zwischendurch heb ich die Füße und speise Schokobrot. Schokobrot hilft. Gegen alles. Auch gegen November. Es brettert ohnehin schon jeder November mit einer niedergeschlagenen Wehmut auf mich ein. Aber dieser hier ist besonders reichhaltig. Warum? Ach, es ist ein sehr ausgefallener Cocktail. Dräuendes Jahresende. Das Abwärtszählen, seit dem hundertsten Hausbesuch, seit dem Die-Hälfte-geschafft-Haben. Zu hören, wie die Zeit vergeht. Das Leben gleich mit. Da vorne am Horizont zieht schon wieder das alte Leben auf, das Leben im Theater. Marie fehlt mir schon jetzt so sehr, dass es mir Wunden schlägt. Und auch meine Hausbesuche werde ich vermissen. Ich werde vermissen, dass mir das große Drehbuch jeden Tag eine Tür öffnet und sagt: »Schau, Stephanie, was ich mir heute für dich ausgedacht habe. Für dich, die du denkst, mir müssten doch langsam mal die Ideen ausgehen. Mir werden die Ideen nie ausgehen. Ich könnte dir dein ganzes restliches Leben lang jeden Tag eine Tür öffnen und würde dich trotzdem noch jedes Mal überraschen.«

Ich habe Angst, es zu vergessen.

Und ich habe Angst, wieder Scheuklappen tragen zu müssen. Weil ein Kutschpferd nun mal ohne Scheuklappen nicht effektiv genug *Unter den Linden* entlangzotteln kann.

Wie viel werde ich mitnehmen können in mein altes Leben?

Und mitten hinein in meine melancholische Stimmung ist auch noch der alte Mann gestorben. Der mit dem Gerstenkorn. Man hat erfahren, dass er bettelarm war, Strom und Gas hatte man ihm schon seit Jahren abgestellt, und in seiner Wohnung lag nichts als eine Matratze. Deswegen wollte er mich nicht zu sich in die Wohnung lassen. Warum habe ich es nicht gesehen? Ihm einfach den Kuchen in die Hand gedrückt? Ich mit meiner blöden Wette.

Was will ich eigentlich mit diesem Projekt?

Menschen kennenlernen? Ha! Wie vermessen.

Auf Menschen zugehen? Zurück an den Start.

Und gegen die Schubladenwindmühlen komme ich auch nicht an.

Nicht die meinen – ich schaffe es inzwischen tatsächlich, in eine Wohnung zu kommen, einen Menschen zu sehen und mir *nichts* zu denken (immerhin etwas) –, nein, die der anderen. November scheint Brutsaison für Schubladen zu sein. Oder greifen sie mich nur deswegen so an, weil ich die meinen jetzt mit so vielen Mühen hochfeierlich entsorgt habe, Stück für Stück?

Ich erkläre Kaffee trinkend einem Mann, dass die Frau, die über ihm wohnt und seine Partys seit Jahrzehnten um 22:05 Uhr polizeilich beenden lässt, *Ossi* ist. Keine Wessi.

Ich frage mich, warum sich die Frau, die mit einem alten Mietvertrag in 140 Quadratmetern Altbau für 260 Euro Warmmiete wohnt, über die steigenden Mietpreise beschwert. Also, für *wen* beschwert sie sich? Nicht für die Zugezogenen, das macht sie deutlich.

Ich wundere mich, dass die hier aufgewachsene Mutter erst die Schwiegermutter preist, die eins über ihr wohnt und ihr das berufstätige Muttertum überhaupt erst ermöglicht – und sich dann darüber empört, dass man so viel Schwäbisch auf der Straße höre, weil die Mütter anderer Mütter extra anreisen, um sich um die Enkel zu kümmern.

Ich sitze in der WG, in der eine sehr lange herumdruckst, bis sie auf mein Nachbohren mit ihrer Herkunft herausrückt: Sie hatte den anderen bislang verschwiegen, dass sie Schwäbin ist, weil bei allen vorherigen WG-Castings das Gespräch in dem Moment beendet war, in dem sie es erzählte.

Und dann höre ich sogar Schwarz über die Zugezogenen schimpfen. »Aber Schwarz«, rufe ich, »ich bin doch auch Zugezogene! Und sogar aus *Bayern*!«

»Ach, bei Ihnen is dit doch wat anderes!«

Wie will man dem beikommen?

Hausbesuchspflicht für alle etwa?

Ich höre aber auch die Geschichten dazu, Geschichten von der Treuhand, darüber, abgewickelt worden zu sein, sich durchgebissen und trotzdem verloren zu haben. Das macht es nicht leichter, dass ich gewisse Mühlen auch verstehen kann.

Oder kann sich jemand vorstellen, wie deprimierend es ist, mit einer frühmorgens noch in edler Absicht gebackenen edlen Schokotorte im dunklen Nassniesel vor einem Haus zu stehen, in dem 63 Parteien leben – und alle 63 Parteien sind offensichtlich zu Hause, denn 63-mal klingle ich, 63-mal antwortet jemand an der messingpolierten Gegensprechanlage, (ich klingle natürlich 63-mal jeweils woanders, nicht immer beim selben), 63-mal sage ich meinen Spruch auf – und 63-mal will mich niemand hineinlassen?

Niemand?

Noch nicht mal *ins* Haus, auf dass ich an den Wohnungstüren klingeln kann?

»Neeee«, sagt einer blasiert, »bleiben *Sie* mal schön unten!« – wobei er das »Sie« in einer Länge betont, als könnten andere, richtigere Menschen als ich gern und selbstverständlich und jederzeit zu ihm und seiner permanenten Superparty dort oben hochkommen.

Ein anderer fällt mir, als ich gerade meine »Referenzen« vorweise und erzähle, wie viele von 200 ich schon besucht habe, zynisch ins Wort: »Na, dann sind's ja nicht mehr so viele!« – und legt auf.

Und ein anderer schnappt höhnisch auf mein Ich-lade-mich-selbst-zu-Kaffee-und-Kuchen-ein: »Ja, aber *ganz sicher nicht bei mir*!«

Auch er legt auf.

Immerhin sprechen sie noch mit mir.

Andere legen auch einfach so auf, ohne überhaupt noch einen hämischen Spruch abzulassen. Anfangs denke ich Naivling noch, dass etwas mit der Gegensprechanlage nicht stimmt, tröte mundnah »Hallo? Hallo?« in die kleinen Löchlein der Messingplatte und klingle noch mal, sogar mehrmals, damit der liebe Mensch in seiner Wohnung noch eine Chance auf die Türöffnerverbindung hat.

Erst als die Betreffenden gar nicht mehr erst abnehmen, dämmert mir was. Aber wie bei einem schlechten Film, den man bis zu Ende schaut, weil man nicht glauben kann, dass er wirklich bis zum Ende so schlecht bleibt, klingle ich mich durch das ganze Haus. Inzwischen hat es zu regnen angefangen. Sehr kalter Regen. Fast eine Dusche.

Nein, ich stehe nicht vor der Festung.

Ich stehe in der Parallelstraße. Ich dachte, hier könnte ich frischer klingeln. Jetzt stehe ich vor einem tipptopp neu sanierten Haus mit Gold und Marmor und Tiefgarage und spüre, wie sie mir zusammen mit der nassen Kälte in die Beine kriechen: Da sind sie wieder. Meine alten Vorurteile. Einmal Parallelstraße und das war's, alles umsonst.

Diese ganze Schubladendemontage. Dieser ganze Kuchenscheiß.

Ab nach Hause, heißer Grog, Fußbad, Bett und nie wieder klingeln.

»Du darfst dich da nicht so reinsteigern«, sagt Ivan, als er mich von der Straße weg vorsorglich auf einen Luftablasskaffee verschleppt, »Schubladen, Vorurteile, du sollst sammeln, nicht dich hineinziehen lassen! Ich weiß gar nicht, warum du dir den Stiefel anziehst!«

»Ja, Himmel, das weiß ich doch auch nicht, sag mir lieber, wie ich ihn wieder ausgezogen krieg!«

Er nimmt einen tiefen Zug von seiner Zigarette und sagt mit der ihm so eigenen Weichheit: »Du musst einfach weitermachen!«

Er rempelt mir augenzwinkernd seinen Ellbogen in die Rippen. »Oder haste inzwischen schon eine Frau für mich gefunden, beim Klingeln?«

»Frau gefunden, Frau gefunden! Allen soll ich immer nur eine Frau finden! Ihr könnt euch doch wirklich mal selber auf den Weg machen. Du vor allem!«

»Ich?« Er tut empört. »Ich fahr jetzt erst mal nach Hiddensee. Ich brauch 'n bisschen Licht. Und du gehst jetzt weitermachen. Aber mit Abstand!«

Ich will aber nicht weitermachen, denke ich trotzig.

Erst recht nicht mit Abstand.

Auf dem Weg nach Hause gehe ich, wie um masochistisch noch eins draufzusetzen, auf dass sich mir die Auferstehung meiner Feindbilder in ihrer ganzen Pracht darbieten kann, noch schnell an der Festung vorbei.

Klingle einmal.

Und darf rein.

Bekomme Tee zum Aufwärmen, Julkuchen vom letzten Schwedenurlaub und Geschichten. Geschichten vom Weltkrieg, von der Flucht aus Posen und wie gut noch die Erinnerung daran ist, am Ende der langen Flucht statt mit offenen Armen und einem Willkommen nur von den Hygieneschleusen eines Quarantänelagers aufgenommen worden zu sein.

Mein Ego schwillt wieder ab, still und leise im Kerzenschein, auf seine natürliche, seine erträgliche Größe. War ich wirklich gerade noch beleidigt, weil mich 63 Menschen im Regen stehen ließen?

Als ich von der Dame, die nach Anissternen duftet, wieder hinaus in das Nassgrau trete, begegnet mir eine andere Dame, die mit mir ins Gespräch kommt – oder ich mit ihr, ich weiß es nicht –, als wir eine dicke Krähe gemeinsam dabei beobachten, wie sie sich aus einer auf der Straße liegenden, geschlossenen (!) Burgerschachtel ein Pommes erobert. Als das Krähenspektakel von einem mitleidslos einparkenden Dickauto unterbrochen wird, enthält sie sich nicht, die Dame, über die dicken Autos zu seufzen.

»Aber, wissen Sie«, sagt die Dame dann, »ich habe als Kind, noch in der Schule«, sie hebt den rechten Arm zum Hitlergruß, so zackig, dass ich erschrecke, »ja, ich musste Appell machen«, erklärt sie mir, und ich hab überhaupt keine Ahnung, wie sie von dicken Autos plötzlich auf Hitler kommt, »weil ich die Größte war. Oh, ich hab das gehasst, immer dieses Geradestehen! Meine Mutter und meine

Tanten, die haben mir immer mit den Knöcheln – ratsch – so die Wirbelsäule runter, damit ich gerade stehe. Ach, wissen Sie, früher hatte ich einen Buckel, weil ich nicht wollte, heute hab ich einen Buckel, weil ich alt bin. Jedenfalls kamen dann die Russen und …« Aber diesen Satz führt sie nicht zu Ende, ohne es zu merken. »Und dann machte es immer – klick – beim Telefonieren, wenn ich mit meiner Cousine in Westdeutschland telefonierte, und später lag in der Gauck-Behörde über mich eine so dicke Akte.« Sie reißt zwei Fingerschnäbel auf, in die gut fünfzehn Zentimeter passen. »Aber, ach«, sie winkt ab, »das ist gar nichts, bei meiner Schwester war sie so« – jetzt nimmt sie beide Hände.

»Sehen Sie«, ihre Stimme wird weich, »was ich sagen will: Ich habe all diese Systeme miterlebt, und jetzt also die dicken Autos – und in jedem System gab es sone und solche. Das darf man nie vergessen: Überall, wo Menschen zusammenkommen, gibt es sone und solche.«

Ach, Welt.

Danke, dass du immer alles wieder in die richtigen Proportionen setzt. Ich gehe nach Hause, durch das Nieselgrau, zu meinem Kind und halte es fest, so fest. (In Gedanken, denn in natura ist das Kind gerade sehr beschäftigt, frisch zusammengelegte Wäsche aus dem Schrank zu reißen.) Mögest auch du in deinem Leben vielen der *solchen* begegnen, denke ich fest, mit aller Kraft. Möge das Leben so gut zu dir sein, dass du keine Schubladen brauchst.

Deutlichste Absage: Von dem Typen, der an der Gegensprechanlage verlangt, ich solle doch bitte unten warten, er würde runterkommen und sich mich »mal ansehen«. Dann kam er. Ich stand da. Er musterte mich von oben bis unten. Sagte: »Och, nö, ich glaub, doch nicht.« Und ging wieder rein.

Rehrücken nach Art der Mamsell

Dies ist der köstlichste Schokokuchen der Welt. Ich würde ihn sogar Schokobrot vorziehen, wenn nur dieses leidige, geschmacklich leider absolut notwendige Mandelsplittergespicke nicht wäre …

150 g weiche Butter mit 200 g Zucker schaumig schlagen.

100 g Blockschokolade im Wasserbad schmelzen und unter die Zuckerbutter rühren. 6 Eigelbe unterziehen, dann die Masse mindestens 5 Minuten auf höchster Stufe sehr, sehr schaumig schlagen.

150 g gemahlene Mandeln und 100 g grob zerbröselten Biskuitboden (fertig gekauft) unterziehen.

6 Eiweiße mit einer Prise Salz zu sehr steifem Schnee schlagen und unterheben.

Teig in eine gebutterte und bemehlte Rehrückenform füllen, 40 bis 50 Minuten bei 190° backen. Stürzen. Mit 50 g Mandelstiften igelmäßig spicken und alles mit dunkler Schokoglasur überziehen. Man kann den Kuchen in Ermangelung einer Rehrückenform übrigens auch in einer Kastenform machen, dann wird der Rücken allerdings architektonisch ziemlich durchhängen und die geneigte Mamsell beim Anschneiden feststellen, dass sie für die Kuchenmitte Löffel braucht. Was den Rücken NOCH unwiderstehlicher macht.

»Öha«, sagt Tom erschrocken, »woher hast du denn das Veilchen?«

Er kommt besorgt zur Gesichtsbegutachtung näher.

»Ach krass«, entfährt es ihm, »das ist ja gar kein Veilchen, das sind deine Augenringe!«

Er schickt mich ins Bett.

»Aber ich muss doch noch …«, protestiere ich.

Tom deutet nur stumm aufs Bett.

Ich krieche dankbar hinein. Ich bin so schrecklich müde, die letzten Tage … Die vielen schlaflosen Nächte der letzten Monate haben sich gewerkschaftlich zusammengeschlossen und fordern immer lauter ihren Lohnausgleich. Es wird schwerer und schwerer, weiter gegen sie Überstunden zu machen. Vor allem, da die Wette doch jetzt schon haushoch … nein, ich sage das Wort noch nicht. Aber wie soll ich denn einen Wettrückstand von 50 in sechs Wochen nachholen? Ich versuche es ja, besuche manchmal sogar drei Leute am Tag. Aber weil ich über dreifache Hausbesuche auch dreifach schreiben muss, sitze ich dann in der kalten Küche am Rechner, bis Tom in die Küche schlapft, um sich seinen Morgenkaffee zu machen – und dann weiß ich, dass ich soeben meiner Migräne eine VIP-Einladung für den nächsten Tag geschickt habe. Schon kommt sie, mondän, laut, aufgetakelt, um in meiner Birne eine ihrer legendären Hippocampus-Abrisspartys zu feiern. Sie wittert meine Dünnhäutigkeit, die Migräne.

»Warum stresst du dich denn so mit dieser Wette?«, fragt Ivan. »Du kannst doch auch einfach so Hausbesuche machen. Langsam.«

Ha. *Einfach so*. Wird mir jemand glauben, wenn ich sage, dass ich auch nach 110 Hausbesuchen noch nicht *einfach so* an einer Tür klingeln könnte? Nein. Aber es ist so. In dem Moment, in dem ich mir eingestehe, dass ich die Wette aller Wahrscheinlichkeit nach nicht gewinnen werde oder, deutlicher, dass sie bereits und längst … nein, ich sage das Wort noch nicht – werde ich augenblicklich niemanden mehr besuchen. Und das will ich auch nicht. »Da wartet noch etwas«, sagt eine kleine, unscheinbare Ahnung mit leiser, aber klarer Stimme gegen meinen Schweinehund, »geh und sammle dir noch ein paar Wunder in die Hamsterbacken, wo sie doch schon mal auf der Straße liegen.«

Ach, ich versuch es ja! Ich versuch es ja.

»Ich glaube, ich breche ab«, sage ich zu Tom, als ich Käfer-auf-Rücken im Bett liege, »ich breche jetzt ab. Das alles hat doch überhaupt gar keinen Sinn.«

»Find ich gut, dann haste wieder mehr Zeit für anderes.«

Oh, warum nur muss er immer so bereitwillig meinem Schweinehund nach der Rüsselschnauze reden!

Aber kaum liege ich desolat und bereit zur Aufgabe hingebügelt, da schreibt mir eine Leserin, dass ich mir, wenn ich so im Wettrückstand sei, doch einfach helfen lassen könne! Von dem einen Mann beispielsweise, der in meinen Artikeln immer so lässig an der Waschmaschine lehne!

Grandiose Idee.

»Tom«, sage ich, »man schreibt in einem Kommentar, der lässig an der Waschmaschine lehnende Mann soll mir gefälligst helfen. Der Mann bist du. Los, hilf mir!«

Tom starrt mich an: »Hä?«

Zufällig lehnt er schon wieder an der Waschmaschine. Lässig, natürlich.

»Mann, Tom!«, sag ich, »du sollst auch Kaffees in fremden Wohnungen trinken!«

Er gibt ein Geräusch von sich. Das Geräusch ist an und für sich ziemlich eindeutig, ich aber werfe trotzdem meinen sensationellsten Augenaufschlag ins Feuer: »Dann hätte ich auch wieder mehr Zeit für … dich!«

»Nee«, sagt Tom, »nee, nee. So mutig bin ich nicht.«

(Wobei das »mutig« wieder mal eine etwas andere Konnotation erfährt, da er sich mit dem Finger an die Stirn tippt dabei.)

»Aber stell dir vor«, versuche ich es weiter, und in mir nimmt eine neue, schöne Welt Gestalt an, »noch eine andere Leserin hat geschrieben, sie findet auch, dass Fremdhilfe in Ordnung wäre, wett-technisch. Sie schreibt sogar von »Weit-weg-Hilfe«. Ob sie sich damit meint? Vielleicht, wer weiß … vielleicht würden ja auch andere Menschen Fremdkaffees trinken gehen! Oh, Tom! Das wär doch was! Dann könnten auch andere endlich erleben, was ich immer nur fad beschreibe! Und außerdem … mein Wettrückstand wäre weg! Morgen, nein, heute, sofort! Wir würden alle an einem Tag, stell dir vor, es gäbe einen bundesweiten Tag, an dem man bei einem Fremden … es wäre eine … eine einzige Bewegung und …«

»Gnah«, unterbricht mich Tom, »mir ist das zu viel Bewegung. Ehrlich gesagt: Ich spiel lieber Klavier.«

Spricht's, zieht von dannen, und schon perlt der Bach. Was soll ich sagen? Musik ist halt auch was Schönes.

Aber die Vorstellung, dass es irgendwo da draußen hausbesuchsbereite Menschen gibt, pumpt mir sofort einen kleinen, frühlingsmilden Aufwind unter die matten Winterflügel. Wenn sich jeder nur einen einzigen Nachbarn aussuchen würde … Nein, ich rechne gar nicht wett-technisch, ich rechne schubladentechnisch. Würden nicht auch alle Schubladen sofort weniger werden? Ich wende mich an Wordpress, meinen guten alten treuen Freund. Er soll mein Klein-Utopia ein bisschen streuen.

Dann spaziere ich frischen Mutes los – und treffe Astrid auf der Straße. Sie ist, weil sie den Blog abonniert hat, schon informiert.

»Also … ich helf dir«, stößt sie hervor.

Ich starre sie an. »Wie … du meinst, du gehst… Kaffeetrinken? Für mich? Klingeln an einer fremden Wohnungstür? Und schreibst darüber!?«

»Ja. Ich sag jetzt mal: Ja. Ich meine: Ich will wirklich diesen Nachbarn von gegenüber kennenlernen. Der Typ interessiert mich. Und du weigerst dich ja beharrlich, für mich bei ihm zu klingeln.«

»Das ist ja fantastisch! Aber ich werd das sofort posten«, warne ich sie vor Unüberlegtem, »nur damit du's weißt, ich nagle dich fest!«

»Das war mir klar«, seufzt sie. »Du weißt, was mich das an Überwindung kostet? Ich hasse es, mich irgendwo aufzudrängen.«

»Soll das heißen, ich dräng mich auf?«

»Ach, du weißt doch, was ich mein!«

Ja, ja, ich weiß.

»Aber ich mach es. Aus reiner Zuneigung, hörst du? Nur aus Zuneigung.«

Ich trotte sehr zufrieden zu meinem nächsten Hausbesuch.

Tom beäugt mich kritisch, als ich bei meiner Rückkehr seinen unantastbaren Bach lauthals um ein paar atonale Tendenzen erweitere. Argwöhnisch kommt er näher, schnuppert mir in den Gegenwind und stellt verwundert fest: »Du bist ja besoffen!«

Ich kichere. Es ist wirklich bemerkenswert, wie viele Menschen in der Vorweihnachtszeit ein Schnapserl in der Hinterhand haben.

»Ich denk, du warst Kaffee trinken!?«

»Ja, war ich auch«, sag ich, sehr herzerwärmt, »bei Frau Kerner, es war sehr schön und außerdem nur ein Stamperl. Pro Flasche.«

»Ich denk, du verträgst keinen Schnaps?«

»Jaha«, sag ich, »das stimmt auch, deswegen knallt's ja so rein, juchhu, aber Frau Kerner hat in ihrer Küche eine halbe Almhütte, am Dach hängt eine Eiszapfenlichterkette – Tom, ich möchte auch einmal in so einer halben Hütte ein Frühstücksei kappen, können wir uns nicht eine halbe Almhütte in die Küche bauen? Stell dir vor, sogar mit Balkon und Blumen und Fensterläden, und dabei war sie nur als Hintergrund für die vielen Töpfe gedacht, die da wie Matrjoschkas aufgereiht stehen, und für die vielen Öle in ihren Flaschen daneben, wie ein redlicher Kirchenchor stehen sie da, Chiliöl, Zitronenöl, Knoblauchöl, Lavendelöl, die setzt Frau Kerner alle selber an, und sie hat mich von allem probieren lassen, und dann hat sie an die Kühlschranktür gegriffen und gefragt, ob ich mal was *wirklich* Leckeres probieren will, und ich hab natürlich Ja gesagt, weil ich doch nicht ahnen kann, dass im Kühlschrank der

Schnaps lauert, der selbst gemachte, mit Ingwer, mit weißem Kandis, mit Sanddorn, mit Kräutern und mit Kirschen!«

»Ich glaub, du solltest ins Bett.«

»War ich schon! Weil Frau Kerner nach dem Schnaps Kaffee gemacht hat, türkisch, und gefragt, wo wir uns am besten hinsetzen wollen, und ich hab mit den Schultern gezuckt und gesagt, da, wo es besonders gemütlich ist, und dann hat Frau Kerner gelacht und gesagt, na, dann müssten wir konsequenterweise ins Bett gehen.«

»Du warst bei einer fremden Frau im Bett?!«

»Hehe, jetzt hab ich dich. Natürlich nicht! Ganz so besoffen bin ich auch nicht. Wir waren im Wohnzimmer und haben die Fotoalben angeschaut, schwarz-weiße, zusammen mit Koi-Karpfen, Weihnachtsdekokisten und einer Katze, die beleidigt war, weil ich ihren Sessel bekommen habe.«

»Du bist mir zu aufgedreht«, entscheidet Tom und verlässt die Küche. Hach. Ich würde doch so gern teilen können!

»Leute, geht los«, rufe ich bloglich, »erlebt es selbst! Geht endlich los und klingelt beim Nachbarn – und erzählt mir hinterher, wie es war.«

Und dann geht tatsächlich jemand los!

Nicht Astrid, die windet sich und schützt wichtige berufliche Verpflichtungen vor. Aber eine mir unbekannte Leserin in irgendeinem hinteren Hügelland zieht eisenhart los und lädt sich in einem Vierseithof ein, den sie sich zuvor auf einem Sondierungsspaziergang dazu auserkoren hat.

Ich bin sensationell beeindruckt.

Nach ihrem Besuch schreibt sie mir: »Oh Gott, oh Gott, oh Gott, es war der Hammer! Es war so toll! Die Leute waren super! Ich will sofort wieder losgehen!!! Danke, dass ich das machen durfte!!!«

Ist das nicht wunderbar? Könnte nicht doch aus dem Fremdbesuchen eine anerkannte Extremsportart werden? Vielleicht gibt es ja irgendwann einen bundesweiten Fremdbesuchetag? Dann bräuchte man auch nicht erst ein Projekt als Rechtfertigung und Rückenstärkung, man hätte die Lizenz zum Klingeln schon frei Haus!

»Ja, ja, ja! Ich hab es ja gelesen!«, sagt Astrid am Telefon, »ich bin ja auch kurz davor! Ich streng mich an! Aber du musst noch ein bisschen weitermachen, ich brauch noch etwas Anlauf, verstehst du?«

Und dann ruft auch noch Sanne an. Sanne, bei der ich im Sommer so einen schönen Akkordeonnachmittag verbracht habe und die mir damals schon angeboten hat, für mich Kuchen zu backen, wenn es bei mir mal eng würde. Jetzt ist sie am Telefon und sagt, da ich mich ja nicht freiwillig melden würde, wenn ich offenbar auf dem Zahnfleisch ginge, hätte sie jetzt einfach von sich aus einen Unterstützerkuchen gebacken, nein, keine Widerrede, er wäre schon im Ofen und in einer halben Stunde abholbereit, es gebe auch frischen Ingwertee, zur Stärkung der Abwehrkräfte.

Am Nachmittag bringt mir Mustafa ein wohlriechendes Küsschen auf die Wange und ein Paket von Mama: eine Rehrückenform zur ordnungsgemäßen Herstellung des weltbesten Schokokuchens, diesmal ohne Flüssigkern. »Ein emaillierter Proteinriegel für die letzten Marathonmeter! Gruß und Kuss!«

Und am Abend, als Tom Vorstellung hat und ich allein in der Küche sitze, klingelt es, gerade als sich trotz allem ein kleines müdes Einsamkeitli einschleichen will, an der Wohnungstür. Vor der Tür steht … Doris? Doris von zwei Häuser weiter, bei der ich im Sommer zu Besuch war?

»Hab gelesen, du fühlst dich müde«, sagt sie, »dacht' ich, ich schau mal, wie's dir geht.« Sie hält mir eine Flasche Rotwein entgegen. »Ich hab heut' nämlich kinderfrei.«

Ich könnte heulen. Vor Dankbarkeit und vor Rührung und Abschied und Vorfreude und Glück und Menschen und weil ich so müde bin.

Leute, die schon von mir gehört haben: 10.
Davon haben mich hineingelassen: 10. (Uff.)

Höchste Menschendichte bei einem Hausbesuch: 21. Mit Marie und mir: 23. Ein Kindergeburtstag mit großem Hallo – in einer Einzimmerwohnung. Riesenspaß und tolle Leute.

Hausbesuche, bei denen Schnaps getrunken wurde: 8.
Davon selbst gebrannter Schnaps: 6.
Schönster Schnaps: mit D., die sich plötzlich wundert, dass ich jetzt bei ihr am Tisch sitze und sie mit mir lacht, wo sie doch eben noch unter der Decke gelegen und geheult hat.
»Warum hast du geheult?«, frage ich.
»Weil ich … Moment mal, ich kenn dich doch gar nicht. Wollen wir vielleicht erst zusammen einen Sliwowitz trinken?« Sie holt den Sliwowitz unter der Spüle hervor, wo er neben Rohrfrei und Chlorreiniger steht. (Völlig zu Recht. Ächz.) Sie stößt mit mir an – »Auf das Unvorhersehbare!« Dann erzählt sie.

Schönster Empfang: Ein Mädchen kräht, »Ich bekomm eine Schwester, ich bekomm eine Schwester!!« Die Mutter strahlt mich an: »Wir haben es ihr gerade gesagt.« Hier stoßen wir allerdings mit Himbeersaft und nicht mit Sliwowitz an.

STOLLEN

Ich mag keinen Stollen. Aber er benimmt sich nun mal der jahreszeitlichen Thematik gegenüber angemessen und hat dabei den unschlagbaren Vorteil, dass er sich ewig hält – weil die meisten anderen Menschen ihn auch nicht mögen. Entschuldigt, aber ich kann mich wirklich nicht jede Nacht hinstellen und vier Stunden lang inbrünstig Vanillekipferl rollen!
Für 2 Stollen in 1 kg gesiebten Mehls mit 100 g Hefe, etwas Zucker und $\frac{3}{8}$ l lauwarmer Milch einen Vorteig anrühren. Zugedeckt 20 Minuten gehen lassen.
100 g Zucker, 2 Eier, abgeriebene Schale einer Zitrone, Mark einer Vanilleschote und ½ TL Salz verrühren, mit Vorteig und Restmehl zu einem Hefeteig verarbeiten. Zugedeckt 40 Minuten gehen lassen.
400 g Butter mit 200 g Mehl verkneten, unter den Hefeteig arbeiten und noch einmal 30 Minuten gehen lassen.
300 g heiß gewaschene Rosinen, 100 g fein gehacktes Zitronat und 50 g fein gehacktes Orangeat mit einem Schnapsglas Rum mischen und ziehen lassen. Rasch unter den Teig kneten und ihn noch einmal 30 Minuten gehen lassen.
Aus dem Teig zwei Stränge formen, in beide mittig das Nudelholz drücken, sodass sie in der Mitte dünner sind als am Rand. Dann längsseitig falten, dass der eine Dickrand halb auf dem anderen Dickra… – es hat jetzt niemand geglaubt, dass ich mich hinstelle und wirklich vier Stunden lang Stollen backe, oder? Ich kaufe das olle Ding natürlich.

Wie soll ich beschreiben, wie rührend, wie herzwärmend die Menschen im Winter sind? Soll ich tatsächlich sagen: *Es weihnachtet sehr*? Ich muss es wohl. Wenn man mir selbst in der Festung von irgendwo oben im Treppenhaus zuruft: »Kommen Sie schon endlich zu mir hoch! Um diese Zeit suchten Maria und Josef eine Unterkunft, und Sie mit Ihrem Baby sollten nirgendwo unterkommen?!« – weil man von dort oben offenbar mitverfolgt hat, wie ich an einer Türe abgewiesen wurde. (Aber nur wegen der Masern, in zwei Wochen könne ich, hoffentlich, gerne wiederkommen!) Ja, es weihnachtet sehr. Selbst die Festung ist gefallen. Es fällt mir nicht leicht zuzugeben, dass mich mittlerweile in der Festung genauso viele Menschen hineingelassen haben, wie in allen anderen Häusern durchschnittlich auch. Mein letztes, schrecklich schönes Feindbild: demontiert. Ich setze es zusammen mit den anderen Schubladen und einem Kerzlein in ein Papierschiffchen und schicke es hinaus ins dunkle Meer. Da schaukelt es davon.

Oh ja, es weihnach… – huch! Es weihnachtet ja! Sehr! Eigentlich war ich wild entschlossen, auch am 24. selbst loszugehen – von dem Menschen, der mich an solch einem chaotischen Tag hineinlassen würde, erträumte ich mir die abenteuerlichsten Lebenseinstellungen – aber jetzt ist hier ein Kind, ein Kind mit Kinderaugen, die strahlen sollen und einen Weihnachtsbaum haben. Und zwar noch vor 17 Uhr, sonst macht der Stand zu, und apropos Stand: Einen Weihnachtsbaum*ständer* braucht man ja auch in diesem bisher völlig weihnachtsfeierzeugslosen Haushalt und natürlich Weihnachtsbaumschmuck, ja, Kugelzeug in Rot und Silber oder Gold – und Wunderkerzen, Wunderkerzen sind wichtig, Wunderkerzen, Sterndlwerfer, wie man bei uns in Bayern sagt, Sterndlwerfer scheinen in ganz Berlin ausverkauft, wer hat jetzt noch Sterndlwerfer …

Aber immerhin mache ich mich gleich am 1. Weihnachtsfeiertag wieder auf den Weg. Das ist auch schon unverfroren genug.

An der Tür klebt ein Zitat von Albert Schweitzer: »Lass niemanden zu dir kommen, ohne dass er glücklicher von dir geht.«

Soso, denke ich, gewagtes Wahlprogramm, wollen wir mal sehen. Ein Mann öffnet, das Handy am Ohr, fremdsprachig telefonierend. Er sieht mich kaum, ich kann noch nicht einmal Luft holen für irgendeine Art von Hallo-Geste, da winkt er mich schon herein. Macht hinter mir die Türe zu. Dreht sich um – und verschwindet.

Telefonierend. In irgendeinem Zimmer.

Okay.

Ich warte.

Aber offenbar ist der Mann nicht verschwunden, um irgendjemand anderem Bescheid zu geben, auf dass sich der mit mir beschäftige, sondern tatsächlich, um in Seelenruhe weiter zu telefonieren.

Ähe?

Man hält mich wohl für den Besuch von irgendwem.

Wahrscheinlich ist das hier eine WG.

Und ein Missverständnis.

Ich stehe unschlüssig im Flur, mit Blick auf eine Menge dicker Jacken an Kleiderhaken, und habe gerade beschlossen, mich lieber noch einmal *vor* die Türschwelle zu stellen, da biegt, wohl eher zufällig, eine Frau aus einem anderen Zimmer und entdeckt mich.

»Äh, hallo, ich, äh, ich …«, setze ich schuldbewusst an, schließlich steh ich hier in ihrer Wohnung wie ein Dieb in der Nacht, »ich bin Stephanie und hab hier einen … äh, Stollen …«

Ich bin reichlich aus dem Konzept. Aber weiter komme ich ohnehin nicht.

»Na, Stollenzeit ist jetzt ja nicht mehr gerade«, sagt die Frau mit einem tadelnden Blick auf ihre Armbanduhr, und ich nicke nur bedröppelt und will wieder raus aus dieser seltsamen Wohnung, weg von diesen merkwürdigen *Leuten*.

Aber die Frau ist mit ihrem Satz noch nicht zu Ende: »Aber wir haben – Eugénio, was hast du gekocht?«, ruft sie und steckt ihren Kopf in das Zimmer, in dem der Mann von vorhin noch immer telefoniert. »Reis«, sagt sie dann zu mir, als gäbe es keine weitere Diskussion, »du kannst Reis mit Hühnchen mitessen.«

Sie wartet meine Antwort gar nicht ab, sondern geht stracks in die Küche und stellt noch einen Teller mehr auf den gedeckten Tisch. Dann ruft sie »Essen!«, sagt zu mir »Setz dich« – und ich beeile mich mal besser, meine Jacke auszuziehen. Dann kommen drei Töchter aus verschiedenen Ecken in die Küche, die Älteste, 18, fragt nicht nach »was«, fragt nicht nach »wer«, geht mit ausgestreckter Hand direkt auf mich zu und sagt: »Hallo, ich bin Ema«.

Die beiden jüngeren kriechen auf die Küchenbank und nuscheln ein desinteressiertes Hallo – ganz so, als wäre die nervige Trulla (ich) *schon wieder* zu Besuch (stöhn).

Eugénio kommt und verteilt Reis und Huhn auf alle Teller. Auch ich bekomme Reis und Huhn, werde aber weiter nicht beachtet. Man klärt indessen, wie der Anruf lief, ob der Zettel gefunden wurde, auf dem auch T. um einen Rückruf bittet, in welchen Club Ema heute noch geht und mit wem und dass diejenige, die sich, ohne zu fragen, Dörtes blauen Pulli ausgeliehen hat, ihn mal langsam wieder rausrücken soll – ohne dabei jemand Bestimmten anzusehen! Ich sitze so nahtlos am Familientisch, dass ich schon fürchte, man möge auf den Gedanken kommen und mich fragen, ob ich mich inzwischen bei Oma für die 20 Euro von letzter Woche bedankt habe?! (Nein.)

Als alle auf dem Teller haben, zögere ich noch mit dem Essen.

Wo man so … bedingungslos gastfreundlich ist, betet man sicher auch vor dem Essen. Also wart ich mal besser, bis das Familienoberhaupt den Segen spricht, nicht, dass ich Unbill auf das meine ziehe. Es spricht aber keinen Segen, das Familienoberhaupt. Stattdessen hebt Ema ihre Gabel, sagt »Mahlzeit« und sieht auffordernd und aufmunternd in meine Richtung.

Es schmeckt köstlich.

Auch wenn mich noch immer niemand genauer inspizieren will. Man unterhält sich jetzt über Reisepläne nach London, Unterkünfte, Flugpreise, Praktikum, Fragezeichen, Studienwunsch? Die Jüngste erinnert, apropos Wunsch, an das Hundethema, ob Mama und Papa schon einen Schritt weiter wären in der Entscheidungsfindung?

Ich frage mich, still und heimlich, ob sie mich vielleicht nicht doch mit jemandem verwechseln. Es kann doch unmöglich so normal und, ja, auch so belanglos sein, einen Fremden bei sich am Abendessenstisch sitzen zu haben! Gleich klingelt es an der Tür, und dann steht diejenige, die an meiner statt hier sitzen sollte, mit vorwurfsvollem Blick in der Tür. Doch, doch, so was passiert, es gibt Filme, in denen nichts anderes passiert! Vielleicht bin ich ja sogar in einem Theaterstück gelandet, in dem man mich für jemand ganz Besonderen hält (Gogols *Revisor*?) und deswegen so tut, als wäre ich nicht da? Und ob meine neue Rolle auch so wunderbar sein wird, dass ich alles daransetzen werde, damit Irrtum und Betrug nicht auffliegen?

»So, aber jetzt erzähl doch auch mal du! Wer bist du, was machst du so?«, fragt man mich in diesem Moment.

Und weil der Revisor natürlich doch nicht meine Paraderolle ist, erzähle ich, wer ich bin. Und was ich hier in ihrer Wohnung eigentlich will. Aber: erst jetzt. Eine halbe Stunde nachdem ich die Wohnung betreten habe.

Wirklich, mir ist im letzten halben Jahr schon oft inmitten einer Gastfreundschaft die Spucke weggeblieben, auch habe ich mich bei ein paar ganz besonderen Hausbesuchen fast augenblicklich wie zur Familie gehörig fühlen dürfen – aber so eine Selbstverständlichkeit wie hier ist mir dann doch noch nicht begegnet. Wenn ich jemals in Not käme, ich meine: in wirkliche Not – ich weiß jetzt eine Tür, an die ich klopfen würde. Nicht nur könnte. *Würde.*

Weil ich sie darum bitte, erzählt Dörte, wie sie Eugénio kennengelernt hat. »Eugénio kam 1981 als Vertragsarbeiter aus Mosambik in die DDR. Eigentlich waren die Vertragsarbeiterverträge nur auf vier Jahre befristet, Eugénios Vertrag aber wurde verlängert. Und '89 haben wir uns kennengelernt. Eine Freundin von mir war oft zu Besuch im Wohnheim, wo die Vertragsarbeiter alle untergebracht waren, und sie hat mich gefragt, ob ich nicht mitkommen möchte, zu zweit wäre es einfacher, allein wäre es immer so anstrengend, sich die Männer vom Leibe zu halten. Und da ist mir Eugénio begegnet.« Sie wirft ihm einen Blick zu. »Meine Freundin wollte das nicht, die fand das nicht gut.« Sie lacht. »Wir sind aber trotzdem noch befreundet.«

»Und warum fand sie das nicht gut, das mit dir und Papa?«, fragt die jüngste Tochter.

»Na ja – es war nicht gewollt, dass Vertragsarbeiter und Bevölkerung Beziehungen zueinander unterhielten. Deswegen musste man sich im Wohnheim auch mit Personalausweis an der Pforte anmelden und um zweiundzwanzig Uhr das Gebäude verlassen haben, sonst wurde man von einem Aufseher rausgeholt. Und das, obwohl wir alle erwachsene Menschen waren! Jaha! Jedenfalls«, erzählt sie weiter, wieder an mich gewandt, »als dann die Vereinigung war, 1990, da sollten alle Vertragsarbeiter wieder abgeschoben werden. In Mosambik war da gerade Krieg, Eugénio sollte also in die Unsicherheit fliegen. Aber dann haben wir von einem Verein erfahren, dass man nach so langer Aufenthaltszeit gegen diese Abschiebung Widerspruch einlegen kann. Und das haben wir getan.«

Jetzt haben sie vier Kinder.

Und ich Sterndlwerfer im Bauch. »Darf ich wenigstens jetzt, als Nachspeise und Dankeschön meinen Stollen rausholen?«

Eugénio schaut unauffällig auf die Uhr.

Jetzt erst erfahre ich, dass er und Dörte mit Freunden verabredet sind. Und zwar um: genau jetzt.

»Oh, da brech ich natürlich sofort auf«, sag ich.

»Nein, nein«, wehrt Eugénio ab, »wo du schon einmal hier bist, haben wir auch noch Zeit für ein Stückchen Stollen, nimm dir ein Messer aus der Schublade hinter dir, die zweite von oben.«

»Früchtebrot und dergleichen«, verkündet Ema fröhlich, »muss man ganz dünn schneiden, damit man von allen Früchten möglichst gleichmäßig im Mund hat, für das Geschmackserlebnis.«

»Dann mach mal besser du«, sag ich, »ich bin eher so der Kantenhacker.«

Sie schneidet drei hauchdünne Scheibchen ab und halbiert sie. Sechs halbe hauchdünne Scheibchen. Wir sind sechs.

»Schneid ruhig mehr ab«, fordere ich sie auf.

»Das ist schon gut so«, sagt Dörte für Ema, »wir haben zu Weihnachten so viel Kuchen bekommen, schau mal hinter dich – (tatsächlich: ein Zentralmassiv an Keksdosen und zellophanverpackten Plätzchentellern) wir freuen uns, wenn wir jetzt ein kleines Stück naschen dürfen, das reicht vollkommen.«

Ich schneide mir aber noch eine Scheibe ab, eine dicke – allerdings nicht vom Stollen.

Und dieses Zitat an der Tür, denke ich, würd' ich gern stempeln, bei Gelegenheit: »Geprüfte Qualität«.

Das war mein letzter Hausbesuch.

In dem Moment, in dem ich auf die Straße trete, weiß ich es.

Mehr und besser und höher und weiter kann es nicht mehr, nein, *darf* es nicht mehr werden. Ich würde sonst platzen. Maximale Glücklichkeit, maximale Tornisterfülle, maximale Sättigung, die ich gerade noch aushalten kann. Ich habe wie ein Kamel vor der Wüstenreise die Menschen und ihre Geschichten aufgesaugt. Was war das nur für ein unglaubliches Jahr! Ich habe Freunde gefunden. Eine Nachbarschaft. Einen Ort, an dem ich gerne lebe. Aber vor allem habe ich Menschen gefunden. Ja, manche Hausbesuche waren so besonders, so herzwarm und intensiv, dass ich – um bei vollem Bewusstsein ein sehr großes Wort zu benutzen – *demütig* werden mag angesichts so viel Menschs.

Sie haben meine Erwartungen ins Gegenteil verkehrt und übertroffen, mich mit offenen Türen und ihrer Herzlichkeit beschert und bekehrt. Vielleicht soll deswegen die beispiellose und gleichzeitig beispielhafte Gastfreundschaft bei Dörte und ihrer Familie mein Abschluss, die Quintessenz, mein Nachgeschmack auf der Zunge sein.

Um mir zu zeigen, was zu tun bleibt: Mein nächstes Projekt wird eine Fremde-Hereinlass-Übung sein.

Bis dahin aber übe ich vorerst das *Freunde*-Hereinlassen und gebe eine Silvesterpartywettabschiedsfeier für alte und neue Freunde. Ivan bringt einen Kasten Bier, Tina in jeder Hand eine Tarte, Matthias hundert vorgerollte Sommerrollen, Jan den obligatorischen Strauß getrockneter Chilischoten und Daniel seinen neuen Freund. Das beste Mitbringsel aber hat sich Astrid ausgedacht: »Ich hab's getan.«

»Kann nicht sein! Jetzt, wo ich das Bloggen eingestellt hab!?«

»Eben deswegen.«

»Ja – und??«

»Hammer Typ, muss ich dir mal vorstellen.« Sie grinst.

Ich auch.

Da sitzen sie, meine Lieben, meine urbane Familie, um die Fonduetöpfe und lernen sich endlich auch untereinander kennen. Marie pest mit Fanny durch die Gegend und klettert zufrieden von Schoß zu Schoß und Arm zu Arm, Tom unterhält sich, wie ich ihn sonst nur und ausschließlich in der Unterhaltung mit Jazzmusikern erlebt habe – und während Thorsten auf der einen und Astrid auf der anderen Seite eifrig mit mir ein Straßenfest planen, ein sommerliches Straßenfest, bei dem sich alle Hausbesuchten untereinander kennenlernen sollen, am besten in diesem einen Hinterhof, da wäre genügend Platz – höre ich mit halbem Ohr, wie Ivan inmitten eines langen Satzes zu Sonja sagt: »… Ich meine, das geht uns doch ähnlich, wir sind ja beide um die vierzig …« Ich fange Sonjas Pokerface auf und freue mich, dass sie sich freut, weil er ihr die Mitte sechzig nicht ansieht. (Noch mehr freue ich mich, dass die beiden bis vier Uhr morgens nebeneinandersitzen und dann gemeinsam gehen.)

Irgendwann spricht Peter einen Toast auf den Weltfrieden aus – und ich mag, wie immer an ihm, dass man nicht weiß, ob er es ironisch oder ernst meint. »Weltfrieden« ist schließlich keines der Wörter, die man so leicht ironiefrei verwendet – außer, man ist Dekan oder frisch gekürte *Miss Universe*, zwei Ämter, deren Innehaben ich bei Peter zu hundert Prozent ausschließen kann. Aber die »*Welt*« und auch der »*Frieden*« sind ja zum Glück Begriffe, die sich stauchen lassen. Vielleicht sogar gestaucht werden müssen, bevor einen der 1:1-Maßstab ohnmächtig werden lässt. Es gibt immer etwas zu tun, immer noch mehr zu tun, keine Frage, es ist nie genug, nimmt kein Ende, darf nicht vergessen werden und verträgt auch keine Relativierung. Aber mit »meiner« Welt anzufangen, so klein sie sein mag, finde ich einen durchaus akzeptablen ersten Schritt.

Da sitzt er, der Frieden mit mir, und grinst mit einem von Krapfenfett glänzenden Mund. Ich bin so glücklich und so dankbar, dass ich mich zu den Silvesterböllern stellen könnte. Zu denen, die am weitesten nach oben schießen und dann in einem grünen Sternenregen explodieren. Aber weil ich noch ein bisschen was vorhabe, beherrsche ich mich und werfe stattdessen mit großem Geschick beim Bleigießen etwas, das eine Kelle (*»geldlicher Verlust«*), eine brennende Öllampe (*»ein mühevolles Jahr«*), ein Fisch an der Angel (*»üble Nachrede«*), aber auch, wenn man es richtig dreht, eine Pfeife werden kann: *Freude am Leben.*

Hier ist der Endstand meiner Statistik:
Auf Klingeln gedrückt habe ich: 2893-mal.
Besuchte Fremdwohnungen: 130.
Tage, an denen ich losgezogen bin: 120.
Kennengelernte Fremdmenschen: 200.
Von diesen 200 wunderbaren Menschen waren …

… Menschen mit Osthintergrund: 86.
… Menschen mit Westhintergrund: 85.
… Menschen mit Migrationshintergrund: 29.
… alteingesessen: Was heißt »alteingesessen«? Gilt ein Mensch, der vor dreißig Jahren aus Westdeutschland hierhergezogen ist, als »alteingesessen«? Oder nur derjenige, der hier geboren wurde? Und ist dann einer, der erst vor 13 Jahren hier geboren wurde, auch »alteingesessen«?
… neu zugezogen: Gilt der neu zugezogene Ossi streng genommen auch als »neu zugezogen«?? Oder bezeichnet man als »neu zugezogen« korrekterweise nur den typischen Verdränger-Wessi? Und ist ein westgeborener Berliner, der aus West-Berlin nach Ost-Berlin zieht, auch ein Verdränger-Wessi??
Oder, um es in Zahlen zu sagen: Leute, die mich im Reptil hineingelassen haben: 5. Leute, die mich in die Festung hineingelassen haben: 5.

Gebackene Kuchen seit Wettbeginn: 200.
Davon verbrannt, angekokelt oder sonst irgendwie missraten: 57.
Kuchen, die ich in meinem Leben vermutlich nie wieder essen werde: Marmorkuchen.
Käsekuchen.
Apfelkuchen (Würg.)
Und leider, leider auch Schokobrot.

EPILOG mit BANANENKUCHEN, ziemlich genau 730 Tage nach Wettbeginn

Viel Zeit ist vergangen, inzwischen. Ein Leben, oder zwei. Ich hetze wieder haut-und-haarig von A nach B und C und D und bin völlig absorbiert vom ganzen Theater. So sehr, dass ich gar nicht glauben kann, dass ich das war, die tatsächlich einmal losgegangen ist und sich bei einer irrsinnigen Anzahl fremder Menschen an den Küchentisch gesetzt hat. Wären da nicht die Freunde, die geblieben sind. Okka, die mir zuflüstert: »Sie mochten sich von Anfang an, oder?«, wenn wir beobachten, wie Fanny und Marie Hand in Hand über den Spielplatz tigern. Die gesellschaftlichen Anlässe, bei denen ich gefragt werde, woher ich den Gastgeber kenne, und mir dann der Gastgeber den Arm um die Schultern legt und lachend sagt: »Tja, die stand mal einfach bei mir vor der Tür.« (Der Frager macht daraufhin einen wissenden Blick, als wäre dieser Satz der Code für irgendein verruchtes Geheimnis, das man anstandshalber nicht weiter aufdeckt.) Ich merke es auch an meiner befreiten Gedankenlosigkeit, wenn ich Menschen beobachte. Und an meiner Freude auf der Straße. Wenn Tom mir anträgt – und das tut er bisweilen –, ob wir vielleicht doch in eine andere, besser geschnittene Wohnung ziehen wollen, eine für Kind *UND* Bässe, notfalls in einem anderen Viertel, tippe jetzt ich mir an die Stirn und sage: »Soll ich etwa noch mal irgendwo alle Häuser durchklingeln?«

Geblieben ist auch eine, wie soll ich es sagen … eine *Menschenmilde*. Ich höre mich öfter als sonst zugunsten eines Angeklagten argumentieren. Die Quellen erfragen. Nicht weil sie mich interessieren. Sondern weil ich dem Ankläger vors Betrachterauge führen will, dass die sogenannte Sachlage von Amts wegen stets eine unklare ist. Ich muss aber zugeben, dass an schlechten Tagen auch bei mir die Muster im Unterholz schleichen, die Schubladen in der Fankurve das Feld stürmen wollen. Die Milde, das Unvoreingenommensein sind Muskel, wollen trainiert werden. Aber leider, leider, ist mir für's Training an Zeit nichts geblieben. Und auch nichts von diesem Kamikazemut. So etwas wie Fremdklingeln könnte ich niemals wieder bringen.

Niemals.

Schon gar nicht ohne Wette.

Aber dann hört Marie, als sie eines Sonntags vom Mittagsschlaf erwacht, wieder mal das Musizieren aus der Nachbarwohnung, das seit ein paar Wochen neben uns eingezogen zu sein scheint. Es klingt wunderschön, barocke Läufe sind es, Triller, ein Musiker muss das sein, der da spielt, ein Profi. Was das für ein Instrument sei, fragt Marie – und ich hab keine Ahnung. Eine Querflöte? Klingt jedenfalls blechern. Aber der Sound ist irgendwie … jazziger. Ein Saxofon? Aber so hoch? Ein Sopransaxofon? (Gibt's so was überhaupt?) Jetzt klingt's schon wieder mehr so … hölzern. Klarinette?

Keine Ahnung diesseits der Wand.

Marie hat gute Laune und ich also auch (oder umgekehrt) – und deswegen sage ich: »Marie, wir sollten rüberrufen, aus dem Fenster, was das für ein Instrument ist.« Marie horcht auf. Das hier könnte lustig werden, denkt sie, ich seh es ihr an.

»Oder«, sag ich weiter, »besser noch, damit wir nicht beim Flöten stören: Wir schreiben einen Zettel und hängen ihn an einer Angel rüber. Auf den Zettel schreiben wir: Bitte, was ist das für ein Instrument?«

Ich sehe hinter Maries Augen ein kleines Feuerwerk hochgehen: »Jetzt, Mama?«

»Na ja«, sag ich und seh mich um, »das wird schwierig, wir haben ja keine Angel hier«.

Marie knickt ein. (Nein, Kind, knick nicht, nicht knicken!)

»Oder aber«, hör ich mich sagen, und Marie hebt den Blick, »wie wär's« – und der Rest kommt wie von der Spule: »Wir backen einen Kuchen und gehen rüber und klingeln an der Tür und fragen, ob sie mit uns Kuchen essen wollen.«

Zack. Und da war's passiert. Und dringlicher als eine Wette kann nur ein Versprechen an ein Kind sein.

Wir haben Bananenkuchen gebacken. Marie mit den Händen bis zu den Ellbogen in der Rührschüssel, ich bis zum Schlagaderpochen im Hals in der Hoffnung, Marie hätte, bis das Ding ausgebacken sei, schon längst wieder vergessen, wozu es bereitet wurde, unter verzögernder Verwendung von Vanilleschotenmark und Extraschokoladenbruch.

Hat sie aber nicht.

»Dehen wir los?«, fragt sie immer wieder, »dehen wir hüber?«

»Hmm«, sag ich, »der Kuchen muss noch auskühlen.«

»Hmm«, sag ich, »ich muss erst noch abspülen.«

»Hmm«, sag ich, »ich muss erst noch Wäsche aufhängen.« Das Kind wird quengelig. Zu Recht. Versprochen ist versprochen, und soll es auch sein.

»Gut«, sag ich, »wir gehen.«

Marie hopp huckepack, Kuchen ins Geschirrtuchbündel und los, unsere vier Stockwerke runter und wieder vier nach oben ins Nachbarhaus. Marie kiekst und strampelt mit den Beinen und ruft lauthals: »Ich feu mich, ich feu mich!« (Ob sie sich erinnert?) Ich, aus einem alten Reflex heraus: »Psst, Marie, leise, im Treppenhaus müssen wir leise sein.«

Wer weiß, wo hier die Hexen lauern. Ich stapfe heute zielstrebiger, als ich es in Erinnerung habe, aber der kalte Schweiß, der ist wie damals. Wäre nicht Marie, vor der ich mich beweisen müsste, ich würde einfach wieder umkehren. So aber klingle ich und lächle dabei Marie an, als wollte ich sagen: »Da ist überhaupt nichts dabei, man drückt einfach auf diesen Knopf hier, und dann klingelt es! Haha! Ganz leicht ist das!«

Mir fällt es nicht leicht. Vielleicht weil man mir nicht erzählt hat, dass es leicht ist. Dass man an Türen klopfen darf. Dass Türen aufgehen können. Marie soll es lernen. Jetzt soll sie es lernen, jetzt, wo für sie noch alles, was man dafür braucht, lediglich ein bisschen Vorfreude ist und noch nicht »Mut«.

Man öffnet und denkt, ich käme, weil es zu laut ist, das ausdauernde Geflöte stört. Schon will man den Türspalt wieder schließen mit einem beschwichtigendem »Ich sag's ihm«.

»Nein, nein«, hasple ich und bin ziemlich froh, dass es kein desperates Projekt ist, das mich heute anschwemmt, sondern allein die Bei-Laune-Haltung meines Kindes. So gesehen auch ein Projekt, aber diesmal verbunden mit einer nicht unwesentlichen Glaubensvermittlung: einem Glauben, dass man sich die Welt gestalten kann – zu einem Teil zumindest, einem Anteil, der ein zugehender ist, auf etwas zugehend, damit anderes aufgeht.

»Nein«, sag ich also, »nein, die Musik ist schön, wir wollen nur wissen, was es für ein Instrument ist und mit euch Kuchen essen.« Ich halte den duftenden Kuchen in den Türspalt und flehe inständig, dass die anderen die Tür aufmachen, damit der Glaube nisten kann und ich nicht als Lügnerin dastehe vor meiner Tochter, wenn ich ihr verspreche, dass alles möglich ist, solange man sich nur auf den Weg macht.

Aber die anderen begreifen sofort und machen die Tür auf, machen sie weit auf. Und da sitzen wir, Marie und ich, und ich hab wieder diese Stressschweißattacke, die mir jede Überwindung nach der Schwelle abverlangt, nur war es diesmal das Zittern um einen ganzen Glauben und nicht nur um die Integrität meiner so unbedeutenden Person. Und da hock ich also und schwitze wie ein Springbrunnen und rieche mich schwitzen und hoffe, dass nur ich es rieche, während Tee ausgeschenkt wird und später Wein und

Marie eine Oboe entdeckt und Kletterbetten und Spielkameraden und Blumen samt Gießkannen auf Balkonen, und es gibt eine neue Babysitterin und neue Geschichten und eine Einladung zum Abendessen nächste Woche.

Und wenn jetzt die Oboe flötet, dann ist es nicht länger nur ein barocker Melodielauf in prestissimo, sondern Eduard mit Gutmütigkeit in den Augen und niederländischer Weichheit im Akzent, der gerade zwischen zwei Tourneen mal wieder zu Hause ist und zwitschernd »Hallo« sagt durch die Wand.

Und wenn ich dann Marie, meiner Komplizin, zuflüstere: »Hörst du? Eduard spielt wieder auf seiner Oboe«, dann hat Marie einen Lächelhuscher im Gesicht und einen Glauben hinter den Ohren, und das Leben ist so anrührend schön – nur weil man weiß, dass hinter so einer Mauer auch ein paar Menschlein vor sich hin leben, Menschlein mit Höhen und Tiefen und Mumm und Schiss und all diesen Enttäuschungen, Hoffnungen und Sehnsüchten hinter der Fassade.

125 g Butter mit 150 g Zucker, 2 Eiern, dem Mark einer halben Vanilleschote und 1 Prise Salz schaumig rühren.
300 g Mehl, 1 TL Backpulver, ½ TL Zimt unterrühren.
5 sehr reife Bananen grob zermatschen und unterheben.
Nach Belieben auch noch Schokobruch. Oder karamellisierte Walnüsse.
Alles in einer Kastenform bei 180° 50 bis 60 Minuten backen.
Stürzen.
Einpacken.
Losgehen.

DIE REZEPTE

Besuchen Sie Rotkapi unter:
www.stephaquitterer.com

Meike Winnemuth

Das große Los

Wie ich bei Günther Jauch eine halbe Million gewann
und einfach losfuhr

Das passiert sonst nur im Traum oder in kitschigen Filmen. Meike Winnemuth gewinnt eine halbe Million bei Günther Jauch. Sie packt einen Koffer und fährt los: Ein Jahr lang weg von allem und raus in die Welt. Die Autorin erzählt von einer unglaublichen Reise in 12 Städte auf allen Kontinenten: Sydney, Buenos Aires, Mumbai, Shanghai, Honolulu, San Francisco, London, Kopenhagen, Barcelona, Tel Aviv, Addis Abeba, Havanna. Vor allem aber erzählt sie davon, was die 12 Monate und 12 Städte mit ihr gemacht haben – und dass man definitiv keine halbe Million braucht, um glücklich zu werden, sondern etwas ganz anderes.

»Ein schönes Buch, das Mut und Lust aufs Leben macht.«

Denis Scheck

»Sehr emotional, sehr klug – Abenteuerinnen werden es lieben.«

Myself

Gebunden mit Schutzumschlag: 978-3-8135-0504-7
Taschenbuch: 978-3-442-74805-1
E-Book: 978-3-641-09122-4

Dörte Hansen

Altes Land

Roman

Das »Polackenkind« ist die fünfjährige Vera auf dem Hof im Alten Land, wohin sie 1945 aus Ostpreußen mit ihrer Mutter geflohen ist. Ihr Leben lang fühlt sie sich fremd in dem großen, kalten Bauernhaus und kann trotzdem nicht davon lassen. Bis sechzig Jahre später plötzlich ihre Nichte Anne vor der Tür steht. Sie ist mit ihrem kleinen Sohn aus Hamburg-Ottensen geflüchtet, wo ehrgeizige Vollwert-Eltern ihre Kinder wie Preispokale durch die Straßen tragen – und wo Annes Mann eine Andere liebt. Vera und Anne sind einander fremd und haben doch viel mehr gemeinsam, als sie ahnen.

Mit scharfem Blick und trockenem Witz erzählt Dörte Hansen von zwei Einzelgängerinnen, die überraschend finden, was sie nie gesucht haben: eine Familie.

»Hierbei handelt es sich wirklich um ein kleines Wunder zwischen zwei Buchdeckeln.« *Grazia*

»Das ist höchst amüsant erzählt und hält sich mühelos die Waage mit jener Stimmung, die von Stille beherrscht ist, von einem vorsichtigen Blick in das Innenleben der Menschen.«

Christine Westermann

Gebunden mit Schutzumschlag: 978-3-8135-0647-1
E-Book: 978-3-641-15239-0

FSC
www.fsc.org
MIX
Papier aus verantwortungsvollen Quellen
FSC® C083411

Verlagsgruppe Random House FSC® N001967

1. Auflage

Satz: Greiner & Reichel, Köln
Druck und Bindung: CPI books GmbH, Leck
Printed in Germany
ISBN 978-3-8135-0685-3

www.knaus-verlag.de

Dieses Buch ist auch als E-Book erhältlich.